"한국 경제에 대한 백 교수의 확고한 신념인 시장경제 확립, 재정 건전화, 공생 발전 등에 대한 철학을 담고 있다. 또한 어린 시절에 겪었던 가난, 어머니에 대한 기억 등 자전적 내용들도 따뜻하게 그려냈다." _매일경제

"백 교수는 '원칙에 대한 나의 소신은 어쩌면 내가 살아온 과정이나 주변 여건과도 무관하지 않다. 이른바 SKY 대학을 나오지도 않았고, 일가친척 중에 특별히 출세한 사람도 없어 사방 천지에 혼자뿐이었던 나에게 줄대기와 청탁은 가장 큰 반칙으로 여겨졌다'고 토로했다." _동아일보

"백 교수는 규제개혁을 선택이 아닌 필수로 봤다. '경제위기가 언제 지구촌을 강타할지 모른다. 그에 대처하는 방법은 국가경쟁력을 튼튼히 다지는 것이고, 그 밑바닥에는 규제개혁이 있다'고 백 교수는 강조했다." _중앙일보

"백용호 전 청와대 정책실장이 오랜 침묵을 깨고 자신의 경험담을 풀어놓았다. 책을 덮으니 마치 단맛 쓴맛 다 맛본 지난 정부 핵심 정책통이 정부 관계자들에게 반면교사 삼으라고 제시한 반성문처럼 느껴진다." _조선비즈

"이 책을 읽으면서 들었던 생각 중의 하나는 '중·고등학생들에게 정책을 가르칠 때 교재로 쓰면 좋겠다'는 것이었다. 전 정부의 정책 회고라는 의미와 더불어 부드러운 쿠키처럼 쉽게 읽힌다는 미덕까지 갖추고 있으니 일독을 권한다." _머니투데이

백용호의 반전

백용호의 반전

저자_ 백용호

1판 1쇄 발행_ 2014. 4. 1
1판 4쇄 발행_ 2014. 6. 11

발행처_ 김영사
발행인_ 박은주

등록번호_ 제406-2003-036호
등록일자_ 1979. 5. 17.

경기도 파주시 문발동 출판단지 515-1 우편번호 413-756
마케팅부 031) 955-3100, 편집부 031) 955-3250, 팩시밀리 031) 955-3111

값은 뒤표지에 있습니다.
ISBN 978-89-349-6697-5 03320

독자의견 전화_ 031) 955-3200
홈페이지_ www.gimmyoung.com
이메일_ bestbook@gimmyoung.com

좋은 독자가 좋은 책을 만듭니다.
김영사는 독자 여러분의 의견에 항상 귀 기울이고 있습니다.

이 도서의 국립중앙도서관 출판시도서목록(CIP)은 서지정보유통지원시스템 홈페이지
(http://seoji.nl.go.kr)와 국가자료공동목록시스템(http://www.nl.go.kr/kolisnet)에서
이용하실 수 있습니다.(CIP제어번호 : CIP2014009595)

백용호 지음

다음 주인공은 당신입니다

백용호의
반전

김영사

지금 이 순간,
우리에게 필요한 것은

|

'다른 사람의 고통을 덜어주는 진통제.' 언뜻 말이 되지 않을 것 같은 이 약은 스페인 '국경 없는 의사회'가 너무 가난해서 치료약을 구하지 못하는 사람들에게 치료제를 보내주기 위해 벌인 캠페인에서 시작된 것이다. 이 캠페인은 웹사이트와 페이스북 그리고 트위터를 통해 급속하게 전 세계로 퍼져나갔고, 실제로는 캐러멜인 이 진통제는 15,000여 개 약국에서 판매되었다. 이 약은 그해 베스트셀러 의약품 10위 안에 포함되었다. 작은 아이디어에서 시작된 이 캠페인으로 수많은 사람들이 고통에서 해방되었고, 캠페인에 참여한 사람들 또한 더할 수 없는 행복을 느꼈다.

1995년 10월 17일, 매사추세츠 주 메모리얼 병원에서 한 쌍둥이가 예정일보다 12주나 일찍 태어났다. 그런데 두 아이 중 동생은 심장에 큰 결함을 안고 있었고 의사들은 하나같이 그 아이가 곧 죽을 것이라고 예상했다. 아기들은 다른 인큐베이터에서 양육을 받았는데, 언니는 조금씩 회복되어 갔지만 동생은 아무리 애를 써도 점점 병세가 악화되었다. 이를 안타깝게 지켜보던 한 간호사는 죽어가는 신생아가 '뭔가 자신에게 말하고 싶어 한다'는 것을 느꼈고, 마지막으로 아기들을 한 인큐베이터에 넣어 보자고 제안했다. 병원 방침에 어긋나는 일이었지만, 부모의 동의를 얻어 쌍둥이를 한 인큐베이터 안에 뉘였다. 그러자 기적 같은 일이 벌어졌다. 인큐베이터 안의 언니가 갑자기 가녀린 팔을 뻗어 아픈 동생을 감싸 안았던 것이다. 동생의 심장은 점점 안정을 되찾았고, 혈압과 맥박도 정상으로 돌아왔다. 지금 두 아이는 서로를 아껴주며 행복하게 살고 있다.

겨울이 찾아오면 황제펭귄들은 번식을 위해 남극에서도 가장 추운 장소로 이동한다. 군집장소에는 1만여 마리의 황제펭귄이 모이는데, 짝짓기에 성공한 암컷은 알을 낳은 뒤 먹이를 찾아 바다로 떠난다. 4개월간 알을 발등에 올려놓고 품어야 하는 수컷 황제펭귄은 서로 몸을 맞대고 커다란 무리를 만든다. 그런데 가장 바깥에 있는 황제펭귄은 추위에 그대로 노출될 수밖에 없다. 이때 황제펭귄은 돌아가며 방풍 역할을 맡고 일부는 안으로 들어가 몸을 녹여

가며 혹한의 추위를 이겨낸다.

평소 주위에 역발상, 생각의 전환, 즉 반전에 관한 이야기를 많이 한다. 이때 빼놓지 않는 게 바로 상식과 원칙이다. 흔히 상식과 원칙에서 벗어나는 것을 사고의 전환이라고 생각하지만 실은 그렇지 않다. 앞의 이야기들처럼 서로를 좀 더 애정 어린 눈으로 바라보고 따뜻한 마음을 전하고자 하며, 타인을 배려하고 공정하게 경쟁하는 것 등이 바로 내가 추구하는 삶의 원칙이자 상식이다. 내가 생각하는 반전은 사랑이고, 배려고, 꿈이고, 상생인 것이다.

나 또한 이 세상에 홀씨 하나 뿌려 작은 싹이라도 돋게 하겠다는 마음으로 직무에 임했다. 보람도 느꼈고 좌절도 겪었다. 어떤 정책은 시대를 관통하지 못했고, 모든 사람에게 햇빛이 되어주지 못한다는 것도 실감해야 했지만 무엇보다 아름다운 원칙을 지키려 했고, 더 좋은 대안을 찾기 위해 고민했다.

한 사람에게 주어지는 임무와 사명은 시대에 따라 다르다. 예전의 대한민국은 최빈국 중 하나였기에 나에게나 우리 세대에게는 가난 극복이 최우선 과제였다. 그 일을 해결해야 할 책임이 주어졌고, 행복한 대한민국을 만드는 또 하나의 커다란 과제도 감당해야 했다. 그늘이 드리워진 우리 사회에 햇빛이 조금이라도 더 비춰지기를 바랐으나 현실적 어려움으로 그렇게 하지 못한 부분도 있다. 또한 내가 추진한 정책이 언제나 옳았음을 내세우는 것은 더더욱 아니다. 시대 상황이 변하고 그것을 바라보는 사람들의 마음이 변하면 당연히 정책도 바뀌어야 하는 것이다.

이 책의 제목은 '반전'이다. 그렇다고 인생의 역전을 말하거나 어떤 이론의 허구를 밝히는 책이 아니다. 이제까지 없었던 생각을 새롭게 만들어내야 한다고 주장하는 것도 아니다. 정책을 입안하고 집행해온 경험과 노하우를 진솔하게 전하고 싶었고, 이를 통해 사고의 전환을 의미하는 반전에 관한 메시지를 드러내고 싶었다. 시장경제를 더욱 가치 있게 발전시켜야 하고, 일상에서도 자긍심을 가질 필요가 있으며, 이 땅의 청춘들이 처한 현실과 우리가 맞이할 미래에 관한 소신도 솔직하게 풀어놓고 싶었다. 가벼운 내용은 아니지만 무거움을 조금 덜어내고 편하게 읽어주기를 바라는 마음에서 소박하게 쓰려고 노력했다.

어느 날 주나라 문왕이 강태공에게 "나라를 다스리는 데 크게 힘써야 할 것이 무엇이며, 군주를 존엄하게 하고 백성을 편안하게 하려면 어떻게 해야 합니까?" 하고 물었다. 이에 강태공은 "오직 백성을 사랑하는 것입니다"라고 간단하게 대답했다. 문왕이 좀 더 자세히 설명해달라고 하자 강태공이 이어 말하길, "백성이 자신이 힘쓸 곳에 힘쓰게 하면 이롭습니다. 농사꾼이 농사지을 때를 놓치지 않게 하는 것이 이루게 하는 것입니다. 죄 없는 사람을 벌주지 않는 게 백성을 살리는 것입니다. 세금을 가볍게 하면 백성에게 나눠주는 것입니다. 궁궐을 검소하고 소박하게 짓고 누각이나 전망대를 세우는 공사를 벌이지 않는 게 백성을 즐겁게 하는 것입니다. 관리들의 마음이 깨끗하여 재물에 욕심이 없고 백성을 모질고 독하게 대하지 않고 어지럽게 하지 않는 게 백성을 기쁘게 하는 것입니다"라고 했다.

내가 생각하는 반전은 이처럼 지극히 기본, 원칙, 상식에 충실한 것이다. 그런데 여기에서 한 발짝 더 나아가 기본, 원칙, 상식이라는 것들도 때로는 창의적이고 창조적인 입장에서 접근해 비틀어 보아야 한다. 그래야만 고정관념이나 편견을 벗어던지고 앞으로 나아갈 수 있기 때문이다.

짧지 않은 글에 생각의 전환, 반전이라는 메시지를 담았지만 실천은 저마다의 것이다. 이 책이 그 실천에 작은 디딤돌이 되길 기대한다. 스스로에게 더 엄격하게 공직을 수행했지만 그 과정에서 불가피하게 누군가에겐 상처를 안겨주기도 했을 것이다. 이 기회를 통해 미안함을 전하고 싶다. 그 모든 일이 모두를 위한 마음에서 비롯되었음을 이해해주리라 믿는다. 이 책의 발간에 도움을 준 여러 사람들과 출간을 맡아준 김영사에 깊이 감사한다.

2014년 봄

백용호

원칙

역전의
힘은
기본에서
나온다

1부
원칙

아이젠하워는 "원칙보다 특권을 더 높이 평가하는 사람은 곧 둘 다 잃는다"며 원칙을 지키지 않으면 친구와 주변 사람에게서 멀어진다고 경고했다. 원칙은 모든 일을 더 빠르고 효율적으로 처리하게 하는 원동력이자 사람들 사이에 믿음을 조성하는 씨앗인 것이다. 물론 원칙을 고수하는 것은 어려운 일이지만 기본부터 지켜야 한 나라가 바로 설 수 있다.

여섯 명의 희생이
도시를 구하다

|

'구두쇠' 기부왕으로 소문난 관정冠廷 이종환李鍾煥 회장과 나는 특별한 인연이 있다. 그가 한 말 가운데 "손에 가득한 것을 한 점 고물 없이 깨끗이 털고 빈손으로 간다"는 대목이 항상 기억에 남는다. 이 회장은 삼영화학그룹을 일군 뒤 경영 일선에서 물러나 장학재단을 세워 아름답게 돈을 쓰고 있다. 장학기금 8천억 원을 만들어 연간 200억 원 규모를 700여 명의 학생에게 장학금으로 지급한다. 수혜자가 7천 명을 넘어섰다고 하니 그의 베푸는 정신이 양극화니 경제민주화라는 말을 무색하게 한다. 바로 이게 노블리스 오블리주 아닌가 싶다.

노블리스 오블리주라는 단어를 떠올릴 때마다 로댕의 '칼레의 시민' 조각상이 떠오른다. 그 원명은 '여섯 명의 칼레의 부르주아 6 Bourgeois de Calais'이다. 14세기 백년 전쟁 시기에 영국 왕 에드워드 3세는 오랜 전투 끝에 프랑스 북부 도시 칼레를 점령했다. 분풀이라도 하려는 것이었을까. 1년여 가까이 저항했던 칼레 시에 대가를 요구했다. 그것은 시민 6인의 처형이었다. 이 소식을 들은 칼레 시민은 크게 동요했다. 이때 스스로 처형을 자처한 사람이 바로 칼레의 가장 큰 부자인 외스타슈 드 생피에르Eustache de Saint Pierre였고 이어 시장, 법률가, 귀족 등이 그 뒤를 이었다. 이러한 모습에 감동을 받은 에드워드 3세는 그들을 모두 되돌려 보냈다. 이른바 사회 지도층의 용기와 희생정신이 칼레의 시민을 구했던 것이다.

이처럼 노블리스 오블리주를 실천하는 사람들이 있는 반면 그 반대의 길을 걷는 사람들도 적지 않다. 최근 우리나라에서는 일부 가진 자들의 역외탈세가 큰 문제가 되었다. 회사나 개인이 버진아일랜드와 같은 조세피난처에 유령회사를 만든 뒤 그 회사가 수출입 거래를 하거나 수익을 이룬 것처럼 조작해 세금을 내지 않거나 축소하는 것이 역외탈세이다. 이는 국내 거주자의 경우 외국에서 발생한 소득에 대해서도 세금을 내야 하지만 외국에서, 특히 조세피난처에서의 소득은 숨기기 쉽다는 점을 악용한 것이다.

역외탈세 문제를 해결하기 위해 국세청장 시절 제안하고 정책실장 때 도입한 제도가 있다. 바로 '해외 금융계좌 신고의무제'이다. 이는 거주자 또는 내국법인이 본인이나 타인 명의의 해외 금융계좌에 보유하고 있는 현금 또는 상장주식 평가액 합계가 연중 어느 하루라도 10억 원을 초과하면 의무적으로 신고해야 하는 제도이다. 이를 어기면 당연히 과태료가 부과된다.

또 세계 주요국과 해외 탈세방지 강화 및 국제공조를 강화했고 국세청 내에 역외탈세를 막기 위한 조직도 확대했다. 이 같은 조치는 역외탈세 규제를 위한 국제 사회의 움직임과도 잘 맞아 떨어졌다. 세계 대부분의 나라는 역외탈세를 최대한 방지하고자 온힘을 기울인다. 미국의 경우 국세청IRS 산하에 전담 그룹을 만들어 해외 금융계좌 색출에 총력을 쏟고 있으며, 영국도 2007년부터 해외 탈루소득 자진신고제를 통해 총 4억 파운드를 추징했다.

그뿐만 아니라 OECD, G20 등을 통해 조세피난처, 스위스 은행 등과 정보를 교환하는 국제적 환경이 조성돼 해외 금융재산을 추적할 수 있는 길이 과거보다 훨씬 더 넓어졌다. 그러나 이 같은 제도적 장치를 마련하고 국제적 공조를 펼치고 있음에도 역외탈세는 그 과정이 워낙 복잡하고 은밀한 데다 수법마저 다양해 추적하기 어려운 게 사실이다.

노블리스 오블리주는 우리 사회의 등불

역외탈세로 거론되는 사람들은 노블리스 오블리주를 실현한 이종환 회장이나 칼레의 부르주아와는 분명 거리가 멀다. 노블리스 오블리주는 이종환 회장과 같은 거액의 사회공헌이나 기부가 아니더라도 제대로 세금을 내는 것으로 시작할 수 있다.

사람은 누구든 자신이 번 돈은 모두 자신이 소유하려 한다. 그러나 그 돈을 번 바탕에는 이웃과 사회, 국가가 있다는 사실을 잊지 말아야 한다. 아무리 뛰어난 능력을 지녔다 해도 누군가가 자신의 가치를 인정해주었기 때문에 또 물건을 팔아주었기 때문에 돈을 번 것이다. 그 돈을 '확금자 불견인攫金者不見人'의 욕심으로 몽땅 움켜쥐려 하면 돈은 점차 자신에게서 멀어질 수 있다. 확금자 불견인은 '돈을 움켜쥐면 사람을 돌아보지 않는다'는 뜻이다.

자신이 번 돈은 이웃이 있기에 가능하고 그중 일부를 사회에 돌리는 것은 아름다운 행동이다. 소유의 많고 적음을 떠나 노블리스 오블리주는 우리가 살아가는 사회와 국가를 더 밝게 해주는 등불이다.

국세청 최초의
여성 납세자보호관

러시아의 표트르 대제Pyotr I는 로마노프 왕조의 제4대 황제로 러시아의 모든 관습과 풍속에 일대 개혁을 단행해 절대주의 왕정을 확립한 인물이다. 1709년 그는 당시 유럽의 강자 스웨덴에 대항해 우크라이나의 폴타바 전투에서 승리를 이끌어 러시아를 강국으로 만들었다. 무려 9년에 걸친 준비 끝에 전쟁에서 승리한 것이다. 그래서 그랬을까. 그에게는 많은 돈이 필요했다. 전쟁을 수행하기 위해서는 무엇보다 돈이 가장 필요했기 때문이다.

이러한 사실을 잘 아는 표트르 대제는 세금을 거두기 위해 '이득발안자利得發案者'라는 새로운 직업을 만들어 세금을 거둘 수 있는 아이디어를 제공하는 사람에게 엄청난 포상을 했다. 그래서 너도나도 세금 명목을 고안해냈고, 한 농노는 인지印紙에 관한 아이디어 하나로 상공국장과 부지사 자리에까지 올랐다. 이후 표트르 대제는 '수염세'를 만들어 턱수염에도 세금을 부과했다. 이는 귀족들에게 치렁치렁한 옷을 벗고 긴 수염을 자르도록 한 조치이기도 했다.

만일 이런 일이 오늘날 벌어진다면 강력한 조세저항에 부딪힐 것이다. 하지만 분명한 사실 하나는 국가가 존재하는 한 세금 역시 필연적으로 존재하며, 국가는 갖가지 명목을 붙여서라도 세금을 더 거두려 하고, 국민은 어떤 핑계를 대서라도 세금을 덜 내려 한다는 것이다. 그러기에 징수자와 납세자 사이에는 원천적 갈등이 존재할 수밖에 없다.

그 같은 갈등을 해소하기 위해 국세청에서는 다소 생소하게 들리겠지만 납세자보호관이라는 직책을 만들었다. 2009년 내가 국세청장에 취임한 후 신설한 직책으로 말 그대로 납세자를 보호하는 임무를 맡는다.

국세청이 납세자를 보호하는 일을 한다는 것은 언뜻 생각하면 모순처럼 보이지만, 납세자보호관은 세무조사 일시 중지, 조사반 교체, 직원 징계 요구 등 세무조사에 대한 실질적 견제 권한을 부여받아 납세자의 권익을 보호하는 역할을 수행한다. 사상 처음으로 납세자를 보호하는 직책이 생겼으니 그 자체만으로도 국세청이 바뀐다는 인식을 심어줄 수 있었다. 한 걸음 더 나아가 나는 이 중요한 자리에 여성을 초대 국장으로 임명했다. 납세자보호관이라는 직책도 생소한데 국장 자리에 여성을 앉혔으니 세간의 이목을 집중시키기에 충분했다.

그 여성 국장은 납세자보호 임무를 철두철미하게 수행했다. 어

찌나 원칙적으로 일을 처리하는지 때로는 국세청의 다른 간부들을
당황스럽게까지 만들었다. 2009년 11월 '사상 최초'의 사건이 이를
잘 말해준다. 우리나라 세무 역사상 처음으로 세무조사 중지 명령
을 내린 것이다.

여성 참여가 늘어나면 부패가 줄어든다

개인사업자 A는 2008년 사업장을 관할하는 C세무서로부터 부
가가치세 조사를 받은 후 1년 만에 주소지를 관할하는 P세무서의
개인제세 통합조사 예고통지를 받았다. 연속으로 세무조사를 받아
야 했던 것이다. 이에 개인사업자 A는 P세무서 납세자보호 담당관
에게 '납세자 권리보호요청서'를 제출했다.

P세무서 납세자보호 담당관은 조사 대상 선정의 적법 여부 등을
검토해 국세기본법을 위반한 소지가 있다고 판단해 세무조사 중지
명령을 본청에 요청했다. 본청의 납세자보호관은 P세무서의 분석
자료 등을 놓고 세무조사의 적법성, 납세자에 대한 권리침해 가능
성을 종합적으로 검토해 세무조사 중지 명령을 내렸다.

이 결정은 국세청장에게 사전에 보고해 허락을 얻거나 다른 간
부들과 협의해서 내린 게 아니라 납세자보호관이 단독으로 내린
것이다. 세무서 입장에서야 세무조사를 통해 세금을 더 거두고 싶
었겠지만 납세자보호관은 부당한 행위로 판단했다. 같은 편에게

'옐로카드'를 내민 격이었다. 물론 정확하고 공평한 조사, 을의 시각에서의 검토로 납세자를 보호했으니 그 임무에 충실했다고 할 것이다. 조그마한 사례처럼 보이지만 나에게는 신선한 충격이었다. 만약 조직의 생리를 의식했다면 그 같은 결정을 할 수 있었을까? 무엇보다 원칙을 중요하게 생각한 여성 국장이었기에 가능했다고 본다.

나는 30대 초에 이화여대 교수가 되었다. 자연히 여성들을 지켜볼 기회가 많았다. 편견일 수도 있겠지만 여성들이 때로는 우직할 정도로 원칙을 지키는 모습을 자주 보았다. 그래서 공정거래위원장 시절에도 여성 심판국장을 임명했으며 국세청에서도 최초의 납세자보호관에 여성을 임명했던 것이다. 그 덕분에 뜻하지 않게 여성단체로부터 감사패도 받았다.

많은 학자들은 고령화 저출산으로 생산인력이 줄어드는 상황에서 여성인력을 활용하는 것이 시대에 맞는 하나의 대안이라고 주장한다. 맞는 말이다. 그러나 나는 단순한 노동력으로 여성인력을 보기보다는 원칙을 강조하는 여성의 특성이 우리 사회에 크게 기여하리라 믿었기에 중책을 맡긴 것이다. 여성의 사회 참여가 확대될수록 부패 정도가 줄어든다는 연구결과도 있다. 여성인력이 제대로 활용된다면 우리 사회가 한층 더 투명해지고 원칙이 서는 사회로 나아가지 않겠는가.

부덴브로크 현상과
기업가 정신

《부덴브로크 가의 사람들Buddenbrooks》은 노벨문학상을 수상한 독일 작가 토마스 만Thomas Mann이 1901년 발표한 대하소설이다. '어느 한 가족의 몰락'이 부제이며 작가 자신의 고향을 무대로 하여 부덴브로크 가家 사람들이 걸어온 발자취를 4대에 걸쳐 들려주는 작품이다.

초대에는 나약함을 모르는 활동적이고 성공한 상인이 가문을 부흥시키지만 종교와 예술 등에 심취한 나약한 자손들을 거치며 독일의 한 시민계급 가정이 어떻게 허무한 종말을 맞이하는지를 이 소설은 극명하게 보여준다. '부자 3대 못 간다'는 속설을 입증한 이야기인 셈이다. 그래서 부富가 오래 지속되지 못하는 것에 '부덴브로크 현상'이라는 말을 쓰기도 한다.

물론 그 반대도 있다. 400년 동안 9대 진사와 12대 만석꾼을 배출한 경주 최 부자의 경우가 그렇다. 최 부잣집의 여섯 가지 가훈, 이른바 육훈六訓은 청부淸富의 교훈으로도 널리 알려져 있다. 최 부잣집에서는 진사보다 높은 벼슬을 금지했고, 만석이 넘어가는 재산을 모으지 않았다. 또한 찾아오는 과객을 후하게 대접했고, 흉년에는 남의 논밭을 사들이지 않았다. 나아가 사방 100리 안에 굶어죽는 사람이 없게 했으며, 시집온 며느리는 3년 동안 무명옷을 입게 했다. 현대적 개념으로 보면 완벽한 노블리스 오블리주의 실천이다.

그러나 뒤집어서 보면 부를 유지하기가 얼마나 힘든가를 여실히 보여주는 일화이기도 하다. 요즘 같은 물질만능 시대에 육훈을 지킨다는 것이 과연 가능하겠는가? 결국 부덴브로크 가의 사람들이나 최 부자의 이야기는 결말은 다르지만 부의 지속이 그만큼 어렵다는 사실을 말해주는 것이다. 그래서일까? 대한민국 기업들도 부침이 심한 편이다.

1964년 우리나라 10대 기업은 삼성, 삼호, 삼양, 개풍, 동아, 락희, 대한전선, 동양, 화신, 한국글라스였다. 오늘날 우리에게 익숙한 현대, 대우, SK, 포스코, 롯데 등은 찾아볼 수 없다. 그때로부터 50년이 흐르는 동안 수많은 기업이 사라진 것이다. 한때 글로벌 경영으로 세계 무대에서 깃발을 날리던 대우, 율산 등의 거대 그룹도 이제는 존재하지 않는다. 우리나라 최초의 민간 상업은행인 조흥은행도 IMF 외환위기 이후 역사의 저편으로 사라졌다.

현재 두각을 나타내는 기업도 내일 어떻게 될지 모른다. 더욱이 우리나라의 기업, 특히 대기업에 대해서는 국민들의 평가가 엇갈린다. 삼성, 현대, LG, SK 등 대부분의 대기업은 신제품을 개발하고 고용을 창출하고, 또 수출을 주도하는 등 국가 발전에 많은 공을 세웠다. 그런데도 이들 대기업을 비난하는 목소리가 사그라지지 않는다. 왜일까?

존경할 만한 기업가가 없어서일까? 한편으로는 그럴 수 있다. 역사상 가장 큰 부자 중 1위는 미국의 존 D. 록펠러 가이고, 2위는 앤드로 카네기 가이다. 생존하는 가장 큰 부자로는 빌 게이츠, 워런 버핏 등이 꼽힌다. 그런데 이 네 사람에게는 공통점이 있다. 기업의 본질에 충실했고, 천문학적 액수의 돈을 사회에 기부했다는 점이다. 그러나 우리나라 기업가들이 개인재산을 사회에 기부했다는 이야기는 거의 들리지 않는다. 기업의 본래 목적이 사회 기부가 아니고 또 사회적 공헌을 많이 한다고 해서 반드시 존경받는 것은 아니지만 기업가를 존경한다는 말은 별로 들리지 않는 게 현실이다. 오히려 대기업의 그릇된 행태가 국민들을 실망시킨다.

불확실한 미래를 돌파하는 도전과 의지가 필요하다

대표적 사례가 대기업의 문어발식 확장이다. 최근 들어서도 골목상권 침해, 빵집 운영 등은 국민의 정서를 크게 악화시켰다. 다음은 2013년 5월에 발생한 N사 사태에 관한 어느 신문의 보도 내용이다. 골목상권 침해가 아닌 갑을관계에서 사태가 촉발되었지만 대기업에 대한 국민 정서를 대변해준다.

제품 밀어내기와 폭언 파문으로 홍역을 치른 N사 제품 매출이 불매운동 등의 영향으로 큰 폭으로 줄어든 것으로 나타났다. A대형 마트에 따르면 5월 N사 제품 매출은 전달보다 52퍼센트, 커피 매출은 48퍼센트 줄어든 것으로 집계됐다. A마트에서 N사의 점유율은 4월 14퍼센트에서 5월 10퍼센트선으로 떨어졌다. B마트에서는 N사 전체 매출이 전달보다 15.8퍼센트 줄었다.

당연히 N사의 주가도 폭락했다. 이 같은 국민들의 대기업에 대한 악화된 정서는 정치권에서 '상생', '경제민주화'라는 화두로 나타났다. 분명 불가피한 시대의 흐름이지만 대기업에게는 커다란 부담이고 위협 요인이다.

그러나 오늘날 대한민국의 대기업들에게는 악화된 국민 정서나 정치권의 규제보다 더 큰 위협 요인이 도사리고 있다. 바로 기업가 정신의 약화이다. 기업가 정신은 '새로운 사업이 야기할 수 있는 위험을 부담하고 어려운 환경을 헤쳐 나가며 기업을 키우는 의지'를 말한다. 미국의 경제학자 슘페터Joseph Alois Schumpeter가 주장한 것으로, 불확실한 미래를 개척해나가는 정신인 셈이다. 이러한 기업가 정신이 창업 1세대에 비해 약화된 것은 주지의 사실이다.

기업가 정신의 약화와 더불어 기업을 위협하는 또 다른 요인은 반기업 정서를 일으키는 기업인의 행태이다. 확산된 반기업 정서나 기업에 대한 각종 사회적 요구는 기업의 노력으로 얼마든지 극복할 수 있는 외부 여건들이다. 또 전화위복의 기회로 만들 수도 있지만, 기업가의 의지와 정신은 다른 이야기이다. 창업주를 거쳐 2대, 3대로 기업이 대물림되는 과정에서 기업가 정신이 약해지면 토마스 만의 《부덴브로크 가의 사람들》처럼 아무리 환경이 좋다고 해도 쇠락의 운명을 피할 수 없다. 이것이 역사의 진실이다.

여섯 단계 이론을
발견한 까닭?

|

이른바 '복종실험'으로 잘 알려진 미국의 심리학자 스탠리 밀그램 Stanley Milgram은 1967년 또 하나의 재미있는 실험을 한다. 편지봉투 겉면에 주소를 쓰지 않고 자신의 주식중개인의 이름만 써서 가지고 나가 아무에게나 나눠주었다. 그가 무작위로 나누어준 편지는 모두 160통이었다. 주소가 적혀 있지 않았음에도 다음날부터 많은 편지들이 주식중개인에게 전달되었다. 이를 통해 밀그램은 최대 여섯 단계를 거친다는 사실을 알아냈다. 이른바 '지구 상의 모든 사람은 여섯 사람만 거치면 모두 얽힌다'는 이론의 출발이었다.

만약 오늘날 이런 실험을 하면 단계 수는 과연 어떻게 될까? 아마도 훨씬 줄어들 것이다. SNS의 발달로 심지어 두 단계로 줄어든다는 주장도 있다. 그만큼 사람들의 관계가 밀접해졌다는 의미일 것이다. 나 역시 공직에 있는 동안 우리 사회가 참으로 좁구나 하는 생각을 자주 했다.

사업의 편의, 취업과 승진, 인사 이동, 예산 배정, 세금 감면, 정책 변경 등 이런저런 명목으로 청탁이나 민원을 받은 경우가 많았다. 대한민국 사회에서 그 누구라도 피할 수 없는 현실일 것이다. 내가 받은 청탁의 대부분은 안면 있는 사람들의 청탁이었지만 가끔은 생전 일면식도 없는 사람이 '누구의 누구'라는 소개와 함께 부탁을 하곤 했다. 그때마다 그 인연에 놀라 밀그램의 여섯 단계보다 훨씬 단계 수가 적구나 하는 느낌을 받았다. 특히 인사에 관한 부탁과 청탁이 많았다. 그러나 들어주지 않았다. 인사의 공정성이 얼마나 중요한지 잘 알고 있었기 때문이다.

인사 원칙이 어긋나면 조직은 곧 허물어진다. 반면 인재를 능력과 재주에 따라 적재적소에 배치하면 나머지 일도 순조롭게 풀려나간다. 정말 인사가 전부인 셈이다. 인사에서의 이 같은 나의 믿음과 확신은 실천으로 이어졌고 상당한 성과도 있었다고 자부한다. 어느 일간지의 평이다.

요즘 부쩍 하마평에 오르는 이름이 있다. 백용호 국세청장이다. 이명박 대통령과는 15년 '절친'으로 알려져 있다. (…) 그래서인지 대통령 비서실장에서 국무총리까지 중요한 자리마다 그의 이름이 나온다. 중책을 맡고 안 맡고를 떠나 새삼 백 청장을 주목하는 이유는 따로 있다. 그의 인사 실험이다. 1년 전 MB는 국세청 개혁이란 임무를 그에게 맡겼다. 당시는 전직 청장들의 비리로 국세청에

온갖 비난이 쏟아질 때였다. 조직은 만신창이가 됐다. 누가 청장
이 돼도 수습이 힘들 것이란 관측이 많았다. 그러나 그로부터 1년
이 흐른 요즘, 국세청은 많이 달라졌다. 납세자 보호와 조직 안정,
두 마리 토끼를 다 잡았다는 평가를 안팎에서 받고 있다. 백 청장
이 손댄 것은 인사였다. 그렇다고 특별한 걸 한 것도 아니다. 그저
남들이 다 아는 기본과 원칙을 지켰을 뿐이다. 그는 우선 청탁을
철저히 배격했다. (…) 그는 공정거래위원장 시절부터 "이방인이
조직을 장악하려면 가장 좋은 방법이 자기 사람을 안 쓰고 공정
인사하는 것"이라고 말해왔다. 국세청장이 된 후에도 이 원칙을
지킨 셈이다.

- 〈중앙일보〉, 2010년 7월 6일

인사는 만사와 망사와 갈림길

오늘날 우리는 여섯 사람, 아니 더 적은 사람만 거치면 누구라도
만날 수 있고 관계를 맺을 수 있다. 그러나 청탁과 이권이 개입되
면 아무리 단계 수가 줄어들어도 긍정적 만남이 되지 못한다. 그
만남이 인간적일 때만 세상은 분명 아름다워지고 행복해진다. 인
연이 부당한 인사 청탁으로 이어지고 인사의 공정성을 무너뜨리면
이야기는 달라진다.

나는 공직에 있을 때 외부인을 만날 경우 부득이한 상황이 아니

면 독대를 하지 않으려 했다. 혹여 인사 청탁이라도 받는 자리가 아닐까 하는 우려가 있어서였다. 인사 실패로 인해 조직 전체가 잘못되는 경우를 자주 보아왔기 때문이다.

분명 조직의 성패는 인사에 달려 있다 해도 과언이 아니다. 조직의 성패뿐 아니라 한 나라의 발전 여부도 인사에 달려 있다. 신문 지 상에 인사 실패라는 머리기사가 많이 등장하면 할수록 그 나라의 발전 속도는 느려진다. 심지어 한 언론인은 "인사 실패가 반개혁을 부른다"고 주장하기까지 했다. 인사를 잘못하면 발전은 차치하고 정권에 대한 맹목적 반대를 불러일으키기도 한다.

인사를 결정하는 사람은 신중에 신중을 기해서 결정을 내리지만 하루가 멀다 하고 인사 실패라는 기사가 언론에 오르내리는 이유는 그만큼 인사가 어렵다는 증거이기도 하다. 특히 몇 명만 거치면 누구나 알 수 있는 한국 사회에서는 더욱 그럴 수밖에 없다.

'인사가 만사'라는 진리는 조직의 책임을 맡고 있는 누구든 우선적으로 가슴에 새겨야 할 덕목이다. 인사가 망사亡事가 되지 않기 위해서는 공정이 최선의 기준이라는 사실도 잊어서는 안 된다.

끝없는 부실의 향연을
막지 않으면

정책을 수행할 때 내가 가장 신경 썼던 것은 정책집행 과정이 투명하고 원칙에 맞느냐였다. 대부분의 정책은 법에 근거하기 때문에 그 내용에 대해선 충분한 사전 논의와 검토 과정을 거칠 수밖에 없다. 그러나 집행은 다르다. 비록 그 절차가 하위 법령에 상당 부분 규정되어 있다 해도 실제 집행을 할 때에는 어느 정도의 재량이 있다. 어쩌면 여기서 문제가 발생하고 불행이 시작된다고 할 수도 있다. 대표적 사례 중 하나가 저축은행 사태였다.

정책실장으로 부임했을 때 나는 몇 가지 정책의 우선순위를 염두에 두고 있었다. 유럽의 재정위기를 지켜보며 재정건전성을 높이기 위해 노력해야겠다거나, 경제 활성화를 도모하면서도 양극화 해소를 위해 정부가 적극적 역할을 할 필요가 있다는 등등의 숙제를 안고 있었다. 그중에는 금융시장 정상화를 위해 더 이상 저축은행의 부실을 방치할 수 없다는 것도 포함되어 있었다.

그런데 저축은행 문제를 해결하는 과정에서 내가 느낀 인상은

한마디로 '원칙이 무너진 곳'이었다. 저축은행중앙회 홈페이지를
방문하면 저축은행은 '서민과 중소기업의 금융편의를 도모하고 저
축을 증대하기 위해 설립된 지역 금융기관'이라고 적혀 있다. 과연
그런가?

우선 저축은행은 서민과 중소기업의 금융편의와는 거리가 먼 행
태를 보였다. 은행에 비해 상대적으로 높은 금리로 조달한 자금을
가지고 고수익 창출을 위해 부동산 프로젝트 파이낸싱Project Financing
등과 같은 고위험 대출에 눈을 돌렸던 것이다. 이는 막대한 자본이
필요한 호텔, 골프장, 심지어 조선소, 발전소 등과 같은 대규모 사
업을 하는 프로젝트이다. 저축은행은 이 사업에서 높은 수익을 올
릴 것으로 예상했으나 부동산시장이 침체되고 나아가 2008년 글
로벌 금융위기가 터져 예상이 빗나가고 말았다. 그로 인해 저축은
행의 부실이 심화되었고 결국 정부는 저축은행에 메스를 들이댈
수밖에 없었다. 회생 불가능한 부실 저축은행을 정리하기로 한 것
이다.

부실 저축은행 사태로 후순위채를 매입했거나 정부의 예금보장
한도인 5천만 원 이상을 예치한 일부 투자자들이 돈을 잃을 위험
에 처하자 격렬하게 항의했고 이는 사회 문제로까지 확산되었다.
후순위채는 말 그대로 발행기관이 파산했을 경우 다른 채권자들의
부채가 모두 청산된 다음에 마지막으로 상환받을 수 있는 채권이

다. 일반 채권보다 금리가 높은 만큼 위험성도 크다. 참으로 안타까운 일이었다. 지역 금융기관으로서 원칙만 지켰다면 불행한 사태가 발생하지 않았을 것이다.

저축은행이 이 같은 불미스러운 사건을 거치며 국민의 주목을 받았으나 실제 부실의 뿌리는 상당히 깊다. 저축은행은 1972년 사금융양성화법 제정을 계기로 상호신용금고라는 이름으로 처음 설립되었다. 사금융양성화법은 사금융에 투자된 돈을 양성화해 지하경제를 줄이고 이를 소상공인과 중소기업에 흘러가도록 해 경제개발을 촉진시키기 위해 제정된 법률이다. 1998년 외환위기 이전까지만 해도 저축은행은 서민과 중소기업을 중심으로 안정적인 예금과 대출 영업을 주로 했다. 그러나 외환위기는 은행 등 대형 금융기관의 자산운용에 큰 변화를 초래했다. 우량 대기업은 자본시장을 통해 직접 자금을 조달했고, 은행 및 보험사 등 대형 금융기관은 우량 가계와 중소기업을 대상으로 여신을 확대해나갔다.

1998년 여신금지업종 폐지 등 외환위기 이후 시행된 전반적인 규제 완화로 은행은 영업 범위를 더욱 확대했고 상대적으로 저축은행 등 서민 금융기관의 경쟁력은 더욱 떨어졌다. 이에 대응하기 위해 저축은행이 신용위험이 큰 고객을 상대로 무리하게 영업을 확장해 위험도 높아진 것이다. 위험이 높아진 만큼 더 견고한 관리체계를 갖추어야 했지만 그러한 자체 능력도 부족했다.

법과 규정에 충실해야 생존이 가능하다

저축은행은 은행과 달리 소유 집중도가 높아 대주주의 사금고화
될 위험도 높다. 대부분 지배주주가 존재하며 최대주주의 지분율
이 평균 73퍼센트에 달한다. 대주주 및 경영진의 도덕적 해이 발생
가능성이 그만큼 높을 뿐만 아니라 지배주주의 부당·불법 행위에
대한 경영감시를 하기 어려운 구조이다. 회계 투명성이 낮고 회계
분식 등이 이루어진 것도 다 이런 이유 때문이다. 철저하게 관리
감독해야 했던 금융감독 기능마저 제대로 작동하지 않았다. 부실
의 저변에 자리 잡고 있던 요인이 한두 가지가 아니었던 것이다.

이러한 여러 가지 이유들이 복합적으로 작용해 부실이 갈수록
커지고 경제에 커다란 부담이 될 여지가 농후해지자 2011년 정부
는 부산저축은행 등 9곳에 대해 영업정지 조치를 취했다. 이어 제
일저축은행 등 7개 저축은행이 추가로 영업정지되는 등 총 16개
저축은행이 사라졌다. 이후에도 4개 사의 경영 정상화가 무산되어
2012년 5월 추가로 영업정지를 당했다. 20개의 부실 저축은행을
정리함으로써 2011년 이후 진행된 대규모 구조조정이 일단락된
것이다.

물론 이게 끝이 아닐 게다. 저축은행 업계에 대한 전체적인 신뢰
도 저하라든가 부동산 경기가 계속 침체되어 전반적으로 경영이
어려워지고 있어 저축은행에 대한 지속적인 모니터링과 관리가 여

전히 필요한 상황이다. 그 사실을 잘 알기에 나는 정책실장으로서 저축은행 관리·감독 방식을 상시 구조조정 시스템으로 전환하고, 저축은행의 건전경영을 유도하기 위해 몇 가지 제도적 장치를 마련했다.

우선 대주주에 대한 신용공여 등 불법대출을 취급한 저축은행에 대한 과징금 부과제도를 도입했다. 또한 불법 행위자에 대한 제재 조치를 강화하여 기관경고 이상의 징계를 받은 저축은행은 일정 기간 점포 설치를 불허하기로 했다. 대주주, 경영진의 징계 사실 등을 금융거래자 등이 알 수 있도록 제재 내역을 공시하고, 불법 행위에 대한 내부 직원의 신고를 유도하기 위하여 내부 제보자의 신분보장 근거포상제도도 마련했다. 아울러 부동산 관련 대출 한도를 50퍼센트로 제한했다.

그렇다면 앞으로 똑같은 사태가 반복되지는 않을까? 솔직히 의문이다. 위험을 줄이기 위한 제도적 장치가 완벽할 수도 없고 유사한 사례를 막을 것이라는 확실한 보장도 없기 때문이다. 중요한 것은 저축은행 당사자나 금융 당국 모두가 얼마나 법과 규정에 충실하느냐이다. 원칙이 무너지면 너무나 큰 희생이 따른다는 교훈을 우리는 저축은행 사태를 통해 얻었다. 많은 것을 잃었지만 다시 한 번 원칙이 중요하다는 가르침을 새길 수만 있다면 비용만 지불한 것은 아니리라.

지금도 영업 환경은 어렵지만 많은 저축은행들이 지역에 밀착된 금융을 영위하며 적절한 여신심사 능력과 투명한 지배구조를 갖추고 있을 것이라 믿는다. 이것이 저축은행 본연의 원칙을 지키는 일이다. 정부도 감시와 관리를 철저히 해야 한다. 반드시 필요한 원칙이다. 원칙을 지키는 것이야말로 불행한 사태의 재발을 막는 유일한 길인 셈이다.

대처와 정동진
그리고 변화의 바람

국가 또는 지방자치단체의 자본으로 재화나 서비스를 공급하기 위해 운영되는 기업이 공기업이다. 이 같은 공기업은 그 단어가 의미하듯이 공공의 소유·지배 측면에서 공익성을 갖는 한편 기업체라는 측면에서는 영리성을 가진다. 사회 정책적 목적의 사업을 하기도 하지만 주로 공공성이 강하며 거액의 투자가 필요한 독점적 성격의 사업을 담당한다. 공기업은 사기업이 담당할 수 없는 또 담당해서는 안 될 분야를 보완해주는 셈이다. 한편 공기업은 국가나 지방자치단체에 수익을 가져다주는 수단이 되기도 한다.

이래저래 공기업은 꼭 필요한 존재이다. 그런데도 공기업을 바라보는 국민들의 평가와 시각은 좋지 않은 게 사실이다. '국민이 주인'이라기보다는 '주인 없는 기업'이라는 성격이 강하고 부실과 방만 경영 그리고 적자 경영과 낙하산 인사가 공기업의 특징으로 인식되고 있다. 과연 부실의 실상은 어떨까? 여러 각도에서 조명해보아야겠지만 부채 규모만 살펴봐도 심각한 수준이다.

2012년 당시 대한민국의 공기업은 전부 295개였다. 일반인이 이 숫자를 들으면 매우 놀랄 수 있다. 대부분의 국민은 코레일, KBS, 지하철공사, 한국전력, LH공사(주택공사) 등을 떠올릴 텐데 무려 295개나 있다고 하니 그 많은 공기업이 도대체 무엇을 하는지 궁금할 것이다. 그런데 더 놀라운 사실은 295개 공기업의 부채 총액이 500조에 이른다는 점이다. 이를 5,000만 명으로 나누면 1인당 갚아야 할 돈은 대략 1,000만 원에 육박한다. 네 명이 사는 가구라면 4,000만 원 정도를 부담해야 공기업 부채를 전부 갚을 수 있다.

그중 부채가 가장 높은 곳은 LH공사로 130조 원에 달하며 2위는 한국전력으로 95조 원이다. 참고로 우리나라 매출액 순위 1위인 삼성전자의 부채는 대략 15조 원이다. 세계 기업 순위에서 20위를 기록(2013년 〈포브스〉 기준)한 삼성전자의 부채가 15조 원인 점을 감안하면 이들 공기업의 부채는 얼마나 심각한가.

물론 부채가 많다 하더라도 자산이 월등히 많으면 큰 문제가 아닐 수 있다. 예컨대 10억 원짜리 집을 가진 사람에게 1억 원의 빚이 있고, 100억 원 상당의 집을 가진 사람에게 3억 원의 빚이 있다면 1억 원의 빚이 더 큰 문제이다. 그러나 최근 공기업 부채의 규모나 증가 속도를 보면 걱정이 앞선다. 과연 이 많은 부채를 어느 세월에 갚을 수 있으며, 갚을 계획은 가지고 있는지?

특히 주인이 없는 상태에서 그 누구도 부채에 대해 책임을 지지 않으려 한다는 점이 더욱 우려스럽다. 비록 공기업의 설립 목적이 공공성을 가진다 해도 완전한 복지기관이 아닌 이상 필요한 비용은 그 사업의 수익에서 충당해야 한다. 이른바 '비용판제費用辨濟' 주의를 무시해서는 안 되는 것이다. 공익성이라는 원래 목적을 수행하되 가능한 범위 내에서는 시장원리가 작동해야 한다. 만약 수익을 내는 사업을 획기적으로 늘릴 수 없다면 부채관리라도 철저히 해야 한다.

'공기업 개혁' 하면 우선 떠오르는 인물이 있다. '철의 여인'으로 불리는 마거릿 대처이다. 2013년 4월 8일, 그녀는 88세의 나이로 타계했다. 그녀가 1979년 총리로 취임해 1990년 자진 사임할 때까지, 12년 동안 영국은 참으로 많이 바뀌었다. 대처는 첫 여성 총리 외에도 첫 3선 총리라는 타이틀을 가지고 있다. 이보다 더 명예스러운 것은 영국의 고질병인 이른바 '영국병'을 끈질긴 노력 끝에 치유했다는 점이다. 대처는 확실한 원칙으로 시장경제 원리를 도입해 경제의 모든 부문을 뜯어고치는 개혁을 단행했다.

재정지출 삭감, 공기업 민영화, 규제 완화, 경쟁 촉진이 정책의 핵심이었으며 이는 결국 공공부문 개혁으로 귀결되었다. 그 결과 영국은 다시 강해졌으며 세계 무대에서의 영향력도 높아졌다. 물론 그녀의 정책에 대한 비판도 많았다. 그녀가 타계한 날, 일부 노동자들이 샴페인을 터트리며 환호하는 모습이 언론에 보도되었다. 노동자들을 어려움과 고통으로 몰아넣었다 해서 그녀의 죽음을 축하했다고 하니 역사의 평가가 아직은 엇갈리는 것 같다.

아이디어 하나가 체질을 바꾼다

대처의 정책이 꼭 옳다는 말은 아니다. 하지만 우리나라에서는 공기업 개혁을 더 미뤄서는 안 된다. 반드시 부채 때문만은 아니다. 수익에 대한 경영마인드를 확립할 필요가 있다. 거창한 개혁은 아니더라도 설립의 근본 목적에 충실하면서도 효율성과 수익성을 올릴 수 있는 방안은 얼마든지 있다. 공기업의 기업마인드 예로는 정동진正東津을 들 수 있다. 1990년대 중반까지만 해도 강원도 정동진은 그리 알려진 곳이 아니었다. 워낙 외진 데다 교통이 불편해 아는 사람만 찾는 곳으로 1년 내내 관광객 숫자가 1만 명도 채 되지 않았다고 한다.

그런데 어느 날 철도청(코레일)의 한 직원이 서울에서 정동진까지 한 번에 갈 수 있는 관광열차 아이디어를 제안했다. 인기몰이를 하던 TV 드라마 〈모래시계〉로 이제 막 알려진 정동진을 바로 찾아갈 수 있는 이 아이디어가 상황을 크게 변화시켰다. 정동진 관광열차가 개통된 이후 대한민국 국민 중에 정동진을 다녀오지 않은 사람은, 조금 과장하면 없다고 할 정도가 되었으니 말이다. 실제 수

익을 얼마나 올렸는지, 지역경제에 얼마나 도움이 되었는지 알아
보지는 않았으나 철도 승객이 늘어난 것만은 분명하리라.

정동진 관광열차 사례는 개혁이라 할 수는 없다. 국민을 위해 봉
사하고 수익을 더 올릴 수 있는 아이디어가 새로운 활로를 개척한
것이다. 즉 아이디어 하나로 공기업의 체질을 바꿀 수 있다는 것을
보여준 사례이다. 만약 295개의 공기업이 절박한 심정으로 이러한
아이디어를 발굴하고 실행한다면 부채를 줄이지는 못해도 더 이상
의 악화는 막을 수 있을 것이다.

공기업은 이제까지 대한민국의 발전과 국민의 편리한 삶을 위해
많은 일을 해왔다. 그 누구도 그 업적을 폄훼하지 않을 것이다. 그
러나 이제는 변해야 한다. 경영 효율화든 민영화든 통폐합이든 그
방법은 깊이 고민해야겠지만 더 이상 방만과 부실 그리고 철밥통
과 낙하산 인사라는 오명을 이어가서는 안 된다. 나아가 더 이상
정치논리가 개입되어서도 안 된다. 그래서 효율적인 공기업, 활력
있는 공기업, 국가와 국민을 위해 진정으로 봉사하는 공기업으로
거듭나야 한다.

이 세상에서 확실한 것은
세금과 죽음뿐

'징徵'이라는 글자는 어감부터가 좋지 않다. 징집, 징병, 징용, 징세, 징수 등의 단어는 일단 거부감을 준다. 또 '징懲'은 잘못을 책망한다는 뜻이다. 징벌, 권선징악, 징역살이 등이 대표적이다. 아울러 징조徵兆라는 단어는 긍정과 부정의 경우에 모두 사용되지만 '실패할 징조가 보인다', 아플 '징조이다' 등 부정적 상황을 암시하는 경우가 많다.

이 부정적인 글자를 어쩔 수 없이 사용해야 하는 국가기관 중 하나가 국세청이다. 혹시 국민이 국세청을 보는 시각이 곱지 않다면 그 저변에 징이 자리 잡고 있기 때문일까? 또 국세청은 대단한 권력기관이라는 잘못된 평가를 받기도 하는데, 왜일까?

우리나라 중앙행정기관은 대통령이 바뀔 때마다, 또 임기 중에도 정책기조에 따라 수시로 변한다. 이명박 정부는 15부 2처 18청이었고, 2013년 박근혜 정부는 17부 3처 17청으로 출범했다. 조직도가 어떻게 구성되건 변하지 않는 게 있으니 이른바 '4대 권력기관'이다. 국정원, 국세청, 검찰청, 경찰청을 일컬음이다. 사실 이 기관들은 발전, 육성의 사명보다는 조사, 수사, 징계, 징세의 임무를 맡고 있으니 경위야 어떻든 4대 권력기관이라는 불명예(?)를 안은 것이다.

그러나 우리가 진지하게 생각해야 할 것은 정부의 많은 기관 중 '과연 권력기관이 있는가?'이다. 기획재정부, 문화체육관광부, 여성가족부를 권력기관이라 여기는 사람은 아무도 없을 것이다. 마찬가지로 국세청, 검찰청, 국정원도 권력기관이 아니다. 각 기관의 임무를 명시한 법률 어디에도 '권력을 가진다'는 조항은 분명 없다. 모든 정부 부처는 근본적으로 국민과 국가를 위해 봉사하고 헌신하는 기관이며 국세청도 마찬가지이다.

2009년 7월 국세청장으로 내정되었을 때 나는 이 점을 분명하게 천명했다. 국회에서 열린 인사청문회에서 "국민은 국세청이 공평하고 투명하게 세법을 집행하고, 국민의 성실한 납세의무 이행을 지원하는 기본 임무에 충실할 것을 요구한다"고 전제한 뒤 "권력기관이라는 이미지에서 벗어나 도덕과 청렴성을 바탕으로 국민에게 봉사하겠다"고 약속했다. '국세청은 권력기관이 아니다'라는 발언은 어쩌면 당연하고 평범한 말이었으나 언론의 조명을 많이 받은 기억이 있다. 나로서는 당황스러운 반응이었다.

물론 언론의 조명을 받기 위해 이 말을 한 것은 아니다. 정부조직법 제27조 3항에는 "내국세의 부과·감면 및 징수에 관한 사무를 관장하기 위하여 기획재정부 장관 소속으로 국세청을 둔다"는 조항이 있다. 이 법에 근거해 국세청장은 세금(관세 제외)을 부과하고 거두는 사무를 맡는다. 법률 어디에도 권력을 가진다는 조항이 없기 때문에 사실 '권력기관이 아니다'라는 말조차 할 필요가 없는 것이다. 그런데도 4대 권력기관이니 하는 말들이 국민의 인식에 뿌리내려 있기 때문에 그 인식부터 바꿀 필요가 있다고 생각해 첫 일성으로 권력기관으로서의 이미지 탈피를 주창한 것이다.

국세청장으로 재직한 1년여 동안 이를 위해 2만 명의 국세청 직원들과 함께 헌신적으로 노력했고, 그 결과 국민에게 봉사하는 기관으로서의 이미지 변신도 일정 부분 이루었다고 자부한다. 물론 '징'에 대한 거부감, 세금에 대한 원초적 저항 심리가 깊이 내재되어 있어 이미지를 근본적으로 변화시킬 수는 없었다. 또 일부 세무 공무원의 부정부패 행위도 잊힐 만하면 튀어나와 국민들의 지탄을 받곤 했다. 참으로 안타깝고 아쉬운 대목이다.

국세청장으로 재임하는 동안 나는 언론과의 인터뷰를 극도로 꺼렸다. 말을 하다 보면 어쩔 수 없이 세금과 세무조사를 거론할 수밖에 없는 것도 하나의 이유였다. 얼마나 국민들이 거부감을 느끼는 단어들인가.

세금에도 게임의 규칙이 적용된다

"세금을 징수하는 짓은 도둑질이나 다름없다"고 토마스 아퀴나스는 말했다. 이 말뿐만이 아니라 내가 기억하는 한 세금에 대한 격언, 속담은 온통 부정적인 것뿐이다. 벤저민 프랭클린은 "이 세상에서 확실한 것은 없다. 세금과 죽음을 제외하고는"이라 말했고, 마거릿 젠스는 "정부는 양봉업자가 꿀을 가져가듯 세금을 거두어서는 국민에게 설탕물만 나눠준다"고 격하게 비난했다. 심지어 시詩에서도 세금은 나쁜 것으로 묘사된다. 시인 신동엽은 〈이야기하는 쟁기꾼의 대지〉에서 "땅 한번 디뎌도 세금이 좋아오데. 바람 마시는 값으론 코를 베어 주었네"라고 노래했다.

우리는 세금의 필요성을 잘 알고 있다. 국민이 낸 세금은 기본적으로 안보와 치안, 공공영역에 쓰임으로써 국가가 존재할 수 있도록 한다. 때로는 경제 활성화를 위해 쓰이는 영양제 역할을 하고 부의 재분배 기능을 수행한다. 늘어나는 복지수요를 감당하는 재원이기도 하다. 그렇지만 필요성을 안다고 해서 세금에 대한 거부감이 없어지는 것은 아니다.

세금을 나타내는 글자 稅는 벼 화禾와 음(소리)을 나타내는 태兌가 합쳐진 글자이다. 禾는 곡식을 뜻하며, 옛날 농부들이 많은 곡식을 수확한 기쁨을 신에게 바친다는 것에서 유래했다. 兌에는 '기뻐하다, 빛나다'라는 뜻이 담겨 있다. 즉 내가 수확한 곡식을 바치

뿌용호의
법정

는 것이 기쁘고 빛나는 일이라는 것을 의미한다. 자신이 낸 세금이 국가와 나, 후손을 위해 쓰임을 잘 알기 때문이었을 것이다.

세금에 대한 거부감을 줄이기 위해서는 정부의 재정운용이 투명해야 하고 효율적이어야 한다. 또한 세법이라는 '게임의 규칙'이 누구에게나 똑같이 적용되어야 한다. 만약 그 규칙이 누군가에게만 유리하게 적용되면 저항은 더욱 거세진다. 탈세가 근절되어야 하는 또 다른 이유이다. 나아가 국세청이 권력기관이 아니라는 인식이 뿌리내려야 세금을 보는 부정적 시각도 달라질 것이다.

원칙을 지키는 것이 원칙인
사회를 위하여

윈스턴 처칠은 제2차 세계대전을 승리로 이끈 영국 수상으로 여러 일화를 남긴 정치인이다. 수상으로 일하던 그가 어느 날 일에 쫓겨 국회 연설에 늦게 되었다. 차에 오른 그는 기사에게 "신호를 지키지 않아도 되니 속력을 내시오"라고 말한다. 아니나 다를까 교통경찰에게 적발되고 만다. 기사는 "수상 각하의 차요. 지금 국회에 급히 가야 하기 때문에 어쩔 수 없이 신호를 위반했어요"라며 선처를 호소했다. 그러나 교통경찰은 뒷자리를 힐끗 보더니 "수상 각하를 닮긴 했는데 처칠 수상이 신호위반을 할 리 없소" 하며 끝내 딱지를 끊었다.

처칠은 그의 원칙 정신에 감명을 받았다. 국회 연설이 끝난 후 집무실로 돌아와 경찰청장에게 상황을 설명한 뒤 그 교통경찰을 1계급 승진시키라고 지시했다. 그러자 경찰청장은 "교통경찰이 교통위반자를 단속했다 하여 특진시키는 규정은 없습니다"라며 딱 잘라 거절했다. 위대한 정치인 처칠이 원칙주의자들에게 하루에 두 번이나 혼이 난 유명한 이야기이다.

원칙을 지키는 것은 아름다운 일이다. 특히 공직에 있을 때는 더욱 그래야 하지만 내 경험을 되돌아볼 때 원칙을 지키는 일이 결코 쉽지 않았다. 우리 사회의 구조적 특징 때문이기도 하다. 이른바 학연, 혈연, 지연으로 얽힌 인간관계에서 자유롭기란 참으로 어렵다.

고백하건대, 나 역시 공직에 있는 동안 인간관계를 앞세운 크고 작은 부탁을 받았다. 그러나 모든 경우 원칙과 규정을 따랐다. 그렇다고 마음이 편하지도 않았다. 항상 업을 쌓는 심정이었다. 그분들은 어쩌면 나에게 평생 한 번 부탁한 것이었을 텐데 들어주지 못했으니 얼마나 원망할까 하는 자책도 했었다. 때로는 안타까운 사연도 있었지만 무리하게 부탁을 들어주면 훗날 반드시 서로에게 화가 될 수 있다는 것을 잘 알기에 원칙을 고집했다. 미안함에 대한 내 나름의 위안이었을 게다.

2009년 국세청장에 취임했을 때였다. 주변의 많은 사람들이 너무 힘들고 험한 자리로 간다고 우려했다. 2만 명의 공직자들이 일하는 조직이니 어려울 수 있을 것이라 생각했다. 더욱이 불미스러운 일로 국세청장 자리가 수개월 공석으로 있던 시기였다. 그런데 사람들이 힘들 것이라 말한 이유는 다른 데 있었다. 너무 청탁과 부탁이 많을 것이라는 우려였다.

그들의 우려가 아니라 해도 나는 우선 학연, 지연, 혈연을 앞세운 줄대기나 인사 청탁이 국세청에 일체 발을 못 붙이게 하겠다고 다짐했다. 취임식에서도 이 신념을 강하게 밝혔다. "국민의 재산을 다루는 국세행정의 특성상 높은 수준의 도덕성과 윤리성은 절대적 가치"이고 "이 같은 상황에서 한두 명의 부정한 행위에도 국민의 신뢰는 크게 떨어질 수밖에 없으며, 특히 고위직의 잘못된 행동에는 더욱 국민이 실망할 수밖에 없다"고 말했다.

이것은 나의 소신이었다. 불법 행위를 한 직원에게는 지위의 높고 낮음에 상관없이 엄하게 책임을 물을 것이고, 이와 관련해서는 어떠한 예외도 두지 않겠다고 강조했다. 또한 인사 원칙과 기준을 정해 객관적이고 공정하게 실시하고 오직 성과와 능력에 따라 이루어질 것임을 약속했다. 사실 국세청은 직원 2만여 명 중 일선 세무서장으로 나갈 수 있는 서기관급 이상 간부가 채 2퍼센트(305명 정도)도 안 되는 이른바 '압정구조'이다. 승진 때마다 경쟁이 치열했고, 그러다 보니 공정한 인사 시스템이 절실한 상황이었다. 취임 1년을 맞아 실시한 국세청 인사에서 '3대 인사 원칙'을 공정하게 적용했다. 당시 언론 기사는 이에 대한 평가를 잘 보여준다.

오는 7월 16일로 취임 1주년을 맞는 백용호 국세청장이 세무통의 전면 배치, 청탁자 승진 배제, 여성인력 우대를 골자로 한 승진·전보 인사를 단행했다. 이번 인사는 추락했던 국세청의 위상을 재정비하고 개혁을 이끌어온 '백용호식 인사'의 백미를 보여줬다는 평을 받고 있다. (…) 이번 인사의 또 다른 특징은 인사 청탁이 1건도 없었다는 것. 국세청 관계자는 "이전까지 한두 건씩 있던 청탁이 이번엔 아예 없었다"고 말했다. 여성 인사 발탁도 빠지지 않았다. 서울시 내 세무서장으로는 개청 이래 최초로 노원세무서장에 여성이 진출했다.

− 〈문화일보〉, 2010년 6월 30일

나아가 세무조사에 대해서도 어디까지나 법과 원칙에 따라 성실 신고 유도 목적에 충실하도록 운영하겠다고 천명했다. 세무조사 대상을 선정할 때에는 객관성과 투명성을 높여 나가고 조사 절차에도 납세자의 신뢰를 떨어뜨리는 요인이 없는지 면밀히 살펴보라고 주문했다. 국세청이 자칫 권력기관으로 비치는 오해를 불식시키기 위해서였다. 또 국세청장으로 임명되었을 때 언론과의 인터뷰에서 "국세청은 권력기관이 아니다"라고 말한 나의 소신을 꼭 지키고 싶었다.

원칙이 한 번 무너지면

물론 "너무 맑은 물에는 물고기가 살지 않는다"는 속담도 있다. 지나치게 원칙을 지키면 친구도 없고 세상 사람들에게서 멀어진다는 경고일 것이다. 그러나 꼭 그렇지만은 않다고 믿는다. 아이젠하워는 "원칙보다 특권을 더 높이 평가하는 사람은 곧 둘 다 잃는다"고 했다. 원칙이야말로 모든 것을 더 빠르고 효율적으로 처리하게 만드는 원동력이자 사람들 사이에 믿음을 조성하는 씨앗이라고 본 것이다. 나 역시 원칙의 힘을 믿는다.

이 같은 원칙에 대한 나의 소신은 어쩌면 내가 살아온 과정이나 주변 여건과도 무관하지 않다. 이른바 SKY 대학을 나오지도 않았고 일가친척 중에 특별히 출세한 사람도 없어 연줄을 대고 싶어도 사방 천지에 혼자뿐이었던 나에게 줄대기와 청탁은 가장 큰 반칙으로 여겨졌던 것이다.

정책의 방향을 결정하는 데에도 판단이 쉽지 않은 경우가 많았다. 그럴 때마다 나는 항상 어떤 결정이 더 원칙에 적합하느냐를 놓고 결정했다. 물론 그 결정이 100퍼센트 다 옳았다거나 모든 사람에게 도움이 되었다고 말할 수는 없다. 단지 원칙에 근거한 정책 결정이 부작용과 이해당사자들의 갈등을 최소화할 수 있을 거라 믿었기 때문이다.

정책실장으로 재직할 때인 2011년, 우리금융과 대우조선해양의 민영화 문제가 큰 이슈였다. 정부는 우리금융과 대우조선해양에 대해 일정 지분을 가지고 있었다. 국민의 세금이라 할 수 있는 공적 자금으로 구입한 지분이었기 때문에 이 지분의 일부를 국민주

형태로 국민에게 돌려주어야 한다는 의견이 제기되었다.

"대우조선해양이 부실했을 때는 1조 원의 가치에 불과했지만 지금은 12조 원의 가치를 갖게 되었고, 우리금융 역시 외국 회사로 넘어가면 금융주권의 문제가 된다. 그러므로 포스코 방식처럼 국민공모주로 가는 것이 맞다"는 주장이었다. 나아가 공적 자금 최대 회수의 원칙에 어긋난다는 지적에 대해서는 "서민에게 싸게 매각해 공적 자금을 최대로 회수하지 못한다 해도 그만큼의 이익이 서민에게 돌아가는 것 아니냐"는 논리를 내세웠다.

국민주는 '정부의 관리하에 운영되는 대규모의 공기업을 증권시장에 상장하는 민영화 계획에 따라 국민 각계각층에게 해당 주식을 골고루 분산시켜 대다수의 국민을 주주로 하는 주식'이다. 그 목적은 국민에게 주식을 분산·소유시킴으로써 기업에의 참여 의식을 높임과 동시에 기업이 획득한 이익을 분배하여 중하위 계층의 소득을 향상시키는 데 있다. 이러한 국민주의 취지와 목적을 생각하면 대우조선해양과 우리금융의 국민주 방식 매각은 반대하기 어려운 주장이었다.

그러나 나는 국민주 매각 방식을 반대했다. 무엇보다 시장 원칙에 맞지 않았기 때문이다. 즉 이미 상장된 기업의 지분을 국민주 방식으로 매각하는 것은 원칙에 어긋나는 일이었다. 1988년의 포스코(당시 포항종합제철)나 1989년의 한국전력공사가 상장되었을 때 국민주 방식에 따라 많은 국민이 저렴한 가격으로 주식을 매입했다. 이후 외환은행 등이 국민주를 공급했지만 우리금융과 대우조선해양은 이미 상장되어 주식시장에서 활발히 거래되고 있었다. 이미 상장된 회사의 주식을 국민주로 싸게 공급하면 시장에 일대 혼란을 가져올 것이라 판단했다.

당시 국민주를 주장하는 측에서는 '매각 대상 정부 지분의 50퍼센트를 월 소득 115만 원 미만의 저소득층 600만 명에게 우선 배정하는 방안'을 제시했다. 전문가들의 신중한 검토를 거쳐 완성된 제안이었다. 훌륭한 제안임에도 내가 반대한 이유는 시장 원칙을 지키기 위해서였다. 내 반대가 논란의 소지가 있을 수 있다는 것도 알았다. 그러나 하나의 원칙을 무너뜨리면 연이어 다른 원칙도 무너뜨려야 한다. 그만큼 갈등과 부작용이 커질 수밖에 없다. 찬반양론이 팽배했으나 두 회사의 국민주 방식 매각은 철회되었다.

원칙을 강조한 또 하나의 기억이 있다. 바로 보건복지부의 '행복e사업'과 관련해서이다. 행복e사업은 지자체별로 분산된 사회복지 전산망을 통합하는 것이었는데, 이를 통해 부정 수급자 및 중복 수급자를 적발해 2010년 3,500억 원의 예산을 절감했다. 그런데 절감된 예산 사용을 두고 복지부와 기획재정부의 의견이 달랐다. 복지부는 이미 확보된 자기 부처 예산이니 다른 복지사업에 쓰겠다고 했고, 기재부는 절감된 예산이니 국고 환수를 주장했다. 서민복지에 대한 요구가 증대되는 상황에서 기재부의 주장은 자칫 정치적으로 부담스러울 수 있었다. 하지만 나는 정치적 이유로 원칙이 훼손되어서는 안 된다는 생각에서 기재부의 손을 들어주었다. 절감된 예산은 당연히 국고에 환수되어야 하며, 새로운 복지사업은 국가적 예산편성 및 국회 심의절차를 거쳐 진행되어야 하는 것이 원칙이기 때문이었다.

물론 원칙을 고수하는 것은 어려운 일이다. 때로는 사회적 갈등을 수반하기도 한다. 그러나 원칙을 지키는 것이 원칙인 사회가 된다면 대한민국은 진정한 선진국으로 거듭날 수 있다.

시장경제

나 자신과
대면할 수 있는
용기

2부

시장경제

"경제적으로 올바른 것은 도덕적으로도 올바르다. 좋은 경제와 좋은 도덕 사이에 모순은 있을 수 없다"는 헨리 포드의 말처럼, 현명한 소비자로서 한 개인이 경제적으로 올바른 행동을 하면 두말할 나위 없이 그 행동은 도덕적으로도 올바르다.

기저귀와 맥주의
상관관계

|

미국 최대의 할인매장 월마트. 지금은 미국뿐 아니라 전 세계에 진출해서 영업 중인 글로벌 매출 세계 1위의 할인매장이다. 우리나라에는 1998년 진입했으나 실패하고 2006년에 철수했다. 예전에 흥미로운 글을 읽은 기억이 있는데, 월마트의 매장 배치에 관한 것이었다. 매장의 상품 진열은 대체로 정형화되어 있다. 주류코너에 맥주가 진열돼 있고, 아동코너에 유아용 기저귀가 있는 경우가 그렇다. 그런데 월마트에서는 이 같은 매장 배치를 파격적으로 바꾸는 실험을 하여 유아용 기저귀 옆에 맥주를 진열했다. 그랬더니 맥주가 더 많이 팔리더라는 것이다. 왜일까?

월마트의 직원들이 관찰해보니 의외로 유아용 기저귀를 사러 오는 고객은 퇴근 후 귀가할 때 가족을 위해 쇼핑하러 온 젊은 남성들이었다. 그들은 기저귀를 집고 나서 집에 들어가 한잔하고 싶은 맥주까지 동시에 구매하더라는 것이다. 맥주를 사고 싶어도 저 멀리 떨어진 주류코너까지 가기는 귀찮은 일인데 바로 눈앞에 보이니 쉽게 맥주를 샀을 거라 짐작된다. 나는 이 글을 읽고 고객들의 구매 패턴을 읽어낸 월마트의 능력에 감탄했다. 만약 정부 관료가 운영하는 할인매장이었다면 고객의 행동을 세심히 관찰하고 매장의 변화를 줄 수 있었을까? 아마 어려웠을 것이다. 시장의 효율성을 잘 보여주는 대목이다.

이명박 정부에서 여러 자리를 옮겨 다닌 덕분에 나는 언론으로부터 다양한 호칭을 얻었다. 그중에는 '시장경제의 전도사', '시장주의의 선도자'라는 호칭도 있었다. 사실 이 호칭에는 거부감이 별로 없다. 어느 정도는 인정한다. 규제 완화를 주장할 때, 투자 활성화를 위해 감세를 말할 때 그리고 작은 정부 실현을 위해 노력할 때마다 나는 '시장 친화적'이라는 말을 쓰곤 했다. 시장의 효율성을 믿기 때문이었다.

시장과 정부는 효율성 측면에서 비교가 되지 않는다. 한 예로 공기업과 민간기업의 생산성은 여러 측면에서 차이가 난다. 설립 목적과 운영 방식, 조직원의 마인드가 근본적으로 다르기 때문이다. 여기에는 인간의 본능도 작용한다. 인간은 선천적으로 이익을 추구하는 존재이기에 시장과 경쟁에 맡겨두면 결국 생산성을 높이는 활동을 스스로 하는 것이다.

TV에서 어느 재미교포의 성공 이야기를 본 적이 있다. 미국 라스베이거스에 거주하는 주류 사업가였다. 한번은 그가 동료 주류업자가 운영하는 매장을 방문해서 이곳저곳을 살펴보다가 진열대에 있는 술병들의 위치를 바꾸라고 조언했다. 여러 술 가운데 가장 비싼 술을 오른쪽에 놓고 덜 비싼 것들은 왼쪽으로 옮기도록 했다. 그 이유는 무엇일까?

사람들은 대부분 오른손으로 물건을 집는다. 진열대에 놓인 술을 집어들 때 자신의 취향을 굳이 따지지 않는다면 본능적으로 가장 오른쪽에 있는 술병을 잡기 마련이다. 그래서 비싼 술을 오른쪽에 놓도록 권유한 것이다. 이것이 바로 시장의 효율성이다. 정부가 시켜서가 아니라 매출을 조금이라도 더 올리기 위한 노력과 경쟁의 결과인 셈이다.

시장의 효율성을 강조한다고 해서 시장을 완전하다고 여기거나 전능하다고 보는 것은 물론 아니다. 이른바 '시장 실패'의 위험이 항상 도사리고 있기 때문이다. 특히 모두가 공정한 경쟁을 하는 상황에서 반칙은 매우 큰 경제적 이익이 될 수 있다. 이 같은 반칙의 이익을 없애기 위해 정부는 여전히 시장 감시자의 역할을 수행해야 한다.

고속도로가 꽉 막혔을 때 갓길로 주행하면 빨리 달릴 수 있겠지만 경찰은 갓길 운행 차량을 철저히 감시해야 하는 것과 같은 맥락이다. 만약 이 같은 감시 기능이 소홀하면 고속도로가 혼란에 빠지듯이 시장은 곧 '경쟁의 장'이 아닌 '투쟁의 장'으로 바뀔 것이기 때문이다. 그래서 반칙이 아닌 공정경쟁이 강조되는 것이다.

시장이 정부보다 현명하다

또한 시장에서의 경쟁은 아무리 공정하다 해도 필연적으로 승자와 패자로 갈라진다. 이른바 양극화이다. 만약 승자와 패자 간의 간극이 너무 커지면 사회갈등의 도화선으로 작용한다. 시장의 효율성을 강조하면서도 지속적인 시장의 작동을 위해서는 결과에 따른 갈등의 원인을 정부가 항상 고민해야 한다. 이런 관점에서 나는 '친서민정책'이 곧 시장 친화적 정책이라고 말했던 것이다.

이렇게 시장 실패를 염려하고 있었음에도 나의 시장 친화적 믿음은 종종 기업 친화적, 나아가 대기업 위주의 정책이라고 비판받았다. 대표적 사례가 법인세율 인하였다. 당초 규모가 큰 기업들의 법인세율을 25퍼센트에서 22퍼센트로 낮춰 세금을 줄여주고 그만큼 축적된 돈으로 투자와 고용을 늘리도록 의도했으나 실제 충분한 성과를 거두었다고는 볼 수 없었다. 오히려 법인세율 인하는 '부자 감세'라는 거센 비판만 따랐다. 돈 많은 부자(기업)의 세금을 깎아주는 게 결국 대기업 친화정책 아니냐는 것이었다.

반면 법인세는 기업이 내는 세금이 아니라 결국 국민이 부담하는 세금이라는 주장도 있다. 논란이 되는 주장이기는 하나 법인세를 높이면 기업의 투자가 위축되어 그 부담이 근로자와 소비자에게 고스란히 돌아간다는 것이다. 법인세를 1퍼센트 포인트 올리면 사회적 손실이 1조 4,000억 원에 달한다는 연구결과도 있다. 이런 근거로 법인세를 인하하고 그에 따른 이익으로 투자 증대, 고용 창출을 적극 유도했으나 뚜렷한 실효를 거두지는 못했다. 참으로 아쉬운 부분이다.

시장에 대한 이 같은 비판과 한계가 있지만, 지속 성장을 위해서는 앞으로도 시장의 효율성을 강조해야 한다. 시장의 변화무쌍한 흐름과 더욱 현명해지고 경쟁력을 갖춘 시장 참여자인 기업과 국민을 정부가 지나치게 통제할 수 없고 더 이상 간섭해서도 안 되기 때문이다. 시장이 정부보다 현명하다. 단, 잔인하지만 않다면.

모두가
벨델입니다

1740년에 시작된 슐레지엔 전쟁은 통칭 오스트리아 왕위계승 전쟁이라 불린다. 이 전쟁의 주인공 중 한 명은 프로이센 제국의 프리드리히 2세Friedrich Ⅱ 국왕이다. 1744년 10월 그가 몰다우 강을 건널 때 전쟁터에서 급전이 왔다. 왕이 총애하는 벨델 중위가 전사했다는 소식이었다. 왕은 그 소식을 듣고 급히 말을 돌려 전쟁터로 향했다. 그곳은 아비규환의 지옥이었다. 수많은 시체와 부상병이 즐비한 벌판을 헤집고 다니며 프리드리히 왕은 비통한 목소리로 부르짖었다.

"나의 벨델은 어디에 있느냐?"

그러자 부상병 중 한 명이 피를 흘리며 일어나 왕에게 소리쳤다.

"폐하, 여기에 쓰러져 있는 모든 병사들이 벨델입니다."

평등과 공정의 의미를 잘 보여주는 일화이다. 물론 프리드리히 왕의 마음을 모르는 것은 아니다. 그가 총애하는 벨델은 영리하고 용감했을 것이며 언제나 왕의 마음에 쏙 드는 행동만 했을 것이다.

누구인들 그런 벨델을 편애하지 않을 수 있을까. 그러나 달리 생각하면 이러한 편애는 많은 문제를 일으킨다. 불공정한 대우, 불평등한 조건, 편향된 애정은 모든 사람에게 상처를 안겨주고 가장 마지막으로는 자신에게도 돌이킬 수 없는 피해를 준다.

불공정은 의외로 우리 사회 곳곳에 녹아 있다. 심지어 단란해야 할 가정에조차 불공정이 존재한다. "열 손가락 깨물어 안 아픈 손가락 없다"고 말하지만 공부 잘하고, 돈 잘 벌고, 말 잘 듣는 자식을 은연중에 더 예뻐하는 부모도 많다. 결과가 그렇게 되었기에 예뻐할 수밖에 없다고 말할 수는 있으나 처음부터 공정한 대우를 했는지 따져 보아야 한다.

공정과 불공정을 명확하게 정의 내리기는 어렵다. 특히 개인의 판단에 기초한 경제 행위는 여러 요소가 복합적으로 작용하기 때문에 공정성을 평가하기란 더욱 어렵다. 또 자유 경쟁시장에서 기업의 경제 행위에 과연 정부가 개입할 수 있느냐는 문제도 존재한다. 일부 대기업 입장에서는 공정이 달갑지 않을 수도 있지만 중소기업과 소비자, 서민, 즉 최근 많이 언급되는 을의 입장에서는 공정이 반드시 필요하다고 생각한다.

불공정 거래 중 하나인 '계열사 부당지원 행위' 사례를 통해 어떤 거래가 불공정한지 살펴보자. A정유사는 2000년 12월에 기존 VAN서비스 사업자인 B사와 신용카드 서비스 계약을 해지하고 C

사를 새로운 사업자로 지정하여 거래를 개시했다. 여기까지는 문제가 없다. 그렇게 거래를 해오던 중 C사는 A사의 계열사로 편입되었다. 여기까지도 전혀 문제가 없다. 법적으로 C사는 A사와 다른 회사이기 때문이다. 그런데 애초에 C사는 IC카드 칩 기술만 가지고 있을 뿐 VAN업무는 하지 않았으나 A사와 거래하면서 새롭게 VAN시장에 진입했다. VAN서비스 사업자는 정유사의 신용카드 서비스 사업자로 선정되면 신용카드사에서 안정적인 큰 수수료를 받으므로 정유사의 보너스카드에 대해서는 별도의 수수료를 받지 않았다.

그럼에도 A사는 C사에 2003년 8월부터 2005년 12월까지 중계 1건당 30원씩 보너스카드 수수료를 지급했다. 주지 않아도 되는 수수료를 지불해 계열사인 C사의 매출을 늘린 것이다. 2000년대 초반 C사의 재무 상태는 아주 나빴다. 부채비율은 4,000퍼센트가 넘었고 당기순손실은 40억 원에 달했다. 그러나 C사는 A사의 지원으로 2007년에는 부채비율이 43퍼센트로 줄어들었고, 당기순이익은 71억 원대로 증가하는 등 엄청나게 성장했다.

외형적 관점에서만 보면 하나의 회사가 크게 성장했으니 아무런 문제가 없고 오히려 칭찬할 만한 일이라고 생각하기 쉽다. 그러나 내막을 살펴보면 사실은 그렇지 않다. A사는 계열사인 C사에 지급할 이유가 없는 수수료를 지급해 C사의 매출을 늘려준 것이다. 이는 C사가 부당한 경쟁우위를 차지하게 함으로써 시장 기능을 왜곡한 불공정 거래인 것이다.

이 사건은 내가 공정거래위원회 위원장으로 재직하던 2009년에 처리한 것으로 시정 명령과 함께 과징금을 부과해 잘못을 바로잡았다. 불공정 거래 행위는 이처럼 복잡하고 다양한 요소들이 개입되어 있어 그 실체와 잘잘못을 정확히 밝혀내기 쉽지 않다. 또 기간도 오래 걸린다. 이 사례에서 보듯이 A사와 C사의 불공정 거래를 밝히기까지는 무려 9년이 걸렸다. 이처럼 공정위가 조사하고 처리하는 사건들은 경제적, 법적으로 복잡할뿐더러 시간도 오래 걸려 공정한 시장경제를 만드는 일이 쉽지 않음을 보여준다.

척제현람은 어렵지 않다

중요한 것은 만일 정부에 의한 행정적 제재가 없다면 부당하고 불공정하고 불평등한 경제 행위가 만연할 수 있다는 점이다. 프리드리히 왕처럼 한 명의 장교만 편애하면 병사들의 사기가 떨어지고 전투력도 떨어져 전투에서 패배할 수 있기 때문이다. 이때 분연하게 일어서서 "폐하, 여기에 쓰러져 있는 모든 병사들이 벨델입니다"라고 말해야 하는 것이 어쩌면 정부의 역할일지 모른다.

대기업이 제품을 생산하고 판매해 국가경제에 큰 역할을 하는 것은 분명하게 인정하고 격려해야 하지만 그 역할에 불공정이 포함되면 즉시 제재를 가해야 한다. 비록 단기적으로는 매출이 하락하고 국가경제에 마이너스가 될 수도 있으나 장기적으로는 대기업과 중소기업, 국민, 국가 모두에게 이익이 되기 때문이다.

정부 기관 가운데 공정거래위원회가 시장 심판자 역할을 맡는다. 우리나라의 많은 정부 부처 중에서 공정위는 비교적 막내라할 수 있다. 다른 부처들은 이름을 달리하며 최소 40년에서 길게는 65년의 역사를 가지고 있지만 1981년 설치된 공정위의 역사는 32년에 불과하다. 그럼에도 공정위는 우리나라 국민들에게 깊은 인상을 심어주며 맡은 역할을 비교적 잘 수행해왔다고 생각한다. 재벌과 대기업의 불공정을 족집게처럼 집어내 제재를 가하고 과징금을 매기는 '판관 포청천'과 같은 역할을 해온 것이다.

특히 2009년 퀄컴 사건은 공정위 사상 최대의 과징금을 부과해이목을 집중시켰다. 세계 최대의 휴대전화용 반도체칩 제조업체인 퀄컴이 시장 지배력을 이용해 불공정 거래를 해온 것에 대해 2,600억 원의 과징금을 부과했기 때문이다. 금액도 금액이려니와 외국 기업을 상대로 한 과징금 부과였기에 지금도 기억에 남는다.

그러나 공정위가 반드시 대기업의 잘못만을 파헤치는 기관이라고 오해해서는 안 된다. 공정위는 우리나라 모든 사업자의 불공정행위를 감시, 조사, 처벌, 시정 조치한다. 소기업이라 해서 불공정거래를 묵인해주지 않는다. 그야말로 엄격한 시장 심판자 임무를 수행하고 있는 것이다.

나는 2008년 3월 공정거래위 위원장으로 임명되었을 때 공정위가 다루는 주요 법률 중 하나인 공정거래법 제1조를 늘 마음에 새겼다. 만약 법대로만 우리 사회가 바뀔 수 있다면 과연 어떤 사회가 될지 상상하면서. 공정거래법 제1조는 "사업자의 시장 지배적 지위의 남용과 과도한 경제력의 집중을 방지하고, 부당한 공동 행위 및 불공정 거래 행위를 규제하여 공정하고 자유로운 경쟁을 촉진함으로써 창의적인 기업활동을 조장하고 소비자를 보호함과 아울러 국민경제의 균형 있는 발전을 도모함을 목적으로 한다"라고 규정되어 있다.

많은 업무 중에서 내가 특히 심혈을 기울인 것은 서민과 중소기업 보호였다. 2009년의 신년사에서 밝혔듯이 경제위기 속에서 약자에 대한 배려가 어느 때보다 중요했기 때문이다. 나는 그때 이렇게 말했다.

경제위기 속에서 척제현람滌除玄覽의 자세로 상대적으로 더 큰 어려움이 예상되는 서민과 중소기업의 피해를 방지하는 데 최선을 다해야 할 것입니다. 무엇보다 서민생활과 직결된 시장에서의 반칙 행위를 집중적으로 감시해야 할 것입니다.

   척제현람은 《노자》에 나오는 말로 '滌除玄覽能無疵乎(척제현람 능무자호)'에서 따온 것이다. "섬돌이 반들거리게 끊임없이 백성의 삶을 살펴 아픔이 없게 하라"는 뜻이다.

   앞으로도 공정위의 역할은 더욱 커질 것이다. 특히 경제민주화라는 시대적 흐름을 역행할 수 없는 상황에서 공정거래법과 하도급법 등 이른바 '갑을관계'를 다루는 제도들도 바뀔 것이다. 물론 목표는 당연히 공정한 거래질서이다.

한 국가를 세 가지 법만으로
다스린다면?

진시황이 죽고 나자 중국 최초로 천하통일을 이룩한 진秦나라는 혼란에 빠진다. 그러자 수많은 인물이 각지에서 진나라의 폭정에 저항해 궐기했는데 그중 한 명이 후에 한漢나라를 세운 유방劉邦이다. 유방은 기원전 206년, 가장 먼저 진나라 수도 함양에 입성해 다음과 같이 선포한다.

> 진나라의 복잡한 법들은 백성들을 폭압에 시달리게 했다. 나는 거의 모든 법을 폐지하겠다. 대신 세 가지 법만을 시행한다. 즉 살인자는 사형에 처하고, 다른 사람을 다치게 한 자는 처벌하며, 도둑질한 자는 그에 따른 벌을 내리겠다.

이른바 법삼장法三章이다. 과연 한 국가가 세 가지 법만으로 다스려지겠는가? 당연히 한나라가 세워진 직후에 유방의 참모 소하蕭何에 의해 새로운 법이 연이어 제정되었다. 그럼에도 법삼장을 접하고 좋아하던 백성들의 모습이 눈에 보이는 듯하다.

그렇다면 현대 사회의 법 체계는 과연 어떨까? 국가의 모든 행위, 공무원의 모든 행위, 정책의 모든 행위는 법에 의거한다. 학교에 입학하고, 군대에 입대하고, 세금을 내는 모든 행위도 법에 규정되어 있다. 또 한 사람이 회사를 세우려면 관련 부처에 여러 서류를 제출한다. 그 서류의 통과 여부는 담당 공무원이 임의로 내리는 것이 아니라 법조문에 의해 판단된다. 그러다 보니 법 체계가 복잡할 수밖에 없다. 싫든 좋든 법은 현대인의 모든 행동과 결정을 규제하고 있다. "그 사람은 법 없이도 살 사람이다"라는 말은 인간성이 좋음을 표현하는 말일 뿐이지, 실제로는 그 누구도 법 테두리를 벗어날 수 없는 게 현실이다.

이 같은 법조문은 인간의 행동을 억제하려는 것이 목적일까, 아니면 이것만 제외하고는 모두 마음대로 행동해도 된다는 배려일까? 아마도 두 가지 기능을 다 가지고 있을 것이다. 하지만 현대에는 법 규정이 지나치게 많아지고 세밀해져 행동을 규제하는 경향이 강해졌다. 특히 경제적 측면에서 너무 많은 법조문은 자칫 경쟁력을 떨어뜨리며 창의적 발상을 막는다는 지적을 받는다.

물론 법은 제정될 때 결코 쉽게 만들어지지 않는다. 수많은 전문가의 의견이 반영되고 엄격한 심사를 거치고 국회의 동의를 얻어야 한다. 법을 만드는 데 참여한 사람들은 제정된 법이 나쁜 행동을 규제하고 국가 발전에 이바지하기를 바라지만 실제 운영 과정에서는 정반대의 현상이 일어나기도 한다. 그런 이유로 법 전문가들과 관계자들은 법을 만들 때만큼이나 심사숙고해서 법을 폐지하기도 하지만 이 과정 역시 쉽지 않다. 그러다 보니 법조문 수가 자꾸 늘어나는 게 아닌가 싶다.

그래서 역대 모든 정부는 규제개혁위원회를 만들었다. 명칭은 약간 다르지만 모든 분야에서 불필요한 규제를 폐지하기 위해 부단히 애를 쓴 것이다. 국민의 입장에서 불필요한 법률을 폐지하고 비효율적인 규제의 신설을 억제함으로써 국민의 삶의 질을 높이고 기업하기 좋은 환경을 만들고자 했다.

이명박 정부에서도 예외는 아니었다. 특히 2008년 정부가 출범하자마자 글로벌 금융위기를 맞았고, 이 위기를 극복하고 국가경쟁력을 강화하기 위해 추진한 핵심 전략 중 하나가 과감한 규제 개혁이었다. 경쟁을 저해하고, 시장경제의 활성화를 가로막고, 창의적 발상의 실천에 장애가 되는 규제를 과감히 풀어 기업과 개인의 경쟁력을 높일 필요성이 시급했던 것이다. 이를 지속적으로 추진하기 위해 2008년에 국가경쟁력강화위원회가 만들어졌다. 이로써 산업단지 활성화, 수도권 규제 완화 등 국토 이용의 합리화, 창업 절차 간소화, 기업 현장의 애로사항 해소 등을 꾸준히 추진했다. 아울러 기업의 설립과 생산·수출 등의 장애 요인을 제거하는 데 역점을 두었으며 중소 자영업자 지원과 서민생활 안정 시책도 추진했다.

규제 개혁은 생존을 위한 필수 전략

규제 개혁과 관련해 항상 뜨거운 감자로 남아 있는 문제가 바로 수도권 규제와 관련된 부분이다. 현재 수도권은 불합리한 규제로 인해 기업활동과 주민생활이 일부 제한을 받고 있다. 수도권의 국제경쟁력을 확보하고 시민들의 불편을 없애려면 분명 규제를 풀어야 한다. 하지만 수도권에 너무 많은 인구와 기업이 집중되는 것을 막고 지방의 균형발전을 위해서는 수도권 규제를 지속적으로 시행할 수밖에 없다. 참으로 정책선택에 있어 어려운 문제이다.

이 논란과 관련해 우리나라를 방문했던 어느 프랑스 국토계획 전문가의 말이 생각난다. 비행기로 1시간 이내, 기차로 2시간 정도면 어느 곳에나 도달할 수 있는 좁은 남한 영토에서 수도권과 비수도권을 나누어 정책을 편다는 게 무슨 의미가 있느냐고. 이제는 수도권, 비수도권의 경쟁력이 아니라 대한민국 전체의 경쟁력을 위해 이 문제를 전향적으로 풀어나가야 한다.

이명박 정부의 규제 개혁 노력과 성과에 대한 대내외 평가는 대체로 긍정적이었다. 2011년 세계은행은 기업환경평가보고서인 'Doing Business 2012'에서 우리나라의 기업 환경을 183개국 중

8위로 평가했다. 국가경쟁력 순위가 상승한 데는 기업하기 편한 환경을 만들기 위해 규제를 과감하게 풀고, 국가경쟁력을 높이기 위해 다양한 정책을 편 것이 크게 기여했다고 본다.

'기업하기 좋은 나라', '국민이 행복하고 편안하게 살 수 있는 나라'를 만드는 것은 모든 위정자의 바람이다. 그러나 세계경제는 불확실하다. 경제위기가 언제 지구촌을 강타할지는 아무도 모른다. 그에 대처하는 방법은 국가경쟁력을 튼튼히 다지는 것이고 그 밑바탕에는 규제 개혁이 있다. 규제 개혁은 생존을 위한 필수 전략이다.

정책은
시대의 산물

|

이해관계가 얽혀 있는 제도나 법을 바꾸는 일이 얼마나 어려운 사안인지 실감한 적이 있다. 바로 출자총액제한제(이하 출총제)와 관련해서였다. 출총제, 대규모 기업집단에 속한 회사가 순자산액의 일정 비율 이상을 다른 회사에 출자할 수 없도록 한 제도이다. 이 제도는 '잘못하면 처벌하는' 사후 규제와 달리 '해서는 안 될 사항을 미리 규정'한 이른바 사전 규제이다.

대규모 기업집단이 기존 회사의 자금으로 새로운 회사를 손쉽게 설립하거나 다른 회사를 인수함으로써 기존 회사의 재무구조를 악화시키고 무분별한 계열사 확장을 방지하기 위해 1987년 최초로 출총제가 도입되었다. 무엇보다 대규모 기업집단을 중심으로 한 경제력 집중 현상을 억제하기 위함이었다. 그러나 이후 이 제도는 끊임없는 논란의 대상이 된다.

출총제는 1997년 기업 퇴출과 적대적 인수합병M&A을 어렵게 한다는 이유로 폐지되었다가 오히려 대기업의 계열사에 대한 내부 지분율이 증가하는 등의 폐해가 나타남에 따라 2001년 재도입되었고, 2003년 구조 개혁의 성과를 감안하여 '시장 개혁 3개년 로드맵'을 통해 일부 완화했으며, 2007년 법 개정으로 대폭 완화되었다. 적용 대상이 되는 기업을 축소하고 출자한도도 크게 늘림으로써 실효성 논란을 야기하기도 했다. 그러다가 내가 공정거래위원장으로 재임하던 2009년 공정거래법 개정을 통해 출총제를 완전폐지하기에 이르렀다.

출총제를 폐지한 주된 이유는 이 제도가 순자산액 대비 일정 비율로 출자를 획일적으로 규제하는 것이어서 기업의 자산 운영에 지나치게 엄격한 제한이 되고 결국 기업의 효율적 운영에 부정적 영향을 미치기 때문이었다. 적대적 M&A에 대응하는 수단을 제한하는 것도 또 다른 이유였다. 국내 시장 개방과 글로벌 경쟁 심화로 시장규율이 강화되고 기업 행태도 차입을 통한 확장 경영에서 수익성 위주로 변화함으로써 기업에 대한 출자 규제는 과거처럼 의미가 없다는 점도 지적되었다. 오히려 국내 기업에 대한 역차별적 제도로 신규 사업 진출을 막고 일자리 창출에 커다란 걸림돌로 작용한다고 본 것이다.

물론 반대 의견도 만만치 않았다. 무엇보다 출총제가 폐지되면 대기업의 자본력을 바탕으로 문어발식 계열사 확장이 재연되리라는 것이 주된 반대 이유였다. 계열사 간 내부 거래 등을 통해 자칫 중소기업의 기반을 침해할 수 있다는 우려도 제기되었다. 궁극적으로 소유지배 구조의 왜곡을 불러오고 대·중소기업 간의 바람직한 경쟁 기반을 훼손함은 물론 대규모 기업집단의 동반부실 위험도 키울 수 있다는 주장을 편 것이다. 양쪽 다 나름 설득력 있는 주장이었다.

그러나 정책의 선택은 경제 환경과 시대적 상황의 결과가 아니겠는가. 2008년에는 글로벌 경제위기를 극복하는 과정에서 기업의 투자를 통한 경제 활성화가 절실했다. 또한 집단소송제와 같은 법 장치와 출총제 폐지와 함께 도입된 '기업집단 현황 공시제도' 등의 시장 견제장치가 부작용을 억제하는 역할을 할 수 있으리라 보았다. 참고로 집단소송제는 피해를 입은 집단의 대표자가 소송을 진행하지만 판결 효력은 집단이 공유하는 소송제도이다.

결국 여러 차례의 공청회와 협의를 거쳐 폐지안이 국회에 상정되었고 2009년 3월 국회 본회의를 통과하였다. 대표적 사전 규제의 상징으로 인식되던 출총제의 폐지는 기업 규제 완화에 대한 정부의 확고한 의지를 시장에 인식시켜주는 계기가 되었다. 재계 역시 기업의 투자 환경이 개선되었다며 환영의 뜻을 나타냈다. 그래서였을까. 설비 투자 감소폭이 플러스로 전환되었으며 민간 30대 그룹의 투자 실적도 2010년에는 16.3퍼센트 증가했다.

국민의 신뢰가 무엇보다 중요

그러나 지금까지도 출총제 폐지에 대해 우려하는 목소리가 많은 게 사실이다. 무엇보다 재벌의 경제력 집중이 심화되었다는 주장이다. 실제 계열사 수도 많이 늘었고 집중 현상도 심화되는 추세이다. 물론 이러한 현상은 경제 규모가 성장하는 과정에서 나타나는 자연스러운 모습일 수 있고, 계열사 증가가 기업이 주장하는 대로 새로운 성장 동력 확보를 위한 업종 다각화 등 다른 원인에서 비롯된 것이며 출총제 폐지가 계열사 증가의 직접적 원인이라고 단정하기도 어렵다.

또한 대규모 기업집단의 매출 및 자산 증가는 대부분 기존 주력 계열사의 성장에 의한 것이지 새롭게 편입된 계열사 때문이 아닐 수도 있다. 그렇다 해도 여전히 비난을 피하기는 어려운 상황이다. 당시 한 언론의 기사 내용을 보자.

공정거래위원회의 '비즈니스 프렌들리' 방침이 점차 기업 현장으로 스며들고 있다. 기업의 신규투자에 최대 걸림돌로 지목돼왔던 '출자총액제한제도'가 마침내 폐지되었고 (…) 기업활동을 돕겠다는 정부의 의지가 이처럼 구체화하고 있는 가운데 이젠 기업이 투자 확대와 고용 창출 노력으로 화답할 차례라는 게 우리의 판단이다. 정부의 탈규제 노력과 기업의 미래 투자 의지가 선순환하기를 바란다.

-〈문화일보〉, 2009년 3월 27일

이 기사에서 말한 대로 과연 대규모 기업집단이 국민의 기대만큼 정부의 탈규제 노력에 화답을 했는지 의문이 앞선다. 막강한 자본을 바탕으로 골목상권에까지 침투하거나 빵집을 경영하는 사례는 분명 화답이 아니다. 국민들에게 엄청난 실망을 안겨주었으며 공분을 사기에 이르렀다. 대기업은 그 위상과 역할에 맞는 글로벌 경영에 집중했어야 했다.

또한 사익추구 목적의 일감 몰아주기 등 대기업의 불공정 관행이 줄어들었는지도 의심스럽다. 당초 예상대로 이해관계자의 압력이나 사회적 평판을 통해 기업경영의 형태가 개선되었는지도 확신하기 어렵다. 하물며 중소기업과의 상생발전 의식이 자리 잡았는지도 의문이다.

물론 이 같은 행태가 출총제 폐지와는 직접 연관이 없을 수도 있다. 하지만 어려운 과정을 통해 결정한 정부의 노력에 부응하는 기업들의 화답은 분명 아니며 경제의 선순환 구조는 더더욱 아니다. 출총제 폐지를 비롯한 규제 완화의 정당성은 기업이 국민의 신뢰를 회복해야만 더욱 힘을 받을 수 있다.

거위가 낳은 황금이
곳간에만 쌓인다면?

하수분河水盆, 중국의 진시황이 만리장성을 쌓을 때 10만 명의 군사를 시켜 황하의 물을 길어 담게 한 엄청나게 큰 항아리를 말한다. 항아리가 얼마나 컸던지 아무리 마셔도 줄지 않았다 한다. 하수분에서 파생한 단어가 화수분貨水盆이다. 써도 써도 줄어들지 않는 큰 재물을 의미한다. 물론 그 정도로 많은 재물을 가진 사람이 얼마나 되겠느냐마는 웬만큼 써도 재산이 줄지 않는 사람은 제법 있을 것이다. 분명 돈 많은 부자들이다.

부자들이 부러움의 대상이 되는 것은 사실이다. 그러나 왠지 이 땅에 사는 부자들은 괴로울 것 같다. 무엇보다 돈이 많아도 마음대로 쓰기 어렵기 때문이다. 물론 주변을 의식해서이다. 그러나 만약 부자들이 어떤 이유에서든지 지갑을 열지 않으면 경제는 어떻게 될까?

서양 우화에 나오는 '황금알을 낳는 거위'를 소유한 사람이 매일 황금알을 하나씩 얻어 집 안에 쌓아두기만 하는 경우와 마찬가지

이다. 그는 날이 갈수록 더 많은 부를 축적하겠지만 거기에서 그칠
뿐이다. 경제 흐름이나 국가 발전에는 전혀 기여하지 못한다. 오히
려 해를 끼칠 수도 있다.

가끔 나는 특별한 경제학 지식이 없는 사람들에게 이런 질문을
받는다. "어떻게 하면 경제를 성장시킬 수 있느냐?"고. 아마 그들
은 정책을 담당했던 나에게 뭔가 특별한 설명이나 묘책을 기대했
을지도 모른다. 물론 깊게 생각하면 어려운 질문이지만 나는 그때
마다 가볍게 "그냥 열심히 일하면서 돈 벌고, 먹고 마시면 되지요"
라고 대답한다.

일하는 것은 경제 흐름에서 생산이고, 먹고 마시는 것은 소비이
다. 열심히 일하고 그만큼 많이 먹고 마시면 생산과 소비의 흐름이
커지고 결국 경제는 그만큼 성장하는 것이다. 이런 맥락에서 본다
면 돈 많은 부자들이 지갑을 닫아버릴 경우, 소비는 위축되고 경제
흐름도 줄어들 수밖에 없다. 나이가 들수록 말문은 닫고 지갑을 열
면 존경받는다고 한다. 말수는 줄이고 돈은 후하게 쓰라는 조언일
게다. 부자들도 주변에 눈살을 찌푸리게 하는 행위가 아니라면 지
갑을 열 때 때로는 후한 인심을 얻고 부자의 책임을 다한다고 할
수 있다.

그런데 이 대목에서 참으로 안타까운 사실이 있다. 지갑을 국내
가 아니라 외국에서 연다면 어떻게 될까? 개인은 더 편하고 좋을

수 있다. 그러나 국가경제 차원에서 본다면 차라리 그 돈을 쓰지 않고 은행에 예금하는 것만 못하다. 물론 국제적 시각으로 보면 전형적인 '인근 궁핍화' 발상일 수 있다. 외국 관광객이 우리나라에 와서 돈을 쓰지 않는다면 우리 경제가 나빠지듯이 우리 역시 외국에서의 소비를 줄이면 그 나라 경제도 부담이 상당할 수 있다는 의미이다.

내가 좀 이기적인 걸까. 외국에 나가서 우리나라 사람들이 지나치게 소비하는 모습을 볼 때마다 마음이 편치 못하다. 저 돈을 국내에서 쓰면 얼마나 좋을까라고 생각하면서. 특히 공항에서 골프채를 가지고 일본이나 동남아로 이른바 '골프관광'을 떠나는 사람들을 볼 때마다 안타깝다. 우리나라 골프장들은 내장객이 줄어 경영이 어렵다는 말을 들으면 더욱 그렇다. 내장객이 줄면 지역경제에도 부담을 줄 게 뻔하다.

경제의 동맥경화 현상을 막으려면

그렇다면 왜 그들은 골프를 치기 위해 해외로 나가는 걸까? 제각각이겠지만 비용 문제가 큰 이유가 아닌가 싶다. 실제 해외에서 골프를 즐기는 것이 우리나라보다 싸다고 한다. 물론 주변의 곱지 않은 시선을 의식해서일 수도 있다. 골프가 대중화되었다고는 하지만 아직은 여유 있는 사람들만이 즐길 수 있는 레저라는 생각이 강하기 때문이다.

이런 안타까운 마음을 가지고 있던 차에 골프 비용을 줄이기 위한 하나의 방법으로 골프소비세 인하를 추진했다. 정책실장으로 있을 때였다. 그러나 이곳저곳에서 반대 의견이 많았다. 부자를 위한 세금감면이라는 주장이 주를 이뤘다. 어느 정도 예상은 했었다. 하지만 골프소비세 인하의 의도는 부자를 위한 감세라는 측면보다는 그들의 지갑을 국내에서 열도록 하기 위한 것이었다.

골프소비세는 이른바 특별소비세에 포함된다. 사치성 상품이나 서비스의 소비에 높은 세금을 매기는 것이 특별소비세지만 이는 시대 상황에 따라 수시로 변해왔다. 과거에는 피아노에도 특별소비세가 붙은 적이 있었다. 그러나 집집마다 피아노를 두게 되면서 피아노를 더 이상 사치품으로 여기는 사람이 없게 되자 특별소비세 대상에서 제외되었다.

골프소비세, 굳이 골프 이야기를 하자는 게 아니라 하나의 사례로 거론한 것이다. 여유 있는 사람들이 국내에서 편하게 지갑을 열 때 경제가 선순환한다는 현실을 말하기 위해서이다. 국내에서 돈을 벌어 부자가 되었으니 역시 국내에서 돈을 제대로 쓰는 게 의무라고 말한다면 억지일까?

아무튼 정부도 부자들의 소비가 위축되지 않도록 여건을 만들어 줘야 한다. 그게 현명한 정부일 것이다. 어떤 이유에서든 돈이 지갑에 쌓이기만 하고 흐르지 않는다거나 해외로 빠져나간다면 그만큼 국가는 손해일 수밖에 없다. 그렇기 때문에 정부는 투자 환경을 조성하고 생산하는 데만 관심을 가질 것이 아니라 부자들의 씀씀이에도 신경 써야 하는 것이다.

소비자의 힘

대한민국 어디를 가도 커피전문점이 넘쳐난다. 식약청에 따르면 2011년 우리 국민이 마신 커피는 하루 평균 300톤으로 국내 경제 활동 인구 2,400만 명이 하루 1.5잔, 연간 500잔 이상을 마신다고 한다. 가히 '커피공화국'이다. 수입액도 자그마치 2011년 7억 달러 이상으로 5년 전에 비해 200퍼센트 이상 증가했다. 커피전문점 수도 1만 2,000개가 넘으며 매출액은 2조 5,000억 원 정도라니, 참으로 거대 산업이다.

우리 국민들이 이렇게 커피를 좋아하는 이유는 무엇일까? 커피를 즐겨 마시지 않는 나로서는 더욱 궁금하다. 커피를 좋아하지 않지만 누군가를 만나려고 부득이 커피숍에 가야 할 경우가 있다. 그럴 때마다 당황스럽다. 웬 종류가 그리 많은지! 아메리카노, 카푸치노, 카페모카, 에스프레소……. 와인 이름만큼이나 외우기도 힘들다. 또 하나 놀라운 것은 비싼 가격이다.

혹시 대한민국의 소비자를 봉으로 보는 것은 아닌지 궁금했다.

그래서 나는 공정거래위원장으로 재직할 때 화장품 등 주요 수입품의 국내 가격과 다른 나라에서 팔리는 국제 가격을 조사하여 발표토록 한 적이 있다. 소비자에게 올바른 가격정보를 주고 합리적으로 판단토록 하기 위한 조치였는데 상당한 반향이 있었다.

당시 조사에 따르면 구매력평가지수PPP : Purchasing Power Parity 기준으로 바나나, 프린터용 잉크, 산악 자전거, 와인, 향수, 승용차 타이어 등의 국내 소비자 가격이 G7을 비롯해 아시아 주요국보다 비싼 것으로 나타났다. 외국 평균과 비교해도 승용차 타이어(3.3배), 쇠고기 등심(3.1배), 수입 바나나(2배), 돼지고기 삼겹살(1.9배), 와인(1.7배), 오렌지(1.5배), 산악 자전거(1.4배), 향수(1.4배), 스킨로션(1.4배) 등의 순으로 가격이 비쌌다. 이 조사는 서울, 뉴욕, 런던, 프랑크푸르트, 도쿄, 토론토, 타이베이, 홍콩 등 11개 도시를 대상으로 이뤄졌으며, 공산품, 주류, 화장품 등 모두 20개 품목의 가격을 조사한 것이다.

정확한 정보 제공은 소비자정책의 핵심이 되어야 할 사안이다. 정보 제공하면 떠오르는 잡지가 있다. 미국의 비영리기관인 소비자협회에서 발간하는 〈컨슈머 리포트Consumer Reports〉이다. 〈컨슈머 리포트〉는 매월 자동차, TV, 가전제품 등 특정 품목을 선정, 업체별 성능과 가격 등을 비교 평가한다. 그리고 이 평가 자료는 소비자가 제품을 구매할 때 길잡이 역할을 한다. 실제 2001년에는 미

쓰비시의 SUV 모델 몬테로의 결함을 지적한 뒤 판매가 60퍼센트 감소할 만큼 권위를 인정받고 있다.

그래서 나는 공정거래위원장 시절 수입품 가격의 국제 간 비교와 함께 '한국판 컨슈머 리포트'의 제작을 소비자보호원에 독려했다. 그 같은 노력의 결과일까. 2012년 초에 공정거래위원회가 주관하고 소비자보호원이 운영하는 소비자정보 포털사이트 스마트 컨슈머www.smartconsumer.go.kr가 문을 열었다.

한국판 컨슈머 리포트

스마트 컨슈머는 국토해양부, 식약청 등 22개 기관의 40개 사이트와 연계, 개별 웹사이트에 산재된 소비자 정보를 한데 모은 것이다. 이 정보들을 업종별, 품목별로 분류하고 검색 기능을 활성화해 소비자가 원하는 정보를 쉽게 이용할 수 있게 했다. 특히 분야별 소비자 안전·리콜 정보, 상품에 대한 가격 및 품질 비교 정보를 온라인으로 제공하는 한국형 컨슈머 리포트 섹션은 우리 소비자들이 상품을 선택할 때 좋은 길잡이가 된다.

한국판 컨슈머 리포트인 스마트 컨슈머는 단지 소비자들의 권익만을 위한 것은 아니다. 국가와 기업의 경쟁력까지도 높일 수 있다. 즉 소비자가 합리적 판단 능력을 바탕으로 기업이 생산한 제품의 가격과 품질을 비교해가며 구매결정을 내리면, 기업은 소비자

의 선택을 받기 위해 스스로 제품의 품질 향상에 주력할 수밖에 없
는 것이다. 결과적으로 기업의 경쟁력이 강화되기 때문에 기업의
발전은 곧 올바른 소비자 인식과 선택이 그 출발점이 되는 셈이다.
그만큼 현대 사회에서 소비자의 힘은 대단하다.

마음의 고향

|

나는 골목길이 좋다. 현대식 건물이 늘어선 곧게 펴진 대로보다는 허름한 집들을 꼬불꼬불 잇는 골목길이 더 많았으면 하는 바람이 있었다. 지금도 그런 길이 있으면 일부러 찾아서 걷는다. 또 농지 정리가 잘된 논보다는 물고기 비늘처럼 겹겹이 펼쳐진 논이 훨씬 정겹다. 국적 불명의 건축양식으로 지어진 산 밑의 전원주택보다는 기울어진 집에 함석을 겨우 얹어놓은 시골집이 훨씬 친근하다.

호텔에서 이름도 복잡한 양식을 어쩔 수 없이 먹고 나면 가끔은 된장찌개로 입맛을 달래기도 한다. 또 백화점보다는 시장이 훨씬 편하다. 백화점 쇼핑은 왜 그리 불편하고 피곤한지. 반면 시장 구경은 그 자체로 신나고 즐겁다. 그곳에 가면 나를 데리고 시장에 가시던 할머니의 따뜻한 손길이 느껴진다. 한없이 마음이 푸근해져 낭장 필요한 게 아니라도 이것저것 한두 개쯤은 사게 된다. 가끔은 국수나 떡볶이 같은 음식도 사 먹는다.

그런데 그런 전통시장이 자꾸 사라지고 있어 참으로 안타깝다.

하지만 이유가 있다. 좁고 불편하고, 가격이 제멋대로이고, 비위생적이고, 주차가 불가능하고, 비가 내리면 이곳저곳이 새고, 겨울이면 춥다. 또 카드를 잘 받으려 하지 않는다. 편리하고 쾌적함을 좋아하는 현대인, 특히 젊은 사람들이 시장을 멀리하는 이유들일 것이다.

그래서 일부 전통시장에서는 현대화를 위한 개선 공사를 했다. 나름 멋진 간판을 달고, 투명 아크릴로 지붕을 만들어 비바람을 막고, 낡은 건물도 멋지게 리모델링했다. 현금 결제만 강요하지도 않는다.

그럼에도 전통시장은 점점 더 위축되고 있다. 소비자의 인식과 소비 행태가 바뀐 것 외에도 과거에 없던 홈쇼핑, 인터넷쇼핑 등 새로운 형태의 판매 방법이 확산되었으며 대형 유통점이 곳곳에 들어섰기 때문이다. 실제 전통시장은 2000년 1,857개에서 2008년 1,550개로 줄어들었다. 매출도 같은 기간에 40조 원에서 26조 원으로 감소했다. 8년 동안 300개의 시장이 사라졌으며 매출은 거의 반 토막으로 추락한 것이다.

나는 서울시에 관계할 때도 그랬고 정부에 있을 때도 전통시장 문제에 관해서는 정부나 지자체가 수수방관해서는 안 된다고 생각했다. 종사자 수가 수백만 명에 이르는 서민경제의 뿌리이기 때문이다. 하지만 그보다 더 중요한 이유가 있다. 전통시장은 그 자체만으로도 대한민국 사람들의 삶의 일부이며 열심히 살아가는 사람들의 모습을 보여주는 현장이라는 점에서 경제성으로 따질 수 없는 가치가 있기 때문이다.

경제성으로 따질 수 없는 가치

역대 정부와 마찬가지로 이명박 정부에서도 전통시장을 활성화시키기 위해 많은 노력을 기울였다. 우선 시장 이름부터 바꾸었다. 이전에는 그저 재래시장, 골목시장이라 부르던 것을 정다운 느낌이 드는 '전통시장'으로 호칭을 변경한 것이다.

시장 활성화를 위한 또 하나의 정책은 '온누리 상품권'의 도입이다. 전통시장에서 통용되는 상품권은 이전에도 지자체별로 운영되어 왔지만 그 효과는 미미했다. 그래서 전국적으로 유통될 수 있는 전통시장 상품권을 도입한 것이다. 온누리 상품권은 도입 3년 만에 7,340억 원의 구매가 이루어졌다. 전통시장 상인들에 대한 조사결과에서도 상품권은 일평균 매출액의 14.9퍼센트, 신규 고객을 11.6퍼센트 증가시킨 것으로 나타났다.

시설의 현대화를 위해서도 지속적으로 지원했다. 연평균 2,000억 원의 자금을 투입해 대형마트에 버금가는 편리한 환경을 조성하려 했다. 주차장 정비와 신설, 진입로 확장, 건물 리모델링, 화장실 증축, 전기·소방시설 현대화 등을 추진했다. 이 외에도 세일과 경품 행사, 고객참여 행사, 공동쿠폰 발행 등 마케팅을 지원하고 홍보도 지속적으로 실시했으며, 대형마트의 무분별한 골목상권 침해를 방지하기 위해 전통시장 1킬로미터 이내에는 대형마트나 기업형 슈퍼마켓SSM : Super SuperMarket이 개점하지 못하도록 조치도 취했다.

이러한 정책이 과연 전통시장 활성화에 얼마나 도움이 될지 또 편리함과 고급스러움을 추구하는 세태를 얼마나 따라잡을 수 있을지는 솔직히 의문이다. 클릭 몇 번만 하면 원하는 물건이 2~3일 내에 집까지 배달되는 인터넷 세상에서 전통시장은 아무래도 효율성이 떨어지기 때문이다. 그러기에 혹자는 효과보다 비용이 더 많이 드는 비효율적 전시행정의 전형이라 비난할 수도 있다. 그러나 어디 효율과 편리함만이 능사인가?

시장에는 사람과 사람 사이에 흐르는 따뜻한 정이 있고 우리 마음의 고향이 있으며, 특히 내 세대에는 어려웠지만 정겨운 삶의 모습들이 서려 있다. 돈으로 따질 수 없는 가치 그 이상인 셈이다. 어쩌면 전통시장 그 자체가 우리의 삶이고 문화일지도 모른다. 그래서 세태를 따라 조금씩 변하겠지만 그래도 전통시장이 계속 유지되기를 바라는 것이다.

내 집 마련이라는
이름의 덫

|

경제활동을 하는 사람은 액수의 차이는 있겠지만 어쩔 수 없이 빚을 지는 경우가 있다. 특히 내 집을 마련하는 시기에 많은 빚을 진다. 나도 그랬다. 결혼 후 17평 아파트를 최초로 구입할 때 가격의 3분의 2가 넘는 빚을 졌다. 부모의 도움으로 내 집을 장만하면 다르겠지만 그런 사람이 얼마나 많겠는가. 당연히 그 무렵은 경제적으로 힘든 시기였다. 월급에서 이자 내고 원금의 일부라도 갚고 나면 생활하기에도 빠듯했다. 빚이 삶의 활력을 앗아갈 수 있음을 체감하던 시기였다.

이러한 빚은 개인뿐만 아니라 국가경제에도 부담을 준다. 예컨대 가계마다 빚이 많으면 웬만큼 벌이가 늘어도 씀씀이를 늘릴 수 없다. 갚아나가야 할 대출원금을 생각하면 여간해서 돈을 쓸 수 없기 때문이다. 그만큼 소비가 줄어 경기회복이 어려워지는 것이다. 만약 돈을 빌린 가계가 원금을 제때 갚지 못하거나 대출이자를 내지 못한다면 돈을 빌려준 금융기관들마저 경영이 어려워질 수밖에 없다. 금융권 부실로 이어지는 것이다.

실제 대한민국은 가계들의 빚, 이른바 가계부채로 인해 경제의 불안 요인이 커지고 있다. 가계부채는 금융기관 대출과 신용카드 판매사용액을 합한 개념이다. 우리나라의 가계부채는 2013년 3월 기준으로 961조 원이었고, 올해 1,000조 원을 넘어섰는데, 신용대출과 주택담보대출이 대부분을 차지한다. 또 통계에는 잡히지 않지만, 집주인에게는 빚이나 다름없는 전세금 및 월세보증금까지 합하면 그 규모는 훨씬 클 것이다.

우리나라 가계부채가 잠재적 위협 요인으로 떠오른 시기는 외환 위기를 맞은 1997년 이후부터이다. 주택을 담보로 돈을 빌리는 사람들이 늘었고, 이후 부동산 가격이 하락하여 집값보다 대출금이 더 많은 기현상마저 벌어졌다. 집을 보유하고 있지만 실제로는 가난한 하우스 푸어house poor라는 말까지 등장했다. 저금리 기조, 풍부한 시중 유동성, 부동산 가격 상승 및 추가 상승 기대심리, 금융회사의 대출 경쟁 그리고 정부정책의 실패 등이 복합적으로 작용한 결과이다.

우리나라의 가계부채는 국민소득이나 가처분소득의 규모와 비교할 때 다른 선진국에 비해 그 규모가 훨씬 크다. 더욱 심각한 것은 변동금리대출과 일시상환대출이 차지하는 비중이 높아 외부 충격에 취약하다는 점이다. 주택담보대출 중 변동금리대출 비중은

95퍼센트로 미국의 10퍼센트, 프랑스의 13퍼센트, 영국의 62퍼센트보다 현저히 높은 수준이다. 또한 주택담보대출을 받은 가계의 약 80퍼센트가 원금은 전혀 상환하지 못하고 이자만 겨우 갚고 있는 실정이다.

이 같은 가계부채 규모와 높은 증가세 그리고 취약한 대출구조 등의 잠재 위험을 개선하지 않으면 향후 우리 경제에 불안 요인으로 작용할 가능성이 높아 청와대에 있을 때 고민을 많이 했다. 청와대 수석들과 관계 장관들이 매주 모여 정책을 조율하는 서별관 회의라는 모임이 있었는데, 가계부채 문제는 경제정책 협의의 단골 메뉴였다. 그러나 뾰족한 대책을 세우기가 쉽지 않았다. 여러 요인들이 얽힌 구조적 문제였기 때문이다. 그런데 가계부채 해결책을 논의할 때마다 등장한 이슈는 다름 아닌 DTI debt to income : 총부채상환비율를 조정하는 문제였다. 부처 간의 이견도 참으로 많았다.

너무 많은 요인이 얽혀 있는 문제

DTI는 담보대출을 받을 경우 돈을 빌리는 사람의 소득으로 얼마나 상환할 수 있는지 판단하여 대출한도를 정하는 계산 비율이다. 대출상환액이 소득의 일정 비율을 넘지 않도록 제한하기 위함이다. 부동산시장의 과열을 막기 위해 2005년 도입한 DTI는 투기지역에서만 40퍼센트로 적용되었던 것이 2009년 9월부터 확대 적용되었다. 이에 따라 은행권 담보대출 금액이 5,000만 원을 넘는 경우 강남 3구(강남구, 서초구, 송파구)는 50퍼센트, 인천·경기는 60퍼센트가 되었다.

이 비율에 대해 일부 부처는 부동산 경기의 회복을 위해 완화를 주장했지만 나는 반대 입장을 견지했다. 당시 상황에서 DTI를 완화하는 것은 빚내서 집 사라는 말과 마찬가지였기 때문이다. 금융권의 잠재적 부실이 걱정됐다. 이와 관련된 한 언론의 기사 내용이다.

> 시장주의자 백용호 청와대 정책실장이 '친서민'을 강조하는 것은 궁극적으로 현 시장경제 체제를 지키고 보호하기 위한 것이다. 백 실장은 DTI에 대해 이렇게 언급했다. "임명장 받고 처음 들여다본 게 DTI였는데 그 비율을 완화해야 한다는 보고를 하더라"면서 "그런데 지금은 DTI를 풀 때가 절대 아니라고 본다"고 말했다. 국토해양부를 중심으로 제기된 DTI 규제 완화 방안에 대해 백 실장이 제동을 걸었다. 그는 DTI 규제를 완화한다 해서 부동산시장이 당장 살아날 것으로 보지 않는다고 했다.
>
> — 〈매일경제〉, 2010년 8월 1일

여러 번의 논의 끝에 2011년 6월에 '가계부채 연착륙 종합대책'을 발표했다. 가계부채가 늘어나는 속도를 늦추기 위해 일시상환

대출이나 다중 채무자에 대한 대출 등에 대해 BIS(자기자본비율) 위험가중치를 상향 적용했다. 은행으로 하여금 주택담보대출을 쉽게 하지 못하도록 한 것이다. 이어 제2금융권까지도 가계대출을 억제토록 했다.

그러나 이러한 대책에도 상호금융, 보험사 등 제2금융권 대출은 오히려 증가했다. 2011년에 전체 가계대출은 8.0퍼센트가 증가해 2010년의 8.7퍼센트보다 낮아졌으나 제2금융권 대출은 11.6퍼센트나 증가했다. 이 현상이 계속되면 제2금융권의 건전성도 악화될 수밖에 없었다. 따라서 상호금융과 보험사의 가계대출을 적정 수준으로 관리하고 단위 농·수협의 경우에도 조합원 중심 운영이라는 상호금융의 기본 원칙이 유지되도록 했다.

아울러 보험사의 과도한 가계대출 영업 행위를 억제하기 위해 전단지 배포, 문자메시지 등의 발송, 모집·상담 과정에서의 대출 권유·알선 등의 행위를 제한하고 보험회사의 대출모집인 운영 실태를 점검하여 과도한 대출모집인 운용을 억제했다. 그러다 보니 서민들은 돈 빌리기가 더욱 어려워지는 부작용이 발생했다. 참으로 어려운 현실이었다. 정부에서는 서민금융 활성화를 위해 다양한 노력을 했음에도 서민들의 고통이 커졌음은 부인할 수 없다.

가계대출을 줄이기 위한 다양한 정책의 결과인지 2011년 2분기에 9.1퍼센트에 달했던 증가율이 2012년 3분기에는 5.6퍼센트까

지 낮아졌다. 2012년 증가액은 25조 원 수준으로 2011년의 44조
원, 2010년의 40조 원에 비해 큰 폭으로 감소했다. 그러나 솔직히
그 같은 증가세의 둔화를 정부의 노력이 주효해서라고 볼 수는 없
다. 경기침체로 인한 대출수요가 그만큼 줄었을 수 있기 때문이다.

가계부채는 지금도 한국경제의 먹구름이고 나에게도 무거운 짐
으로 남아 있다. 문제 해결에 크게 기여하지 못했다는 자책감 때문
일 것이다. 굳이 변명하자면 너무 많은 요인이 얽혀 있는 문제이다
보니 정부의 노력만으로는 한계가 있었다. 정부는 가계 소득을 높
이기 위한 소득정책, 효과적인 부동산정책을 병행해야 한다. 기업
은 경제 성장을 견인해가며 일자리를 창출해야 하고 각 가정에서도
부채관리에 더욱 신경을 써야만 한다. 참으로 어려운 숙제이다.

신용을 사고팔 수
있다면

대한민국 경제가 급속도로 개방화되어 세계경제와 밀접하게 연관
돼서일까? 아니면 경제 규모가 그만큼 커져서일까? 이제는 경제이
론에 특별한 관심이나 지식이 없는 사람들조차 웬만한 세계경제
흐름 정도는 파악하고 있다. 그만큼 경제상식도 늘고 있는 게 사실
이다. 이 같은 경향에는 최근 들어 부쩍 빈번하게 발생하는 세계적
차원의 경제위기도 큰 몫을 하는 게 아닌가 싶다.

1997년 외환위기 때는 전 국민이 'IMF'를 알았고 '구제금융'에
대해 이해했다. IMF 구제금융 요청은 1997년 12월 3일 대한민국
이 외환 부족으로 인해 국가부도 위기를 맞아 국제통화기금에 자
금지원 양해각서를 체결하며 시작되었다. 구제금융은 받았지만 경
기 악화와 대량 해고로 대한민국의 온 국민이 지금도 잊지 못할 어
려움을 겪었다.

2008년 이른바 서브프라임 모기지subprime mortgage와 리먼 브러더
스 사태로 인한 경제위기 때는 키코kiko라는, 그때까지만 해도 너

무나 생소하던 단어를 접하게 된다. 키코는 약정환율의 상한knock-in과 하한knock-out의 첫 글자를 딴 파생금융상품으로 환율 변동의 위험을 피하기 위한 것이었다. 환율이 knock-in과 knock-out 구간에서만 움직이면 환차익을 챙길 수 있다. 그러나 환율이 급등하여 knock-in 구간을 벗어나면 키코 계약을 체결한 기업은 큰 손실을 입게 된다. 실제 2008년 환율이 크게 올라 중소기업들이 특히 큰 손해를 보았는데 그것이 바로 '키코 사태'였다.

그 당시 국민들에게 알려진 또 하나의 경제용어가 '통화스와프currency swap'이다. 통화스와프는 서로 다른 통화를 약정된 환율에 따라 일정한 시점에서 상호교환하는 외환 거래이다. 일반적으로 국가 간의 통화스와프 협정은 두 나라가 자국 통화를 상대국 통화와 맞교환하는 방식으로 이루어진다. 어느 한쪽에 외환위기가 발생하면 상대국에서 외화를 빌려와 유동성 위기를 넘기고 환시세의 안정을 꾀할 수 있다. 돈을 갚을 때는 최초 계약 때 정한 환율을 적용하기 때문에 환율이 변하더라도 위험부담을 덜 수 있다.

미국은 1959년 독일과 처음 통화스와프를 맺은 뒤 유럽의 여러 나라 그리고 캐나다, 일본, 멕시코 등과 협정을 맺었다. 2008년 글로벌 금융위기가 닥치자 우리나라도 금융시장이 불안해져 신흥국으로서는 처음으로 미국과 300억 달러 규모의 통화스와프 협정을 체결했다.

미국과의 사상 첫 통화스와프 체결은 무엇보다 글로벌 신용위기로 인한 불안 요인을 완화하고 국내 금융시장을 안정시키는 결정적 돌파구가 되었다. 상황이 더 악화될 경우 외화 유동성을 확대할 수 있는 파이프라인을 확보한 셈이었다. 실제로 스와프 체결 발표 이후 우리나라의 금융시장은 급격하게 호전되었다. 2008년 10월 29일 1,427원 수준이던 원·달러 환율은 10월 30일 1,250원 수준으로 떨어졌으며 CDS 프리미엄은 570bp에서 425bp로 1일 만에 145bp 하락했다. 국내 주가도 968p에서 1,084p로 12퍼센트 상승했다.

참고로 CDS credit default swa는 기업의 부도위험 등 '신용'을 사고팔 수 있는 신용파생상품 거래를 말한다. 대출이나 채권 형태로 자금을 조달한 채무자의 신용위험만을 별도로 분리해 이를 시장에서 사고파는 금융파생상품의 일종이다. CDS는 금융기관 대 금융기관의 파생상품 거래이기 때문에 CDS 거래의 건수 및 양이 많아져야 시장이 활성화된다.

한편 국가 신용등급을 안정적으로 유지할 수 있는 토대도 마련되었다. 그 무렵 국제신용평가사들이 외화 유동성 확보를 위한 대한민국 정부의 적극적 대응책을 지적해온 만큼 한·미 통화스와프 체결은 우리나라의 대외 신인도를 안정시킨 계기가 된 것이다. 일본, 중국 등 다른 나라와 추가적인 스와프 체결을 위한 교두보를 확보했다는 점에서도 의미가 컸다.

금융시장을 안정시킨 결정적 돌파구

그러나 한·미 통화스와프 체결은 결코 쉬운 일이 아니었다. 지금도 그때의 긴박한 순간들을 잊을 수 없다. 무엇보다 미국의 기준에 우리나라가 부합하지 못했다. 미국은 선진국의 중앙은행이나 국제통화를 사용하는 국가 혹은 신용등급 AAA 수준의 국가와만 통화스와프를 체결했다. 아쉽게도 우리나라는 셋 중 어느 것에도 그 기준이 맞지 않았다.

정부의 다각적 노력도 있었지만 굳건한 한·미 공조를 바탕으로 한 이명박 대통령의 외교 성과가 스와프 체결에 큰 역할을 했다. 2008년 4월, 7월, 8월 세 차례의 한·미 정상회담이 열렸으며, 같은 해 10월에는 국제공조 원칙을 확인하는 등 스와프 체결에 긍정적 토대를 만들었다.

한편 G20과 IMF 총회 등의 국제회의를 활용하여 미국을 설득할 수 있는 논리도 제시했다. 통화스와프를 통한 유동성 공급은 한국 내 미국 금융기관의 영업에도 기여하는 등 궁극적으로 미국의 국익에도 부합하며, 긴급 상황에 대비한 스와프라인 설정만으로도 시장 불안 심리를 줄일 수 있다고 강조했다. 이러한 과정과 노력을 통해 10월 29일 미 연준 공개시장위원회FOMC에서 역사적인 한·미

통화스와프가 체결되었고 통화스와프라는 경제용어도 알려지기 시작했다.

　이후 통화스와프는 일본, 중국과도 확대 체결되었고 2011년 유럽 재정위기로 세계경제가 또 한 번 휘청거릴 때 우리나라 금융시장의 안정을 유지하는 데 크게 기여했다. 키코와 통화스와프, 똑같이 파생금융 거래지만 한쪽은 아픈 기억으로, 다른 한쪽은 대한민국 경제를 안정시킨 결정적 계기로 기억되고 있다.

　키코나 통화스와프와 같은 전문적인 경제용어를 접하고 익숙해진다는 것은 그만큼 대한민국 경제가 글로벌화되고 있음을 보여주는 증거가 아닐까. 'FTA', '재정 절벽', '양적 완화' 등 그야말로 경제학 교과서에나 나올 만한 용어들이 널리 쓰이는 시대가 되었다. 그만큼 생존을 위해서라도 세계경제 흐름을 이해하고 경제외교 역량을 키워나가야 할 때인 것이다.

배추의 추억

|

청와대 시절 정말 나를 힘들게 했던 주인공이 있었다. 다름 아닌 '배추'였다. 지금도 배추만 보면 2010년의 배추 파동이 떠오른다. 언론도 하늘 높은 줄 모르고 치솟는 배춧값에 대해 연일 보도하며 정부의 무능함을 지적했다. 당연히 정치권도 시끄러웠다. 이상기후가 문제였다. 그러나 4대강 사업으로 배추 경작 면적이 줄어든 것이 이유라는 근거 없는 설까지 등장했다.

하긴 배추 한 포기가 15,000원을 웃돌고 상추 한 장에 100원이었으니 그럴 만도 했다. 오죽하면 "고기에 쌈 싸먹는다"는 말까지 나왔겠는가. 치솟는 배춧값을 잡기 위해 농산물 유통구조의 개선은 물론 농협 및 산지 유통인의 역할까지, 심지어 배추 저온저장 인프라의 구축을 고민하는 등 다양한 대책을 내놓았지만 별 효과가 없었다. 고통 받는 국민들을 생각하면 너무 곤혹스러웠다.

과거에도 비슷한 사례가 많았다. 문민정부 시절인 1994년 여름 즈음 갑작스럽게 물가가 폭등하여 국민들을 무척이나 힘들게 한

적이 있었다. 교통비, 담뱃값, 대학등록금 등 공공요금은 전혀 변동이 없는데 식탁물가가 급작스럽게 올랐고 뒤이어 생필품 가격이 오르기 시작했다. 물가관리 부서 직원들이 대거 시장에 투입되어 상승 요인을 파헤친 결과 주범은 '대파'로 밝혀졌다. 대파의 공급이 부족해 가격이 오르자 다른 채소 가격도 덩달아 상승했고 이어 대부분의 생필품으로 물가 오름세가 확산된 것이다.

한 나라를 들썩이게 만들고 정부를 궁지에 몰아넣은 장본인이 다름 아닌 대파나 배추라는 사실이 조금은 허탈하지만 국민들이 얼마나 생활필수품이나 농수산물 가격에 민감한가를 보여주는 사건이었다.

물가가 지속적으로 오르는 현상이 인플레이션inflation이다. 이 단어는 원래 남미의 소장수들이 처음 사용했다고 한다. 소를 팔러 가는 상인이 소금으로 절인 마른 풀을 미리 소에게 잔뜩 먹여 시장으로 가는 도중에 물을 먹게 함으로써 소가 실제보다 더 크게 보이게 했다는 일화에서 비롯되었다. 이러한 인플레이션이 경제와 관련되어 등장한 시기는 미국의 남북 전쟁 때였다. 미국 정부가 전비 마련을 위해 그린백Green Backs이라는 불환지폐를 남발하자 그 상태가 마치 자루에 공기를 넣어 부풀린 것과 비슷하다 하여 인플레이션이라 불렀다. 그 어원이 어떻든 인플레이션을 억제하는 것은 모든 국가에 있어 경제정책의 목표 중 하나이다. 그러나 쉽지 않은 게 현실이다.

남미의 많은 나라들이 제2차 세계대전 이전에는 비교적 부유했으나 지금은 그만 못하다. 그 이유는 여러 가지이나 인플레이션이 큰 몫을 차지했다. 실제 남미 국가들은 1970~1980년대에 극심한 인플레를 겪었고 이를 효과적으로 극복하지 못해 풍부한 지하자원을 보유하고 있으면서도 경제 발전을 이룩하지 못했던 것이다.

그렇다면 물가를 오르게 하는 범인은 무엇일까? 이 질문에 명쾌하게 답할 수는 없다. 유동성 증가, 임금 인상, 환율 인상, 과소비, 공급 부족 등 요인이 한두 가지가 아니기 때문이다. 하나하나가 다른 경제 이슈나 현상들과 밀접하게 관련되어 있어 인플레이션만을 억제하겠다고 하나의 사안을 쉽게 조정할 수도 없다. 예컨대 임금이 과도하게 인상되면 물가가 오를 수 있다. 그러나 그게 분명하다 해서 물가를 잡겠다고 임금 인상을 억제하기가 쉽지 않다는 말이다.

매의 눈으로 인플레이션을 감시해야

범인이 해외 요인일 때는 더욱 어렵다. 국제유가 등 원자재 가격이 상승하는 경우이다. 실제 2008년 이후 중동 정세의 불안정으로 유가를 비롯해 국제 원자재 가격이 올랐으며 곡물 가격도 크게 상승했다. 이로 인해 물가상승률이 2007년 3/4분기 2.3퍼센트에서

4/4분기 3.3퍼센트로 올랐으며 이러한 물가 상승세는 2008년 이후까지 이어져 2009년 2.8퍼센트, 2010년 3.0퍼센트, 2011년 4.0퍼센트를 기록했다.

인플레이션의 폐해는 광범위하고 심각하다. 무엇보다 서민생활을 힘들게 한다. 그래서 정부는 물가 안정에 많은 노력을 기울인다. 물가 안정을 위한 거시정책뿐만 아니라 시장 수급과 가격 안정을 위해 농축수산물 비축과 방출, 할당관세, 수입 확대 등 장단기 미시대책을 동시에 추진한다. 특히 농축산물, 석유제품과 관련 공산품, 공공요금과 개인서비스 요금 등의 물가 안정에 심혈을 기울이고 소비자 역량 강화와 경쟁 촉진에도 힘을 쓴다.

그렇다 해도 안심할 수 없는 것이 물가이다. 오늘날 우리 경제는 전 세계와 밀접하게 연관되어 있다. 미국의 경제정책이 다음날이면 우리나라 경제에 영향을 끼치고 중동의 상황 악화가 유가 상승을 불러와 우리 경제에 당장 어두운 그림자를 드리운다. 그만큼 물가 관리가 쉽지 않은 것이다. 그러나 국민의 삶의 안정이 정부정책의 커다란 목표라 한다면 정부의 물가 안정 노력은 최우선 과제로 지속되어야 한다.

인간이 뿌려놓은
탐욕의 씨앗

|

땅 아래에 묻혀 있는 씨앗은 아무리 작을지라도 싹으로 피어나고, 시간이 흐르면 아름드리 나무가 되고 열매를 맺는다. 어둠 속에서 오랜 세월을 견디며 생명을 잉태하고 땅 위로 솟아나와 햇빛을 받아 위대한 생명체가 되는 것이다. 비록 땅 아래에 있을지라도 씨앗은 우리에게 언젠가는 풍요로움을 안겨준다. 자연의 놀라운 현상이다.

그러나 세상에 뿌려진 씨앗이 다 좋은 것만은 아닌 것 같다. 칼릴 지브란은 시 〈범죄자〉에서 이렇게 노래했다.

탐욕이 뿌린 작은 씨앗은 점점 자라서,
자신과 수많은 사람들을 뒤덮는 해로움이 되어 다시 돌아오느니.

그 탐욕의 씨앗 중 하나가 이른바 지하경제이다. 지하경제는 경제와 사회, 국가를 좀먹는 행위들이 모인 부패한 창고와 같다. 정직을 멸시하고 부정을 잉태시키는 곳이다. 한번은 "지하경제가 무엇인지 아십니까?"라고 묻자 유머 감각이 넘치는 사람이 "룸살롱에서 술 마시는 게 지하경제 아닙니까? 룸살롱은 대부분 지하에 있으니까"라고 대답해서 좌중을 웃음바다로 만든 적이 있다. 반은 맞고 반은 틀린 말이다. 만일 100만 원어치의 술을 마시고 카드로 계산했다면 그는 지상에서 우리나라 경제에 (도덕적 관점을 떠나) 일조한 것이지만, "현금으로 계산할 테니 10만 원을 깎아달라"고 요구해서 현금으로 90만 원을 지불했다면 그리고 90만 원의 매출을 누락해서 업주가 세금 부담을 줄였다면 지하경제에 한몫을 한 것이다.

일반적으로 지하경제는 현금으로 거래가 많이 이루어지기 때문에 캐시 이코노미cash economy라고도 한다. 그렇다고 모든 현금거래가 다 지하경제는 아니다. 우리는 일상에서 아이스크림을 사거나 담배를 사거나 붕어빵을 살 때 대부분 현금을 낸다. 이 구매 행위는 기록이 남지 않으며 판매자의 소득으로 잡히지 않을 수 있다. 물론 국가는 구멍가게나 붕어빵 장수의 매출을 면밀히 조사해 냉혈하게 세금을 매기지 않는다. 또한 이러한 경제 행위를 지하경제라고 몰아붙이지도 않는다. 문제는 카드 계산이 가능한데도 의도적으로 현금을 요구해 매출을 감추려는 행위이다. 바로 여기에서부터 지하경제가 출발한다.

지하경제는 우리의 생각처럼 그렇게 거창하고 주도면밀하고 범죄적인 것만은 아니다. 지하경제는 의외로 우리 생활 곳곳에 녹아 있다. 예컨대 의류상가에 가거나 전자상가에 가면 우선 이렇게 묻는다. "얼마까지 생각하고 오셨어요?" 이 질문에는 구매자가 생각하고 온 가격까지 깎아줄 용의가 있다는 의미와 현금으로 계산해야 한다는 전제 조건이 깔려 있다. 물론 매출을 누락시키기 위해서이다. 누구라도 만일 5~10퍼센트의 할인에 마음이 동해 현금을 내주었다면 '비도덕적 지하경제'를 창출한 셈이다. 별로 양심의 가책을 느끼지 않고 탐욕의 씨앗을 뿌린 것이다.

지하경제라는 단어가 언제 만들어졌는지는 정확하지 않다. 언제부터 지하경제가 시작되었는지도 분명하지 않다. 다만 화폐라는 것이 만들어졌을 때부터 지하경제도 필연적으로 함께 탄생되었다고 추정된다. 즉 그만큼 뿌리가 깊다는 의미이다. 지하경제의 사전적 의미는 '과세의 대상이나 정부 규제로부터 피하기 위해 합법적·비합법적 수단이 동원되어 이루어지는 숨은 경제'이다.

할리우드 영화를 보면 지하경제가 대거 등장한다. 미국 대도시의 뒷골목에서 은밀하게 이루어지는 매춘, 마약, 불법 총기거래, 도박, 살인청부로 지급되는 돈, 정치인에게 건네지는 뇌물 등등 열거하자면 끝이 없다. 그러한 영화를 보면 미국은 지하경제의 천국이자 온상지라는 생각이 들겠지만 의외로 그렇지 않다.

지하경제 전문가인 프리드리히 슈나이더Friedrich Schneider 교수의 연구에 따르면 2000년대 초반 미국의 지하경제 규모는 국민소득 대비 9.1퍼센트이다. 이른바 선진국으로 불리는 영국은 14퍼센트, 독일은 15.1퍼센트, 일본은 11퍼센트, 스위스는 8퍼센트이다. 마피아의 태동지인 이탈리아는 26.7퍼센트로 상당히 높은 편이며, 멕시코는 그보다 더 높아 30퍼센트에 달한다. 그렇다면 우리나라는 얼마나 될까? 놀랍게도 24.7퍼센트에 이른다. 이는 OECD 국가 평균의 2배에 달하며 미국보다 약 3배나 높다.

물론 지하경제는 어둠에 잠겨 있기 때문에 정확한 추산이 불가능하다. 또 추정하는 방법에 따라 그 결과도 달라진다. 그렇기 때문에 추계하는 기관마다 비율은 큰 폭으로 차이가 난다. OECD는 국내 총생산GDP 대비 15퍼센트로, IMF는 27.6퍼센트로 추산하며 우리나라의 조세연구원은 17.2퍼센트로, 현대경제연구원은 23퍼센트로 추산하고 있다.

경제적으로 올바른 행동은 모두에게 이익

비율로만 이야기하자면 지하경제의 규모가 얼마인지 가늠하기 어려울 수 있다. 숫자를 통해 지하경제가 우리 사회와 국가에 얼마나 큰 부정적 영향을 끼치는지 살펴보자. 2012년 우리나라 국내 총생산은 대략 1,200조 원이다. 지하경제 규모 25퍼센트 내외를 감안하면 그 액수는 250~300조 원에 달한다. 적어도 250조 원이라는 돈이 아무런 자료나 증빙서류, 기록 없이 돌아다니고 있는 것이다. 이 중에서 10퍼센트만 지상으로 끌어올리면 25조 원에 대해 세금을 매길 수 있고, 최소한 5조 원을 더 세금으로 거둘 수 있다. 조세부담률 20퍼센트, 즉 소득에서 대략 20퍼센트 정도를 세금으로 내기 때문이다. 매년 5조 원이면 철도를 더 현대화할 수 있고, 학교 시설을 훌륭하게 개선할 수 있으며, 무료급식도 확대할 수 있다.

그런데도 지하경제를 양성화시키지 못하는 이유는 무엇일까? 여러 가지가 있겠지만 가장 큰 이유는 경제적 동기 때문일 것이다. 단 1원이라도 이익이 되면 그쪽으로 향하는 것이 인지상정이다. 현금을 내면 10퍼센트를 깎아주겠다는 유혹에 굴복하지 않을 사람은 드물다. 유사 휘발유가 자동차에 치명적 결함을 준다는 것을 알면서도 유사 휘발유를 구입하는 이유는 정상 휘발유보다 싸기 때문이다.

그렇다고 세무 당국이나 사정 당국이 모든 거래를 샅샅이 뒤질 수도 없다. 자칫 엄격하게 법을 집행하다 실물경제가 위축될 수 있기 때문이다. 세무 공무원을 대폭 늘려 골목의 구멍가게, 노점상, 현금 거래를 유도하는 병원 등의 매출을 철저히 조사하고 그에 따라 세금을 매기면 당장은 국세 수입이 늘어날 수 있으나 장기적으로는 거래를 크게 위축시킬 수 있다. 현실적으로 지하경제를 완전히 뿌리 뽑기란 불가능하다.

그렇다 하여 정부가 두 손 놓고 구경만 하는 것은 아니다. 역대 정부는 지하경제를 양성화시키기 위해 부단히 노력해왔다. 김영삼 정부에서는 금융실명제를 실시했고 김대중 정부에서는 카드 활성화를 강력하게 추진했으며 노무현 정부에서는 현금영수증 발행제도를 실시했다. 그 결과 통계에 잡히지 않았던 지하경제 규모가 서서히 드러나 세수 증대가 이루어졌다.

숨은 세원을 발굴해 과세하면 '넓은 세원, 낮은 세율' 구조로 갈수 있어 성실한 납세자의 세금 부담을 줄일 수 있다. 지하에서 암약하는 돈뭉치를 햇빛 아래로 끌어올리기 위해 국세청장 시절 다양한 시도를 했다. 현장 정보수집 및 정밀분석을 통해 숨은 세원 상시 감시, 과세 사각지대에 대한 정보수집 강화, 고소득 자영업자에 대한 감시 강화 등을 펼친 것이다. 특히 역외탈세를 줄이기 위해 해외에 숨겨둔 금융자산 추적에 힘을 기울였으며 현금영수증제도를 정착시켰다.

지하경제 양성화를 통해 세원을 넓히고 세율을 낮추면 누구에게 그 혜택이 돌아갈까? 당연히 성실 납세자와 서민이다. 그만큼 추가 재정부담 없이 복지예산을 늘릴 수 있기 때문이다. 지하경제 양성화는 곧 서민을 위한 정책인 셈이다. 하지만 지하경제 양성화는 세무조사 등을 통한 정부의 행정적 노력이나 제도적 접근만으로는 분명 한계가 있다. 기업인들의 마음가짐, 국민의 소비 행태의 변화가 더 중요하다.

오늘날 우리나라 기업 회계는 과거에 비해 현저하게 투명해졌다. 그러나 아직도 많은 기업의 투명성은 우리 생각보다 미약한 수준이다. '번 만큼 세금을 낸다'는 아주 간단하고 올바른 상식만 우리 기업인들이 지키면 지하경제 규모는 선진국 수준으로 줄어들 수 있다.

최근 '땅 밑'을 파헤치는 기법들이 진화됨에 따라 더 이상 소득을 숨기기 어려워지고 있다. 자칫 일부 소득을 숨기려다 전부를 잃게 되는 소탐대실의 우를 범해서는 안 될 것이다.

또 하나는 국민의 몫이다. 현재 우리나라의 신용카드 사용률은 60퍼센트에 달한다. 이 역시 과거에 비해 현격하게 늘어났지만 아직은 부족하다. 일상생활에서의 소비를 카드로 하고 현금영수증을 더 챙기면 그만큼 나라 경제는 투명해진다. 또한 유사 휘발유를 구매하지 않고, 짝퉁 가방을 사지 않고, 불법 도박을 하지 않고, 도난품을 구입하지 않으면 지하경제는 줄어들 것이다.

헨리 포드는 "경제적으로 올바른 것은 도덕적으로도 올바르다. 좋은 경제와 좋은 도덕 사이에 모순은 있을 수 없다"고 말했다. 즉 현명한 소비자로서 한 개인이 경제적으로 올바른 행동을 하면 두

말할 나위 없이 그 행동은 도덕적으로도 올바르다는 말이다. 지하
경제는 자신과 무관하다는 생각을 버리고, 자신부터 경제적으로
올바른 행동을 할 때 우리 경제는 그만큼 투명해진다.

첨예한
대립

새로운
가치
탄생의 장

3부
첨예한
대립

인간 사회에서 갈등과 대립은 불가피하다. 지금 이 시간에도 갈등을 가라앉히고, 해결하기 위해 많은 사람들이 다양한 방법으로 노력하고 있지만 갈등과 분쟁은 쉽게 사라지지 않는다. 대화와 양보가 더 좋을까, 아니면 무력과 협박이 더 좋을까?

공허한 메아리

|

삶에 지친 언니 블랑쉬는 여동생 스텔라에게 이렇게 말한다.

그 사람 행동은 짐승 같아. 그리고 습관도 다 짐승과 다를 게 없
어. 짐승처럼 먹고 움직이고 말하고! 아직 인간의 위치에 이르지
못한 (하등동물 같은 점이 있어. 그래, 뭔가) 원숭이와 닮은 면이. 저,
인류학 책에서 본 사진에 있는 원숭이들 말이야! 수천 년의 세월
이 그의 곁을 지나갔지. 그런데 그와 같은 사람이 있다니!

그녀의 말에 대해 스탠리는 훗날 아내 스텔라에게 이렇게 항변
한다.

나한테 그런 식으로 말하지 마! "돼지, 더럽다, 야비하다, 번들거
린다!" 당신과 당신 언니는 노상 그런 식으로 지껄이는데, 당신 둘
은 자기들을 뭐라고 생각하는 건가? 한 쌍의 여왕인가? 휴이 롱이

뭐라고 말한 줄 알아? "모든 남자는 왕이다!" 그리고 난 여기서 왕

이야. 그러니까 잊지 말라고!

국세청장 재직 시절 모처럼 시간을 내 직원들과 함께 단체관람
으로 본 연극 〈욕망이라는 이름의 전차〉의 대사 중 일부이다. 상처
를 입은 채 살아가는 사람들의 이야기로, 여자는 동생의 남편을 짐
승과 다를 바 없다고 비난하고, 남자는 아내와 그 언니를 향해 "나
는 왕이다"라고 주장한다. 정도의 차이는 있지만 이러한 다툼과 갈
등은 인간 사이에 늘 존재하는 듯하다. 어쩌면 원작자 테네시 윌리
엄스Tennessee Williams는 냉혹하고 말초적인 현실을 통해 갈등은 가족
간에도 쉽사리 해결되지 못하고 봉합되지 못한다는 진리를 일깨워
주려 했는지도 모른다.

이렇듯 인간 사회에서 갈등과 대립은 불가피하다. 지금 이 시간
에도 갈등을 가라앉히고, 해결하기 위해 많은 사람들이 다양한 방
법으로 노력하지만 갈등과 분쟁은 쉽사리 사라지지 않는다. 대화
와 양보가 더 좋을까, 아니면 무력과 협박이 더 좋을까? 대화와 양
보가 더 좋고 효율적이라는 사실을 번연히 알면서도 지구촌 곳곳
에서 무력 분쟁이 끊이지 않는 까닭은 인간 자체가 블랑쉬의 말처
럼 '짐승과 다를 게 없기' 때문일까?

마틴 루터 킹Martin Luther King은 "인간은 모든 갈등을 해결하기 위

해 보복과 침략, 복수를 거부하는 방법을 발전시켜야 합니다. 이러한 방법의 기초는 사랑입니다"라고 주창했지만 그의 말이 공허한 메아리로 머무는 것 같아 안타깝다.

최근 십수 년 사이에만 해도 한국 사회에서 갈등은 끊이지 않았다. 방사능폐기물 시설 건립, 원자력발전소 건립, 새만금 건설, 천성산 터널 공사 등 사회적으로 이슈가 됐던 갈등 사례는 무수히 많다. 특히 방사능폐기물 시설 건립은 20년 동안 표류한 대표적 갈등 사례로 꼽힌다. 1986년 경상북도 영덕·울진이 첫 후보지로 선정된 후 1990년에 충청남도 안면도로, 1994년에 경상북도 울진으로, 1995년에 인천 굴업도로, 2003년에 전라북도 부안으로 옮겨졌으나 그때마다 주민 반발 등의 문제로 방황 아닌 방황을 하다가 2005년에 경상북도 경주로 최종 확정되었다. 대통령이 다섯 번이나 바뀔 만큼 오랜 세월을 끌어온 사업이었다.

시간적 낭비도 크지만 후보지 조사와 선정, 철회, 재조사에 천문학적인 국민의 세금이 들어갔다. 그런데 이보다 더 심각한 문제는 후보지 주민들이 찬반으로 갈라져 극심한 대립을 빚었다는 점이다. 어제만 해도 사이좋은 이웃이던 사람들이 원수라도 된 듯 서로를 비난했다. 이처럼 갈등은 금전적·심리적 측면뿐만 아니라 문화적 측면에서도 사람들과 사회, 국가에 치유되기 어려운 상처를 남긴다.

만약 처음의 계획대로 1986년에 선정된 후보지가 원만한 타협으로 수용되어 방폐장이 건설되었다면 어떻게 되었을까? 엄청난 사회적 갈등도 없었을 것이며 국민 세금도 그만큼 절약되었을 것이다. "경제 주체들의 갈등만 줄여도 경제 성장률이 1퍼센트 올라간다"는 전문가들의 진단은 결코 과언이 아니다. 이명박 정부 5년 동안 평균 경제 성장률이 2.9퍼센트였던 점을 감안하면 1퍼센트는 매우 높은 수치이다. 단지 갈등을 줄이는 것만으로도 국민의 살림살이가 나아지고 국가의 부가 향상된다.

갈등이 주는 폐해를 무시하지 마라

이러한 사실을 누구나 잘 알면서도 빈번하게 갈등이 표출되는 이유는 계층 간, 지역 간, 세대 간의 인식이 다르기 때문이다. 근원적으로는 리처드 도킨스의 표현처럼 인간에게는 '이기적 유전자'가 DNA에 심어져 있기 때문일 수 있다. 공동보다는 개인, 손해보다는 이익, 불편함보다는 편리함을 추구하는 본능을 그 누구도 무시할 수 없는 것이다.

한편 소통의 부족이 갈등을 유발하기도 한다. '인천공항 민영화' 논란이 좋은 사례이다. 정책실장으로 있을 때 인천공항을 민영화하는 것이 옳은가 그른가에 관한 논란이 있었다. 민영화 반대 입장에서는 국가가 재원 확보를 위해 중요 국가 시설을 민영화해서는 안 된다는 논리를 폈고, 찬성 입장에서는 세계적 공항으로 경쟁력을 계속 유지하려면 선진 경영기법을 도입해야 하고, 그러기 위해서는 민영화를 해야 한다고 주장했다.

그런데 아이러니한 것은 지분을 100퍼센트 소유한 정부가 "인천공항을 민영화하겠다"고 한 적이 한 번도 없다는 사실이다. 물론 "민영화를 검토하겠다"고 한 적도 없다. 그런데도 민영화 논란이 불거진 것이다. 소통 부재의 결과였다. 인천공항의 발행주식은 총 7억 2,357만 주이며, 납입자본금은 3조 6,178억 원(1주당 5,000원)이다. 이 지분을 100퍼센트 정부가 가지고 있으며, 정부는 단지 일부 주식만 매각하려 했을 뿐이다. 이는 법으로 이미 규정된 것이었다. 이것이 확대 해석되어 '인천공항 민영화'로 침소봉대針小棒大된 것이다.

사회적 갈등과 관련하여 가장 아쉬운 점은 논의 과정에서 종종 본질마저 상실된다는 것이다. 하나의 정책을 세울 때는 수많은 전문가가 적지 않은 기간 동안 조사와 검토를 하고, 관련 법 규정을 살피며, 예산을 따진다. 일단 정책이 시행되면 그 영향력이 크기 때문에 긍정적 결과와 부정적 결과를 모두 도출하여 비교한다. 그러나 본격적으로 논의가 진행될 때는 이야기가 달라진다. 그 정책의 목적, 시행 이유, 혜택을 받는 층과 그렇지 못한 층에 대한 배려, 미래에 끼치는 영향력 등은 상실되고 그 정책이 나에게 어떤 이익을 주는지, 내가 속한 집단에 어떤 이익이 되는지만 따진다. 그럴수록 갈등은 커져가고 사회비용도 늘어간다.

　공직자로 일하면서 정책에 따른 여러 갈등을 줄이고 당사자들을 소통시키기 위해 많은 노력을 기울였지만 솔직히 성과를 올리지 못한 경우가 많았다. 내가 과문한 탓인지 모르지만 세계 어느 나라에도 '갈등조정부'라는 부처가 있다는 이야기는 듣지 못했다. 또 기업체에는 수많은 부서와 팀이 있지만 '갈등조정팀'이 있다는 이야기도 듣지 못했다. 갈등이 있다는 것을 공식적으로 인정하고 싶지 않아서일까? 아무튼 그런 부처나 부서를 만들지 못한다 해도 갈등을 줄이는 데 힘을 쏟아야 한다는 생각을 수없이 했다.

　〈욕망이라는 이름의 전차〉에서 블랑쉬는 마지막에 이렇게 말한다.

> 난 남은 삶을 바다에서 살 거야. 그리고 죽을 때도 바다에서 죽어야지. (…) 난 어느 날 바다 한가운데서 씻지 않은 포도를 먹고 죽을 거 같아. (…) 난 잘생긴 의사의 손을 잡고 죽을 거야. 그는 황금빛 콧수염이 좀 있고 커다란 은시계를 찬 아주 젊은 사람일 거야.

　그러나 불행히도 그녀는 정신병원에 입원하고 만다. 가족과의 갈등, 자기 자신과의 갈등을 풀지 못해 끝내 실패자가 되는 결말이다. 갈등은 이처럼 한 사람의 삶을 피폐하게 만들 뿐 아니라 그가 속한 가정, 사회에까지 부정적 영향을 끼친다. 그러기에 갈등만 줄여도 성장률이 올라간다고 하지 않았을까.

글로벌 경제위기의
여파

|

지금으로부터 105년 전인 1909년 미국 월가에 존 무디John Moody라는 애널리스트가 있었다. 그는 철도투자에 관한 책을 펴낸 뒤 채권에 대해 신용등급을 매기는 회사를 세웠다. 회사 이름은 자신의 이름을 따 무디스Moody's라 지었다. 투자자들은 이 회사에서 매기는 등급을 참고하여 투자를 결정했으며 덕분에 무디는 돈을 벌기 시작했다. 그러자 얼마 지나지 않아 세 곳의 경쟁사가 합류했다. 스탠더드 스터티스틱스Standard Statistics, 푸어스 퍼블리싱Poor's Publishing, 피치Fitch였다. 스탠더드와 푸어스는 곧 하나로 합병해 스탠더드 앤 푸어스S&P : Standard & Poor's가 되었고, 지금도 무디스, S&P, 피치는 투자등급을 매기는 회사로 확고하게 자리를 잡고 있다.

일반인들이 이 세 기관의 이름을 알게 된 것은 아마 1997년 IMF 외환위기 이후부터일 것이다. 그 전에는 그런 회사가 있다는 사실도, 기업에 등급을 매긴다는 사실도, 나아가 국가에도 등급을 매긴다는 사실도 알려지지 않았다. 지금은 무디스나 S&P, 피치 등의 이름이 자주 언론에 오르내리지만 1990년대 중반 이전에는 그 횟수도 뜸했다. 그만큼 우리 경제 규모가 커진 요인도 있다.

2008년 몰아닥친 글로벌 금융위기는 삽시간에 전 세계를 불안과 공포로 몰아넣었다. 막 출범한 이명박 정부에도 이는 커다란 난관이었다. 1997년 우리나라가 겪은 외환위기와는 근본적으로 달랐다. 글로벌 금융위기의 근원을 따지고 들어가자면 길고도 복잡하다. 1960년경, 미국에 베니피셜 론 소사이어티Beneficial Loan Society라는 회사가 있었다. 이 회사는 사람들에게 주방 가전제품이나 가구 등을 구입할 수 있는 돈을 빌려주었다. 그러나 은행이 아니었으므로 엄격한 규제를 받지 않았다. 돈을 빌려간 사람이 제때 갚지 않으면 직원이 직접 방문해 정중하게 상환을 요구했고 때로는 담보로 잡은 물건을 회수하기도 했다.

그러다가 모기지(주택담보대출)에 뛰어들었고 점차 그 영역을 확대했다. 대출의 비중도 갈수록 높여갔는데 심지어 주택 가격의 80퍼센트까지 대출을 해주었으며 신용등급이 낮은 사람에게도 비교적 쉽게 돈을 빌려주었다. 이것이 이후 서브프라임 모기지라 불리는 대출상품의 시초였다.

대략 50년이 지나 베니피셜이 뿌린 서브프라임 모기지가 전 세계를 위기로 몰아넣으리라고는 아무도 예측하지 못했다. 리먼 브러더스를 비롯한 미국의 유서 깊은 수많은 회사들과 은행들이 몰락했고, 주식은 폭락했으며, 평범한 사람들이 평생에 걸쳐 모은 돈이 하루아침에 휴지조각으로 변했다. 상점에는 재고가 늘어났고 공장은 가동을 멈추었으며, 수많은 근로자가 직업을 잃었다. 월가의 많은 애널리스트와 천문학적 연봉을 받던 CEO들이 지탄의 대상이 되어 길거리로 내몰렸음은 두말할 나위도 없다.

사태의 출발지인 미국은 가장 큰 영향을 받았다. 리먼 파산 이후 미국의 부채는 순식간에 2조 달러 가까이 늘어나 대략 12조 달러라는 어마어마한 금액이 되었다. 우리나라도 위기상황을 피해갈 수 없었다.

이명박 정부는 2008년 2월 25일 공식 출범했다. 상황은 좋지 않았다. 10일이 채 지나지 않은 3월 6일에는 유가가 104달러로 급등했고 3월 18일에는 환율이 1,010원대로 올랐다. 환율은 멈추지 않고 고공행진을 거듭해서 5월 8일에는 1,049원까지 올랐으며 9월 29일에는 한때 1,200원까지 치솟았다. 9월 14일에는 드디어 글로벌 위기의 진원지였던 리먼 브러더스가 파산을 신청했고, 메릴린치는 뱅크 오브 아메리카에 매각되었으며, 세계 최대의 기업 중 하나인 AIG는 400억 달러를 긴급 요청했다. 이어 9월 18일에는 리보금리가 9년 만에 최대 폭으로 상승했다. 바야흐로 위기의 태풍이 전 세계에 불어닥친 것이다.

대응책을 강구하던 우리 정부는 10월 2일, 은행에 50억 달러를 긴급 수혈했는데 외환위기 이후 처음이었다. 미국의 다우지수도 1만 선 아래로 가라앉아 세계 금융시장이 패닉에 빠졌다. 이에 대한 대책으로 미국·중국·EU가 동시에 금리를 인하하는 조치를 취했다. 이명박 정부도 위기를 최소화하기 위해 다양한 정책을 펼쳤다. 은행의 외화차입 1,000억 달러에 대해 지급보증을 했으며 10월 27일에는 한은 기준금리를 0.75퍼센트 포인트로 인하했고, 은행채를 최대 10조 원까지 매입했다. 10월 30일에는 300억 달러에 달하는 한·미 통화스와프를 발표했다.

하지만 위기는 2009년에도 계속되어 이명박 대통령은 신년 국정연설에서 '비상 경제정부 가동'을 선언해야 했다. 미국 역시 다양한 조치를 취해 연방준비은행FRB은 1조 1,500억 달러를 풀기로 결정했으나 이에 아랑곳하지 않고 6월 1일에 거대 자동차그룹 GM이 파산보호를 신청하는 상황이 되었다. 글로벌 위기의 여파는 해를 넘겨 계속되었고 2010년 2월에는 이른바 PIGS 국가(Portugal, Italy, Greece, Spain)의 재정위험까지 고조되어 세계경제는 더욱 어려워져만 갔다.

재정건전성 유지에 대한 긍정적 평가

경제위기 속에 세계 각국은 위기 극복을 위해 다양한 정책과 조치를 취했다. 우리 정부는 2009년 4월 슈퍼추경 29조 원을 위한 국고채와 외평채 20억 달러를 발행해 금융 불안을 잠재웠다. 수출을 늘리기 위해 정부 역량을 기울여 그해 4월에 무역흑자 46억 달러를 달성했다. 이는 사상 최대의 실적이었다. 이와 같은 노력에 힘입어 8월에 코스피가 1,600선을 돌파해 주식시장도 서서히 안정을 되찾아갔다. 또한 미국을 포함한 G20 국가는 경기부양을 위해 5조 달러를 투입하기로 결정했다. 2010년 5월에는 유로존 16개국이 정상회의를 열고 그리스 구제안에 합의했으며, 7,500억 유로 규모의 시장안정기금을 조성했다. 이러한 조치 덕분에 세계경제는 서서히 안정되어갔다.

나는 2010년 7월 국세청장에서 청와대 정책실장으로 자리를 옮긴 후 여진이 남아 있는 경제위기를 관리하는 일에 총력을 기울였다. 성장 동력을 유지하고 금융시장 안정을 위해 다양한 조치를 취했다. 무역흑자 기조를 지속시키는 것도 중요했다. 특히 재정위기를 겪고 있는 유럽 사태를 보며 국가의 재정건전성을 유지하기 위해 많은 노력을 기울였다.

이 같은 노력 덕분에 우리 경제도 차츰 회복되었고 무디스는 우리나라의 신용등급을 A2에서 A1으로 1단계 상향 조정했다. 무디스는 우리 정부가 신속하고 적절한 금융 및 재정 정책으로 글로벌 금융위기를 빠르게 극복한 것에 높은 점수를 주었다. 또한 경상수지 흑자, 단기외채 감소, 2,700억 달러 이상의 외환보유액 확충 등도 긍정적으로 평가했다. 이로써 우리나라의 신용등급은 외환위기 이전 수준을 회복했다.

무디스의 상향 조정은 금융위기의 여파로 다른 국가들의 신용등급이 강등 또는 제자리걸음인 상황에서 이루어졌다는 점에서 의미가 컸다. 또한 천안함 사태로 불안 요인이 팽배한 상황에서 이루어졌다는 점도 이례적이었다. 여기에 그치지 않고 무디스는 2012년 8월 27일 A1에서 Aa3로 1단계 높이고 등급 전망을 '안정적'으로 부여했다. 다음은 이와 관련된 기사이다.

> 국제신용평가사 무디스가 우리 경제 신용등급을 역대 최고인 Aa3로 1단계 올리고, 등급 전망도 '안정적'으로 부여한다고 밝혔다. 신용평가사의 투자적격등급은 트리플 B부터 트리플 A까지 크게 4단계로 나누며 Aa3는 일본, 중국, 벨기에와 같은 수준이다. 글로벌 금융위기가 번지면서 주요 선진국들의 신용등급은 줄줄이 강등됐지만 우리나라만 유일하게 신용등급이 올랐다. 이번 결정은 하반기 결과 발표를 앞둔 피치와 S&P의 등급 전망에도 긍정적 영향을 줄 전망이다.
>
> − 〈한국경제〉, 2012년 8월 28일

피치 역시 우리나라 등급 전망을 '안정적'에서 '부정적'으로 내린 지 1년이 안 된 2009년 9월에 다시 '안정적'으로 돌려놓았다. 또한 2011년 11월 7일에는 '긍정적'으로 조정했고, 마침내 2012년 9월 6일에는 A⁺에서 AA⁻로 상향 조정했다. 이는 2005년 이후 7년 만의 조정이었다. 이로써 우리나라는 피치 기준으로 15년 만에 외환위기 이전 수준을 회복했고 G20 국가 중 상위 일곱 번째 신용등급을 보유한 국가로 발돋움했다.

가장 보수적이라 평가받는 S&P 역시 2012년 9월 A에서 A⁺로 우리나라의 신용등급을 올렸다. S&P는 그 이유로 북한 리스크 축소, 재정건전성 강화, 양호한 순대외부채 수준을 제시했다. 또한 북한의 갑작스런 붕괴 위험이 감소했다고 분석했으며, 글로벌 경기침체로 2012~2013년에 GDP 성장률이 2.8퍼센트로 예상되는 등 경제지표가 둔화되고 있으나 효율적인 정책결정 과정이 성장 촉진과 내수 안정에 기여하고 있다고 평가했다. 이와 더불어 양호한 재정건전성을 강점으로 꼽았다.

이 같은 3대 기관의 상향 조정은 우리 경제에 큰 의미를 줬다. 2008년 글로벌 금융위기를 극복한 세계 각국은 정부부채 증대를 통한 적극적 재정 투입으로 빠르게 회복세로 돌아섰지만 재정건전성이 급격히 악화되었다. 이로 인해 유럽의 재정위기가 부각되자 신용평가사들은 주요국의 신용등급을 강등했다.

하지만 우리 정부가 탄력적인 재정운용을 통해 글로벌 위기에 적절히 대응함과 동시에 우리의 강점인 재정건전성을 유지한 점은 신용평가기관으로부터 긍정적 평가를 받았다고 볼 수 있다. 신용등급 상향 조정은 해외조달금리를 낮춤으로써 기업경쟁력을 높이고, 외국인의 투자를 증가시키는 등의 긍정적 효과를 가져왔다.

되돌아보면 2008~2010년의 글로벌 경제위기는 아찔하기 그지없는 순간이었다. 1997년 외환위기의 상처를 잘 알기에 더욱 그럴 수밖에 없었다. 증시 폭락, 환율 급등, 대량 해고, 기업 폐쇄, 수출 둔화, 경제 성장률 저하가 연쇄적으로 일어날 수 있었다. 하지만 국민 모두의 노력과 희생으로 치명적 사태를 막은 것은 참으로 의미 있는 일이었다. 분명 이명박 대통령의 업적으로 기억될 것이다. 정책실장으로 일하는 내내 마음을 졸였고 아쉬운 순간도 많았지만, 신용등급 상승이라는 국가성적표는 나에게도 큰 보람이었다.

첨예한 대립을
풀어가는 해법

|

인종 문제, 핵전쟁 등과 같은 민감한 사회 이슈들을 다뤄온 스탠리 크레이머Stanley Earl Kramer 감독은 1967년에 인종을 초월한 사랑을 그린 영화 〈초대받지 않은 손님〉을 발표했다. 아마 나이가 지긋한 사람이라면 한번쯤은 봤을 것이다. 흑인 의사와 백인 처녀의 결혼을 둘러싸고 일어나는 양쪽 집안의 갈등을 그린 영화이다. 대사 중에 남자 주인공의 아버지가 아들에게 지금도 미국의 몇몇 주에서는 백인과 흑인의 결혼이 불법인 것을 모르냐며 범죄자가 되고 싶으냐고 소리치는 장면이 있다. 얼마나 흑백갈등이 심했는지 보여주는 대목이다. 그러나 영화는 서로에 대한 이해와 사랑으로 갈등을 극복하는 해피엔딩으로 끝난다.

모든 사회, 모든 조직에는 갈등이 존재한다. 서로 다른 생각과 견해, 가치관을 가진 사람들이 모여 살기 때문에 갈등은 불가피하다. 나는 공직을 수행하면서 한국 사회의 발전을 위해 무엇보다 중요한 것이 효과적인 갈등관리라는 사실을 새삼 느끼곤 했다. 정책실장으로 갔을 때 나의 취임 일성은 갈등 조율을 최우선으로 둔다는 것이었다. 공정거래위원장 재직 시 대기업과 중소기업의 상생을 추진했고, 국세청에서는 세무 당국과 기업 간의 조율을 통해 성실납세제도를 안착시켰다. 정책실장으로서의 역할을 다하기 위해서는 부처나 정책 주제들의 갈등을 어떻게 조정하고 최소화하느냐, 즉 갈등관리가 관건이라고 생각했기 때문이다. 다행히 해피엔딩으로 끝난 갈등관리 사례 중 하나가 농협법 개정이었다. 우리나라 농업 선진화를 가로막고 있는 저변에 농협이 자리 잡고 있었던 것이다.

역대 정부에서는 농협을 개혁하기 위해 부단히 노력했으나 실효를 거두지는 못했다. 노무현 대통령조차 "농협은 그 자체가 파워다. 청와대가 센지 농협이 센지 알 수 없다"라는 말을 남길 정도였고, 이명박 대통령도 "농협 간부라는 사람들이 농민을 위해 온 머리를 써야지, 농민들은 다 죽어 가는데 정치한다고 왔다 갔다 하면서 이권에나 개입하고 있다"고 강도 높게 비판했다. 농협은 왜 비난의 대상이 되었을까?

1970년대 중후반에 발행되던 〈뿌리 깊은 나무〉라는 잡지가 있다. 지식인들의 사랑을 받은 이 잡지에는 우리 사회의 모순을 비판하는 사진이 독자 투고로 실렸다. 나는 그 사진 중 하나를 지금도 기억한다. 어느 길거리에 내걸린 농협의 플래카드를 찍은 사진이었다. 플래카드에는 "농협이 잘돼야 농민이 잘산다"라고 적혀 있었다.

문구가 정확히 기억나지는 않지만 이 같은 요지였다. 사진이 실린 후 그 플래카드를 내렸는지 어쨌는지도 알 수 없으나 농협의 마인드를 드러내주는 글귀였다. 정말 농협이 잘되어야만 농민이 잘사는 걸까? 농협의 문제는 이처럼 40년 전에, 어쩌면 설립 당시인 1958년부터 잉태되었는지도 모른다.

농협은 그 설립 목적에서 밝힌 것처럼 '농업인의 자주적인 협동조합을 바탕으로 농업인의 경제적·사회적·문화적 지위의 향상과 농업의 경쟁력 강화를 통해 농업인의 삶을 높이고, 국민경제의 균형 있는 발전에 이바지하기' 위해 설립되었다. 농업은행과 농업협동조합으로 출범했으나 당시 우리나라의 정치, 경제, 사회적 상황이 그랬듯이 활동이 미진했다. 5·16 이후인 1961년 재정비를 통해 8월 15일 명실상부한 현대적 농협으로 탈바꿈했고 몇 차례의 변화 과정을 거쳐 오늘에까지 이르렀다. 50년에 걸쳐 농업의 발전과 농민 복지 향상, 농업 환경 개선 등에 많은 공을 세워온 것 또한 주지의 사실이다.

농협은 '농민의 벗'으로서 큰 역할을 해왔다. 그러나 농협은 '일'(고유의 농업 지원)과 '돈'(금융 관련 업무)이 얽혀 있는 조직이기에 자칫 본연의 임무에서 벗어날 위험성이 컸고 오랜 세월을 거쳐 오며 조직이 비대해지자 곳곳에서 마찰이 빚어져 원래 기능을 잃어갔다.

17년 만에 이뤄낸 농협 신경분리

문제의 핵심은 농협의 양대 업무인 신용사업(금융)과 경제사업 (유통·판매)이 불균형을 이룬다는 데에 있었다. 경제사업은 '농업 인이 안정적으로 영농활동에 전념할 수 있도록 생산·유통·가 공·소비에 이르기까지 다양한 경제사업을 지원'하는 것이며, 신 용사업은 '농협 본연의 활동에 필요한 자금과 수익을 확보하고 농 업금융 서비스를 제공'하는 일이었다. 즉 농협의 경제사업은 농사 지원이었고, 농협의 신용사업은 은행 업무였다.

그러나 농협의 경제사업은 적자를 면치 못했다. 반면 돈과 관련 된 신용사업은 나날이 번창해 주객이 전도되는 상황이 되었다. 그 결과 농협은 "농민을 지원하기보다는 돈놀이에 열중하고 있다"는 비판을 받아야 했다. 농촌 출신인 나로서는 더욱 가슴 아픈 일이 었다.

농협이 발족한 이래 모든 정부는 이러한 문제점을 잘 알고 있었 다. 그래서 크든 작든 농협 개혁을 추진해 일부 성과를 거두기도 했지만 그 근본을 고치지는 못했다. 여기에는 여러 요인이 잠재되 어 있었다. 너무 비대해진 조직, 너무 많은 이해관계자, 정치권의 이견 등 넘어야 할 산이 한두 개가 아니었다. 현재 우리나라 농업

인구는 전체 인구의 대략 6퍼센트 내외로 300만 명이 약간 넘는다. 조합원 수는 대략 245만 명(2012년 11월 기준)으로, 우리나라에서 가장 큰 조직이라 할 수 있다. 이처럼 많은 사람들의 이해관계가 얽힌 일인 만큼 근본적 개혁을 추진하기는 쉽지 않았다.

그러나 대통령의 농협 개혁 의지는 강했다. 여러 번의 논의를 거쳐 2009년 4월, 농협의 지배구조 개선을 주요 골자로 하는 1단계 농협법 개정이 이루어졌다. 각 지역의 조합원이 원하는 조합을 선택할 수 있는 '조합선택권' 도입, '조합장 비상임화', '농협중앙회장의 대표이사 추천권' 등 지배구조 개선과 경제 활성화가 개정안의 주요 내용이었다.

1단계 농협법 개정에도 우여곡절이 많았지만 1차 개정에서 다루지 못한 신경信經분리 문제는 더욱 복잡하고 민감한 사안이었다. 이해당사자들 그리고 여야 국회의원들의 치열한 격론과 협의 끝에 드디어 2011년 3월 3일 법안에 대한 합의가 이루어지고 그다음 날 상임위에서 의결되었다.

국회 농림수산식품위원회는 상임위 전체회의를 열어 농업협동조합법 개정안을 만장일치로 통과시켰다. 상임위를 통과한 농협법 개정안은 여야는 물론 정부 부처 사이에서 이해관계가 첨예하게 대립되는 상황에서 극적 타결을 이뤘다는 점에서 의미가 있다.

(…) 모처럼 여야 정치권과 청와대, 정부가 합심해 쟁점 법안을 통과시켰다는 점에서 지역·종교 간 소모적 갈등에 휩싸여 있는 우리 사회에 던지는 시사점이 작지 않다고 정치권 안팎에서는 평가한다.

– 〈매일경제〉, 2011년 3월 4일

법률안이 만들어져 상임위에서 의결되기까지 무려 1년이 걸렸고, 3월 11일 본회의에서 2단계 농업개혁에 관한 법률이 통과되었다. 핵심이라 할 수 있는 농협중앙회 신경분리가 장장 17년 동안의 공방 끝에 마무리된 것이다. 신경분리를 통해 농협이 전문화·독립화함으로써 농산물 판매와 유통 중심의 경제사업을 수행하는 조직으로 탈바꿈되었다는 점이 큰 성과였다.

농협법 개정이 마무리된 이후 청와대에서 있었던 법안 서명식은 여전히 생생한 기억으로 남아 있다. 한국 농업의 미래가 걸린 중대한 법안이기도 했지만 더욱 감회가 깊었던 이유는 통과 과정에서 있었던 많은 토론과 논쟁, 또 정책선택을 놓고 농업인 단체, 농협, 정부 부처 그리고 국회와의 갈등과 대립이 끊이지 않았기 때문이다.

하지만 이해당사자들이 양보하고 인내한 끝에 이러한 갈등을 해결하고 여야 합의로 국회를 통과할 수 있었던 것이다. 농협법 개정은 모두가 승리한 사례로 기억될 것이다. 인내와 양보를 통해서.

헨리 포드가
놓친 것

|

한 소년과 노인이 대화를 나누고 있었다. 소년이 노인에게 말했다.

"할아버지, 이젠 세상이 많이 달라졌어요. 지금은 '현대'란 말이에요."

그 말에 노인은 이렇게 대답한다.

"애야, 그 현대를 발명한 게 바로 나란다."

현대의 문을 연 사람, 바로 헨리 포드Henry Ford의 명언이다. 포드는 조립라인 방식에 의한 양산 체제인 이른바 '포드 시스템'을 통해 값싸고 실용적인 자동차를 대량 생산함으로써 마이카 시대를 열었다. 하지만 그는 편협한 경영관 등 몇 가지 점에서 오점을 남겼다. 특히 노동조합에 대해서는 강경 일변도로 나갔다. 당시 포드는 상당히 높은 임금을 제공하던 자신의 회사에서 노동쟁의가 벌어지는 것 자체를 이해하지 못했다.

만일 포드가 지금까지 살아 있어서 "우리는 기계가 아니다!"라고 외치는 노동자들을 향해 "그럼, 인간은 기계가 아니지. 기계에

비하면 훨씬 못한 존재지"라고 예전처럼 말했다면 각지에서 쏟아지는 원색적 비난을 받았음은 물론이고 기업 경영 자체가 어려웠을 것이다.

노동조합이 언제 어디에서 태동했는지 정확히 알 수 없으나 대략 1920년대 미국에서 본격화된 것으로 추정된다. 우리나라의 노동조합은 서구에 비해 그 역사가 매우 짧다. 그런데도 그 짧은 세월 동안 한국의 노동조합은 많은 일을 해냈다. 노동자 처우 개선 및 근로조건 향상 등에 적지 않은 기여를 한 것이다.

그러나 그 과정에서 부정적 현상을 잉태한 것도 일정 부분 사실이다. 특히 극심한 대립으로 인한 노사갈등과 불법파업, 그로 인한 생산성 저하와 경쟁력 약화는 하루빨리 개선되어야 할 점이다. 물론 여기에는 여러 가지 이유가 있을 것이다. 산업 현장에 만연한 위법이나 불합리한 노사관행은 노사관계를 왜곡하고 갈등을 불러일으켜 기업 경쟁력을 떨어뜨리는 원인이 되었으며, 기업의 투자를 저해하는 요인으로 작용했다. 이 가운데 노조 전임자 문제와 복수노조 문제는 지난 10여 년 동안 가장 중요한 노동 현안으로 대두되었다.

1997년 3월 '노동조합법'과 '노동쟁의조정법'을 통합한 '노동조합 및 노동관계조정법'이 제정되어 복수노조 금지 조항은 삭제되었고, 노조 전임자의 급여 금지 규정이 신설되었다. 노조 설립의 자유를 보장함은 물론 전임자 급여를 기업에 의존하지 않고 노조 스스로 부담할 때 진정한 노사문화 선진화가 이루어질 수 있다는 취지였다. 그러나 노사 양측의 반발로 2009년 말까지 세 차례에 걸쳐 13년 동안이나 시행이 유예되었다. 결과적으로 국제노동기구 ILO의 수차례 개선 권고와 함께 OECD 국가 중 유일하게 복수노조를 금지하는 노동 후진국이라는 비난에 시달려야만 했다.

이에 2008년 10월 노사관계 선진화위원회 논의가 이루어졌다. 다양한 논의가 진행되는 등 우여곡절 끝에 2009년 12월 4일 한국노총, 경총, 노동부 간의 역사적인 '노사정 합의'가 도출되었다. 국회의 협상 과정 또한 험난했다. 시행 유예기간 만료가 불과 수일 앞으로 다가온 2009년 12월 28일부터 30일까지 여야 간 치열한 논의가 계속되었다. 2009년 12월 31일부터 진행된 본회의는 자정을 넘겨 2010년 1월 1일로 기일을 변경했고 새벽 2시경에야 본회의를 통과했다. 13년의 기나긴 유예를 거쳐 마침내 노조법 개정이 이루어진 것이다. 합의를 통해 갈등의 문제를 해결한다는 게 얼마나 험난한지 단적으로 보여준 사례라 할 수 있다.

노동 선진국에 진입할 수 있는 계기 마련

일단 노조법 개정으로 노조 전임자 문제와 복수노조 논쟁은 종지부를 찍었다. 노조 전임자 급여는 원칙적으로 노동조합 스스로 부담하는 국제 사회의 보편적 원칙을 수용하고 우리나라 노사관계의 특수성을 인정하여 근로 시간 면제제도를 도입하였다. 교섭 및 협의 등 노사 공동의 이익을 증진하기 위한 노조활동에 대해서는 일정 한도 내에서 유급으로 처리할 수 있도록 한 것이다.

또한 국제 기준에 맞춰 노동조합 설립의 자유를 보장하여 복수 노조를 전면 허용함으로써 노동조합 간 선의의 경쟁과 조합원 중심의 민주적 노동조합 활동이 활성화될 수 있도록 하였다. 그로써 기업의 경영 투명성과 효율성도 한층 높아질 것이고 나아가 국제적 기준에 부합하는 노사관계제도를 갖춤으로써 노동 선진국에 진입할 수 있는 계기가 되었다.

돌이켜보면 노동운동이 활성화된 지난 30년 동안 우리나라 노동조합은 많은 역할을 해왔다. 탈법적인 일도 있었지만 더 나은 노동자의 삶, 더 나은 노동 환경, 더 좋은 기업과 사회를 만들기 위한 진통이었을 것이다. 그 숱한 진통을 딛고 합리적 노사관계로 정착되고 있다고 본다. 그러나 아직은 갈 길이 멀다. 선진화된 제도에 대해 꾸준히 고민하고 노사 모두가 게임의 룰을 따를 때 노사관계는 분명 진일보한다. 아울러 분쟁과 갈등이 발생했을 때 합리적으로 문제를 해결하는 방법도 꾸준히 발전시켜야 한다. 무엇보다 바람직한 노사관계에서 중요한 것은 노사 모두가 상대방을 인정하고 존중하는 가운데 생기는 상호신뢰이다.

헨리 포드를 20세기 최고의 기업가라고 칭하는 데에 이의를 달 사람은 많지 않을 것이다. 그러나 그가 작업 시간에 화장실에 자주 가는 사람을 골라내기 위해 감시조를 구성하는 등의 일을 벌이지 않았다면 '무자비한 자본가'라는 오명은 받지 않았을 것이다. 그뿐만 아니라 1920년대 말 경쟁사인 제너럴모터스GM에게 자동차 산업의 선두 자리를 뺏기지 않았을지도 모른다. 합리적 노사관계는 노동 현장에서의 안정이라는 차원을 넘어 기업의 발전과 일자리 창출의 원동력임을 잊지 말아야 한다.

작은 정책이 불러온
나비효과

|

외로이 늙으신 할머니가

애처로이 잦아드는 어린 목숨을 지키고 계시었다.

이윽고 눈 속을

아버지가 약을 가지고 돌아오시었다.

아, 아버지가 눈을 헤치고 따오신

그 붉은 산수유 열매

- 김종길, 〈성탄제〉 중에서

    시인에게 약은 붉은 산수유 열매이다. 그러나 오늘날 현대인들이 복잡한 도심에서, 설사 깊은 산중이라 해도 산수유 열매를 구하기란 매우 어렵다. 통증을 참으며 약국이나 병원을 찾아가야 하지만 아무리 찾아도 보이지 않거나, 문을 굳게 닫았다면 어떻게 해야 할까? 어쩔 수 없이 밤을 지새우며 고통과 씨름해야 한다. 어렸을 때 기억이 떠오른다. 갑자기 배가 아프다고 칭얼거리면 할머니는 바늘로 손끝을 가볍게 따서 피를 내고 "할머니 손이 약손이란다"
라고 말씀하시며 배를 쓰다듬어 주셨다.

물론 집에 소화제, 상처 치료용 연고, 초기에 가라앉힐 수 있는
감기약 정도를 갖추고 있다면 큰 문제는 없을 것이다. 그러나 그렇
지 못한 비상 상황도 적잖게 발생하는 법이다. 그래서 가까운 곳에
의사의 처방이 필요하지 않은 간단한 상비약을 판매하는 곳이 있
었으면 하는 바람을 많은 사람들이 가져보았을 것이다.

2000년 7월 의약분업이 시행되기 전만 해도 동네 골목마다 약
국이 있었고 밤늦게까지 문을 여는 곳도 많았던 것 같다. 그러던
것이 병원 주변으로 약국이 몰리자 동네 약국은 사라졌고, 영업 시
간도 철저히 지켜 공휴일에 약을 사는 일이 몹시 불편해졌다. 이
같은 국민들의 불편을 해소하기 위해 이 문제는 반드시 해결해야
할 정책과제로 부각되었다. 물론 대단한 정치적 업적이나 거창한
행정개혁과는 거리가 멀었다. 그런데 국민들이 일상에서 겪는 불
편을 완화시켜 주자는 취지였음에도 의외로 이런저런 장애에 부딪
혀 시행이 쉽지 않았다.

우리나라의 의약품 분류 체계는 의사의 처방이 있어야만 약국에
서 구입이 가능한 전문 의약품과 의사의 처방 없이 살 수 있는 일
반 의약품으로 나뉜다. 이 중 일상생활에 꼭 필요한 소화제, 감기
약 등의 가정 상비약은 일반 의약품으로 분류되어 약국에서만 구

입할 수 있다. 이 약들을 밤늦은 시간에도 쉽게 구입할 수 있게 하고, 약국이 드문 시골 마을에서도 편리하게 이용할 수 있게 하자는 것이 일반 의약품 '약국 외 판매제'이다.

처음 이 정책이 제시된 시기는 2009년 10월이었다. 미국, 일본, 영국, 독일, 캐나다 등 주요 선진국에서는 일반 의약품의 약국 외 판매를 허용하고 있다. 물론 선진국이 시행하기 때문에 우리도 도입하자는 취지는 아니었고 국민이 불편해하는 제도를 고치자는 것이었으나 몇 가지 우려가 제기되었고 관련 단체의 반대마저 심해 도입이 어려웠다. 의약품 오남용에 따른 부작용이 발생할 수 있으며, 부정·불량 제품이 유통될 경우 신속한 회수가 불가능하다는 문제가 제도 도입을 반대한 주요 이유였다.

국민의 불편을 해소하는 것이 최대 목적

정부는 정부대로 경제정책조정회의 등을 통해 관계 부처와 다양한 의견을 나누고 이견을 조정하는 노력을 지속했다. 전문가 간담회, 공청회 그리고 관련 단체와의 협의도 수없이 거쳤다. 그 결과, 현행 의약품 분류 체계를 전문 의약품, 일반 의약품, 약국 외 판매 의약품의 세 체계로 변경하고 약국 외 판매 의약품을 보건복지부 장관 고시로 지정하는 내용의 약사법 개정안을 마련했다.

입법예고와 국무회의 의결을 거쳐 국회에 제출된 약사법 개정안은 여야 합의가 원만하게 이루어지지 않았다. 여러 우여곡절을 거친 끝에 2012년 5월에야 국회 본회의를 통과했다. 드디어 해열진통제, 감기약, 소화제, 파스 등 가정 상비약 13개 품목을 편의점에서 구입할 수 있게 된 것이다. 정책이 논의되고 결실을 보기까지 무려 3년이란 세월이 걸렸다. 그만큼 진통이 컸으나 실행 후에는 국민들의 큰 호응을 얻었다.

> 약국 외 판매가 시행 20일 만에 안정적인 시장 안착이 이루어진 것으로 나타났다. 보건복지부가 11월 15일부터 시행한 약국 외 판매에 대한 모니터링을 실시한 결과, 소비자들이 편의점에서 의약품을 약 22만 4,000개 구입한 것으로 조사됐으며 시행일 이후 구매량도 꾸준히 증가한 것으로 집계됐다. 특히 소비자들은 야간과 휴일에 의약품을 많이 찾은 것으로 나타나 병·의원과 약국이 문을 닫은 시간에 국민들의 의약품 구입 불편 해소에 도움이 되는 것으로 나타났다. 아울러 의약품을 취급하는 편의점도 계속 증가하고 있다.
>
> – 〈한국일보〉, 2012년 12월 7일

가정 상비약 약국 외 판매는 분명 국민들의 지지와 호응이 큰 정책이었다. 하지만 품목이 소수로 한정되고, 판매 장소도 24시간 운영 가능한 편의점으로만 제한된 점은 아쉬운 부분이다. 앞으로 더 개선되어야 할 것이다.

정책의 취지를 떠나 일반 의약품 약국 외 판매제도의 도입이 나에게 준 의미는 좀 남다르다. 이미 언급했듯이 거창한 담론을 요구하는 정책이 아니더라도 국민들의 삶을 편하게 해줄 수 있는 정책들이 주변에 의외로 많을 수 있다는 믿음을 주었기 때문이다. 작은 정책의 변화가 국민생활에 큰 변화를 가져올 수 있는 '나비효과'가 아닐까 싶다. 정책을 도입하는 데 있어 이해당사자들에 따라 갈등이 있을 수 있지만, 국민들의 지지와 공감이 있으면 성공할 수 있다는 확신도 갖게 되었다.

구텐베르크는 인터넷을
예측했을까?

포도 더미에 넓은 판자를 올려놓고 그 위에 힘을 가하면 포도에서 즙이 나온다. 이 즙으로 만든 음료가 포도주이다. 이때 사람이 판자 위에 올라가 일일이 압력을 가하면 일의 효율이 떨어질 수밖에 없다. 그래서 만든 것이 압착기press이다. 1400년경 유럽 일대에서 포도주 생산이 한창일 때 압착기는 획기적 역할을 했다고 한다.

대부분의 사람들은 압착기를 포도주를 생산하는 도구로만 여겼으나 한 사람만은 다른 용도를 생각해냈다. '활자를 만들어 압착기를 이용해 인쇄를 하면 어떨까?'라는 아이디어였다. 그는 이 아이디어를 발전시켜 인쇄기술을 혁신했다. 그가 바로 구텐베르크이다. 금속활자가 역사상 최초로 사용된 것은 우리나라의 《직지심체요절》로 1377년 간행되었으니 《구텐베르크 성경》보다 무려 100년 가까이 앞선다. 그러나 아쉽게도 고려 시대의 금속활자는 전 세계로 확산되지 못한 반면 구텐베르크의 인쇄술은 역사상 가장 위대한 업적으로 남았다.

15세기는 역사의 암흑 시대로 종교가 서구 사회를 지배하던 시기였다. 당연히 성직자들이 지배계층이었으며 대다수의 평민과 농민, 노예는 글자를 읽지도, 쓰지도 못했다. 또 대부분의 책은 성경이었는데 수도사들이 일일이 필사하는 데 보통 두 달이 걸렸다고 한다. 그러니 수많은 사람들이 성경을 읽고 싶어도 책을 구할 수 없어 읽지 못하는 상황이었을 것이다. 오직 성직자 계층이나 권력자, 귀족만 성경을 소유할 수 있었고, 읽을 수 있었다. 그것은 하나의 특권이었다. 그 특권을 깨뜨린 사람이 구텐베르크인 셈이다.

금속활자 인쇄술을 발명한 구텐베르크가 고향 마인츠로 돌아와 찍어낸 첫 번째 책 역시 성경이었고 이후 성경은 일주일에 500권이 인쇄되었다. 두 달에 한 권을 필사하던 것에 비해 엄청난 발전이었다. 성경이 널리 보급되자 사람들의 의식이 깨어났으며 얼마 지나지 않아 종교개혁이 일어났다. 1517년, 면죄부 판매에 항의하는 뜻에서 마틴 루터가 발표한 '95개조 반박문'이 신속히 인쇄, 배포됨으로써 종교개혁의 막이 올랐던 것이다.

바야흐로 서구 사회의 근본적 변화가 시작되었으며, 이는 오늘날의 인터넷 혁명에 버금간다 할 수 있다. 미국의 시사 잡지 〈라이프〉가 지난 1,000년간 인류에 영향력을 행사한 10대 사건을 선정한 결과 '구텐베르크의 인쇄술 발명'이 1위를 차지할 정도로 인류사에 심대한 영향을 끼친 것이다.

오늘날 구텐베르크의 인쇄술이나 인터넷은 매우 훌륭한 '소통의 수단'이다. 인쇄술이 발달하고 인터넷 보급이 확산되어 자신의 생각과 감정을 다른 사람들에게 자유로이 알릴 수 있으며 공감 혹은 비판을 얻을 수 있기 때문이다. '닫힌 사회'가 아닌 '열린 사회'로의 지향을 가능케 한 것이다.

소통은 시대와 세대를 뛰어넘어 참으로 중요하다. 소통이 막히면 사회 전체, 나아가 국가 전체가 막힌다. 피의 순환이 혈관을 통해 이루어지다가 어느 한 곳만 막혀도 혈액 순환 장애가 일어나고, 그것을 오래 방치하면 결국 큰 병에 걸리고 마는 것과 같은 이치이다. 그러므로 소통이 막힌 사회는, 극단적 표현을 쓰면 죽음에 이르는 병에 걸린 사회라고 할 수 있다. 이렇듯 소통이 중요함에도 소통 장애는 곳곳에서 일어난다. 부부와 가족 간에도 소통 장애가 일어나며 직장에서의 소통 장애도 빈번하다. 좋은 의견이나 아이디어가 있어도 입을 다무는 경우가 많으며 잘못된 점이 있어도 비판하지 못할 수 있다.

가족과 직장 내에서의 소통 장애는 그 범위가 넓지 않은데도 당사자와 관련자들에게 우울과 스트레스 심지어 분노 등의 감정까지 일으킨다. 그러다가 종국에는 가정의 행복을 무너뜨리고 회사의 발전을 저해할 수 있다. 하물며 범위가 넓은 공간에서의 소통 장애는 얼마나 큰 악영향을 가져오겠는가.

상선약수의 마음으로

2008년에 촉발된 미국산 쇠고기 수입 파동은 국가적 소통 장애의 대표적 예라 할 수 있다. 물론 그로 인해 치렀던 사회적 갈등과 비용은 참으로 엄청났다. 이명박 정부가 출범하고 얼마 지나지 않아 시작된 미국산 쇠고기 수입 문제는 여러 요인들이 겹쳐 한순간에 전 국민을 갈등의 장으로 몰고 갔다. 특히 한 방송사에서 방영한 미국산 쇠고기와 광우병 프로그램은 그 진위를 떠나 국민들을 불안에 떨게 했으며 촛불시위라는 사태를 불러일으켰다.

이어 전문가, 학자, 언론, 시민단체, 정치권 등이 참여해 지면과 사이버 등은 말할 것도 없고 모든 공간에서 논란을 벌였다. 당시 언론에 실린 기사들의 제목만 보아도 우리 사회가 얼마나 큰 분열과 갈등에 휩싸였는지 알 수 있다.

쇠고기 민심에도 '색깔론'인가, 국민 불안 알았다면 근본대책 찾아야, 여야 주장만 난무한 쇠고기 청문회, 광우병 부풀리기 방송―진짜 의도 뭔가, 광우병 소고기 논란 차분하고 냉정하게 풀어 가자, 위험판단 우리가 해야 한다, 청소년 꼬드기는 '광우병 문자 괴담' 진원지 찾아내야, 대통령이 사과하고 국민 이해 구해야…….

수입 찬성과 반대라는 본질적 문제를 떠나 정권 퇴진운동으로까지 사태가 비화되자 대통령은 대국민 사과문을 발표하기에 이르렀다.

> (…) 쇠고기 수입으로 어려움을 겪을 축산 농가 지원대책 마련에 열중하던 정부로서는 소위 '광우병 괴담'이 확산되는 데 대해 솔직히 당혹스러웠습니다. (…) 정부가 국민들께 충분한 이해를 구하고 의견을 수렴하는 노력이 부족했습니다. 국민의 마음을 헤아리는 데 소홀했다는 지적도 겸허히 받아들입니다…….

이후 두 달여를 끌던 촛불시위는 정부의 재협상 약속과 국민의 성숙된 의식으로 차츰 가라앉았으나 그 후유증은 컸다. 불매운동, 관련자 고발과 고소, 성토대회 등이 끊이지 않았다. 누구의 잘잘못을 떠나 소통이 막힌 결정의 피해가 얼마나 큰지 극명히 보여주는 사건이라 할 수 있다.

나의 공직 경험에 비추어볼 때 정부가 내리는 정책은 어쩔 수 없이 모든 이해당사자를 이롭게 하지는 못한다. 누군가는 손해를 볼 수 있다. 물론 정부는 그 피해를 최소한으로 줄이기 위해 다각적인 노력을 해야 한다. 이때 중요한 것이 국민과 정부의 소통이다. 때로는 정책의 내용을 적극적으로 알리고 때로는 비판적 여론도 수용해야 한다. 이런 관점에서 공직에 있던 기간 내내 아쉬웠던 것이 있다. 다름 아닌 2008년 이명박 정부 출범 당시 국정홍보처를 없앤 일이다.

국정홍보처는 말 그대로 국정에 대한 국내외 홍보 및 정부 내 홍보조정 업무, 국정에 대한 여론 수렴 및 정부 발표에 관한 사무를 관리하는 부처이다. 한마디로 국가정책의 소통 창구인 셈이다. 그런데 이런저런 이유로 정권 교체기에 국정홍보처를 없애고 나니 정책의 내용을 체계적으로 국민들에게 알리고 비판 여론까지도 수용해 분석하는 기능이 현저히 떨어져버린 것이다. 참으로 안타까운 일이다.

내 인생에서 결정적 좌우명은 없지만 상선약수上善若水란 말을 되뇌곤 한다. 상선약수는 노자의 《도덕경》에 나오는 말로 "선한 것 중 으뜸은 마치 물과 같다"는 뜻이다. 소통 역시 물과 같이 자연스럽게 흘러야 되는 것 아닐까. 소통은 그 누구도 더 이상은 거부할 수 없는 명제이다. 특히 정책을 담당하는 사람들에게는 더욱 그렇다. 내 주장을 이해하지 못하는 사람, 내 의견에 반대하는 사람과도 열린 마음으로 소통해야 갈등을 줄이고 더 좋은 개선책을 찾아나갈 수 있다.

600년 전 구텐베르크가 활자 인쇄술을 처음 만들었을 때 '인류 해방'이나 '세계 개혁'과 같은 거창한 목표는 없었을 것이다. 단지 더 많은 사람들이 책을 읽을 수 있는 방법을 개발한 것이 의도하지 않은 엄청난 인류사의 변화를 가져왔다. 이제는 인쇄술보다 파급력이 더한 인터넷이라는 소통의 공간을 피할 수 없는 세상이 되었다. 소통과 비판이 숙명인 세상이 온 것이다.

난제 중의 난제

'속수무책束手無策', 손이 묶여 어떠한 계책도 세울 수 없음을 뜻한다. '진퇴양난進退兩難', 나아갈 수도 물러설 수도 없는 궁지에 빠진 경우를 말한다. 일상에서 우리가 종종 사용하는 사자성어이다. 내가 굳이 이 두 단어를 말하는 이유는 어떤 특정 정책을 고민할 때마다 떠올랐기 때문이다. 바로 부동산정책이다.

내가 글을 쓰고 있는 지금도 전세 문제를 비롯한 여러 부동산 문제가 커다란 이슈가 되고 있지만 2011년에도 부동산 경기침체 및 전세가 급등 그리고 주택담보대출 부실화 위험과 DTI 규제 완화 여부 등 부동산 관련 정책이 뜨거운 쟁점이었다. 관계 부처뿐만 아니라 전문가, 일반인까지 참여해 많은 토론과 논의도 했고 대책도 내놓았지만 결과는 만족스럽지 않았다. 상황은 달랐지만 역대 정부에서도 부동산 문제는 큰 고민거리였다.

해결이 어려운 난제 중의 난제가 부동산 문제이다. 무엇보다 부동산은 가격이 올라도 문제이고 내려도 문제이다. 그야말로 진퇴

양난인 셈이다. 부동산 가격의 상승이 투기로 이어져 얼마나 대한민국 사회에 큰 폐해를 끼쳤는지는 새삼 거론할 필요가 없을 정도이다. 오죽하면 '망국병'이라 불렀겠는가. 그러나 부동산 가격이 하락해도 문제이다. 경기 전체에 부정적 영향을 끼치기 때문이다. 건설경기는 관련된 업종이 많고 뒤를 따르는 부분도 많아 연쇄적 파급효과가 크다. 심지어 부동산 담보대출이 많은 터라 부동산 가격의 하락은 금융권의 불안 요인으로까지 작용한다.

아울러 부동산 가격이 더 떨어질 것이라는 기대가 팽배해지면 매매거래를 줄이는 대신 임대 가격 상승을 가져온다. 이런 이유로 모든 정부는 부동산시장을 안정시키는 이른바 '연착륙'을 위한 다양한 정책을 구사한다. 이명박 정부도 그랬다. 우선 부동산시장이 너무 냉각되는 것을 막기 위해 각종 규제 완화를 검토했다. 총부채상환비율 등의 금융 규제와 분양가 상한제가 대표적으로 거론되는 규제였다.

특히 정치권에서 폐지 여부가 논란이 된 분양가 상한제는 주택 가격의 급등을 잡기 위해 투기억제 수단으로 2005년 3월 도입된 제도이다. 공동주택의 분양가를 산정할 때 건축비와 택지비를 감안해 일정 수준을 넘지 못하도록 정부가 규제하는 것이다. 처음에는 정부가 조성하는 공공택지에 건축되는 아파트에만 적용됐으나 9월부터는 민간택지에도 확대 적용됐다. 그러나 부동산시장이 침체되자 이 규제를 폐지하거나 제한적으로 운영해야 한다는 주장이 제기되었다.

사실 정부가 아파트 값을 제한하면 민간 건설회사들은 수익을 맞추기 위해 품질 좋은 아파트보다는 가격에 맞춰 아파트를 짓는다. 좋은 주택의 공급이 줄어들 수 있는 부작용이 생기는 것이다. 그러나 무엇보다 분양가 상한제를 풀자는 주장의 출발점은 이 제도가 부동산 경기가 지나치게 과열되었을 때 이를 안정시키기 위해 도입된 것인 만큼 부동산시장이 침체기에 들어가 실효성이 없어진 마당에 당연히 규제를 풀어야 한다는 것이었다. 나 역시 규제 완화의 실효성을 떠나 부동산 가격의 안정화를 위해 정부가 적극적으로 대처하는 모습을 보여준다는 차원에서도 분양가 상한제 폐지를 주장했다.

가격은 시장경제의 흐름을 따르기 때문에 아파트가 분양되지 않으면 건설사는 자동적으로 분양가를 낮출 수밖에 없다. 이런 상황에서 가격을 굳이 정부가 규제할 필요가 없었던 것이다. 그러나 결국 정치권의 반대로 분양가 상한제는 폐지되지 못했다.

부동산 관련 세제를 손보는 것도 검토했었다. 취득세율 인하 등 부동산거래세를 조정하는 문제 그리고 다주택자에 대한 양도소득세 중과와 같은 차별적 세제를 없애는 방안들이 거론되었다. 검토 끝에 2~4퍼센트의 취득세율을 한시적으로 1~2퍼센트로 낮췄다.

2퍼센트이던 주택거래세를 1퍼센트로 낮추면 당장 1조 5,100억 원 가량의 지방세 수입이 감소하지만 거래세 인하는 그 이상의 효과를 가져온다고 판단했다.

집에 대한 올바른 정의가 필요하다

실제 2008년 금융권의 부동산 PFproject financing 대출(사업계획을 담보로 한 대출)은 대략 73조 원이었으며 미분양 아파트도 13만 가구에 육박했다. 그 상황에서 부동산 가격이 더 하락하면 은행 담보가치 하락, 대출 부실화, 은행 자금난 심화, 금리 인상, 부동산 가격 추가 하락 등 악순환이 연쇄적으로 일어나 경제 전반을 어렵게 할 수 있다고 진단한 것이다. 그 고리를 끊는 방법 중 하나가 거래세 인하였다.

그러나 지방세수가 감소한다는 이유 등으로 지자체들의 반대가 계속됨에 따라 감면 연장이 이루어지지 못했고 오히려 시장의 불확실성만 키우는 결과를 초래했다. 감면이 끝날 무렵 부동산 거래가 급감했고 그때마다 재연장 여부가 거론되다 보니 시장이 불안해져 모두가 정부만 바라보는 속수무책의 형국이 된 것이다. 지금 생각해도 아쉬운 대목이다.

한편 미분양 주택이 넘쳐나는 상황에서 다주택자들이 주택을 구입하여 세를 놓도록 유도하는 정책도 검토했다. 거래 활성화는 물론 전월세 시장 안정에 도움이 된다는 이유로 양도세 중과 폐지 등을 신중하게 논의했다. 개인 임대사업자를 늘리기 위한 조치였다. 물론 집 한 채도 갖지 못한 서민 입장에서는 수용하기 어려운 정책이었고 그러다 보니 검토로만 끝나고 말았다.

부동산 경기 활성화 측면에서 또 하나 예민한 문제를 검토했다. '보금자리주택' 공급을 신축적으로 조정하는 문제였다. 이 사업은 '국민주거 안정을 위한 도시공급 활성화 및 보금자리주택 건설방안'으로 2008년부터 본격적으로 추진되었다. 중소형 공공분양의 공급을 늘려 서민의 내 집 마련 기회를 확대하는 것이 목적이었다. 2018년까지 분양주택 70만 가구와 임대주택 80만 가구 등 150만 가구를 공급할 계획이었다.

보금자리주택은 그린벨트 등을 이용해 공공기관이 싼 값으로 주택을 공급함으로써 집값 안정과 무주택 서민들의 내 집 마련에 상당 부분 기여했다. 그러나 주택시장을 교란시키고 침체시키는 역효과도 나타났다. 무주택자들이 집을 구입할 수 있는 능력이 있음에도 보금자리주택을 분양받기 위해 대기함으로써 주택 거래가 줄어드는 결과를 초래한 것이다. 주택 가격이 지속적으로 떨어지자 보금자리주택과 무관한 일반인조차 집값의 추가 하락을 우려해 구입을 꺼리는 상황이 속출했다. 그래서 당초의 분양계획을 축소하는 조치를 취할 수밖에 없었다.

　부동산시장을 안정화하기 위한 여러 정책을 되돌아본 이유가 있다. 지금도 여전히 똑같은 제도와 방법이 검토되며 논란이 되고 있기 때문이다. 부동산시장은 침체되어도, 너무 달아올라도 금방 사회적·정치적 문제로 비화된다. 그때마다 관련 법률이 제정되고, 폐지되고 논란이 벌어진다. 그런데도 아직 해결책을 찾지 못했다는 것은 부동산 문제가 그만큼 난제 중의 난제이기 때문이리라. 집은 투기의 대상이 아니라 행복한 거주지라는 인식이 정착될 때 부동산 문제가 풀릴 것이라고 누군가는 말한다. 과연 그럴까? 참으로 풀기 어려운 문제이다.

최후의 보루가
되겠다는 각오

|

'유럽 재정위기', 2010년 5월 1,100억 유로에 이르는 그리스의 구
제금융을 시작으로 남유럽 국가들의 국가채무 문제가 본격 대두됨
에 따라 유럽 전체의 경제위기로 파급된 사건을 말한다. 실제 재정
위기가 닥쳤을 때 포르투갈, 이탈리아, 그리스, 스페인 등 PIGS의
국가채무는 심각한 수준이었다. 이들 국가는 대체로 재정운용이
방만하거나 GDP 대비 복지지출 비중이 높은 반면, 지하경제의 비
중도 높았고 고령화의 진행이 빨라 세수 기반이 취약했다.

그렇다면 유럽 재정위기는 왜 발생했을까? 유럽 단일통화 체제
의 한계를 비롯해 위기에 대한 원인 분석은 매우 다양하다. 이유가
무엇이든지 간에, 유럽 재정위기로 인해 재정건전성의 중요성이
그 어느 때보다 대두된 게 사실이다. 국가재정법 제16조(예산의
원칙)에도 "정부는 재정건전성 확보를 위해 최선을 다해야 한다"
고 명시되어 있고, 제86조에는 "정부는 건전재정을 유지하고 국가
채권을 효율적으로 관리하며 국가채무를 적정 수준으로 유지하도

록 노력해야 한다"고 규정되어 있다. 재정건전성은 정부의 의무인
셈이다.

물론 재정 악화가 불가피한 상황도 있다. 2008년이 그랬다. 리
먼 브러더스의 파산으로 글로벌 금융위기가 확산되어 전 세계적으
로 경기가 급격히 위축되었다. 더 이상의 경기 악화를 방지하기 위
해 각국은 과감한 재정정책을 펴야 하는 상황이었다. 우리나라도
2008년에 1981년 예산안 이후 처음으로 10조 원 규모를 증액하는
수정 예산안을 편성했고, 2009년에도 28조 원 규모의 추경예산을
편성했다. 글로벌 금융위기에 대응한 우리나라의 재정 확대 규모
는 주요국과 비교해봐도 상당한 수준이었다. G20 국가의 평균적
재정 확대 규모가 GDP 대비 0.6~2.0퍼센트였으나 우리나라는
2008년 1.1퍼센트, 2009년 3.7퍼센트였다.

이 과정에서 불가피하게 국가채무가 약 90조 원 증가했으며 관
리대상수지도 2007년 흑자에서 2008년에는 적자로 전환되었고,
2009년에는 외환위기 이후 최저 수준인 GDP 대비 -4.1퍼센트를
기록했다. 2010년, 글로벌 경제위기가 어느 정도 진정되자 남유럽
국가들의 재정위기를 지켜보던 정부는 재정건전성 회복에 중점을
두었다.

나 역시 틈만 나면 재정건전성의 중요성을 강조해가며 관련된
정책 추진을 독려하였다. 물론 비판도 따랐다. 무엇보다 경제위기

로 인해 양극화 문제가 크게 대두되는 상황에서 재정건전성을 지나치게 앞세워 서민생활 안정에 소홀한 것 아니냐는 지적이었다. 개인적 갈등과 고뇌가 없지는 않았다. 그러나 주어진 재정 여건 속에서 어려움을 겪는 서민들의 삶을 최대한 지원하면서도 전체적인 재정건전성을 유지하는 것이 나라의 미래를 위한 올바른 선택이라 믿었다. 당시 한 신문의 기사는 재정건전성을 유지하기 위한 노력을 잘 보여준다.

> (…) 재정건전성 확보가 경제정책의 최우선이 돼야 한다고 대통령을 설득한 사람은 백용호 청와대 정책실장을 비롯한 '3인방'이다. 백 실장은 정치권이 요구하는 포퓰리즘정책에 맞대응하기보다는 시간적 여유를 갖고 수면 아래에서 설득하는 편이다. 그는 "그리스는 재정에 구멍이 나더라도 자원도 있고 관광도 되지만 우리는 재정이 무너지면 회복할 길이 없다"며 "정치권 압력이 강해지겠지만 최선을 다해 설득하면서 재정건전성을 지키는 최후의 보루가 되겠다"고 말했다.
>
> –〈매일경제〉, 2011년 8월 14일

우선 재정규율을 강화해 국가 재정운용 계획 기간 중 총지출 증가율을 총수입 증가율보다 낮게 유지했다. 위기 극복 과정에서 도입한 한시적 사업이나 성과미흡 사업 그리고 유사·중복 사업 등을 중심으로 구조조정을 시행했으며, 새로운 지출계획을 세울 때는 기존 사업의 세출 구조조정 또는 별도의 재원 대책을 제시할 것을 의무화했다. 국고보조 사업에 대해서도 일몰제를 추진하여 도입 후 일정 기간이 지나면 원칙적으로 사업을 종료토록 했다.

특히 급증하던 복지 지출의 효율성을 높이는 데 주력하였다. 복지전달 체계를 개선하고, 기초 수급자가 자립할 경우 인센티브를 강화하는 등 생산적 복지를 추구했다. 국가의 수입을 늘릴 수 있는 정책 역시 중요했다. 새로운 세목의 신설이나 세율 인상보다는 비과세·감면 제도를 정비하고 자영업자의 과표를 양성화했으며 신규 세원을 발굴하는 등 조세제도 개편을 통해 세금을 거둘 수 있는 기반을 넓혔다. 이른바 '낮은 세율, 넓은 세원'의 기조를 지향한 것이다.

소규모 개방경제일수록 재정건전성이 더욱 중요

이 같은 노력으로 2011년 우리나라의 재정수지는 글로벌 금융위기 이후 주요 선진국에 비해 크게 개선되었다. 여기에 당장의 어려움을 참고 정부정책을 지원해준 국민들의 이해와 협조가 큰 몫을 했음은 물론이다. 대한민국의 재정건전화 노력을 높이 평가하여 주요국의 신용등급이 하락하는 추세였지만 무디스, 피치, S&P

등 3개 신용평가사가 우리 국가신용등급을 이례적으로 상향 조정했으며 IMF 등 국제기구도 우리의 의지와 노력을 높이 평가했다.

참고로 금융위기 이후 주요국의 재정수지 개선 폭은 일본이 0퍼센트, 이탈리아가 1.3퍼센트, 독일이 1.4퍼센트, 영국이 1.8퍼센트에 그쳤으나 우리나라는 그보다 훨씬 높은 3.2퍼센트를 달성했다.

재정은 한번 악화되면 적자가 고착화되고 만성화되어 다시 회복하기 어렵다. 그래서 재정건전성을 높이기 위한 노력은 지속되어야 한다. 특히 우리나라는 외부 충격에 취약한 소규모 개방경제이기에 재정건전성이 더욱 요구된다. 따라서 엄격한 재정 규율을 통해 재정 총량에 대한 관리를 강화하는 한편 지출 효율성을 높이고 과세 기반을 넓히는 노력을 지속해나가야 한다.

복지에 대한 사고도 전환되어야 한다. 서민들에 대한 복지지출은 확대하면서도 부자들에게까지 베푸는 무분별한 복지는 최대한 억제해야 한다. '있는 집 아이들'의 등록금까지 나랏돈으로 지원해준다면 국가재정은 어려워질 수밖에 없다. 과세기반도 넓어져야 한다. 비과세·감면 조항을 지속적으로 축소하거나 아예 폐지하는 과단성도 필요하다. 물론 어느 하나도 쉬운 것은 없지만 재정건전성은 최우선 정책 목표가 되어야 한다.

4부

통합의
리더십

우리는
서로
함께해야
한다

4부
통합의
리더십

영국의 한 신문사가 영국 끝에서 런던까지 가장 빨리 가는 방법을 현상 공모했다. 수없이 많이 쏟아진 답 중에 '좋은 동반자와 함께 가는 것'이 1등을 차지했다. 좋은 동반자와 함께 가면 가장 빨리 갈 수 있을 뿐만 아니라 더 없이 행복하고 즐겁다.

서민의 어깨에는
무엇이 있을까?

지금은 고인이 되었지만 마흔의 늦깎이 나이로 등단한 소설가 박완서는 폭넓은 소재와 주제로 다양한 소설을 쉬지 않고 발표해 한국 문학의 거목으로 우뚝 자리 잡았다. 다른 작품도 다 그렇지만 등단작인 장편소설 《나목》은 당시 청춘들의 필독서였다. 나도 젊은 시절 죽은 '고목'이 아닌 언젠가는 잎과 열매를 맺을 수 있는 벌거벗은 '나목'이라는 제목이 주는 호기심과 신선함 때문에 읽은 기억이 있다.

이 책에서는 가난한 여주인공과 화가의 아름다운 사랑 이야기가 펼쳐지지만 나는 그보다는 힘들고 어두운 시절을 살아가는 서민들의 애잔한 삶이 가장 먼저 가슴에 와 닿았다. 의지할 곳 없는 청춘과 미래의 꿈을 쉬 이루어가지 못하는 예술가의 모습에서 서민들의 무거운 삶을 본 것이다.

그래서일까? 서민 보호는 역대 대통령들이 내건 주요 시책이었다. 《나목》이 발표된 박정희 정부 시절에는 서민에 대한 배려를 언

제나 앞세웠고 전두환 대통령의 5공화국은 4대 국정지표에 '복지
사회의 건설'을 포함시켰다. 노태우 대통령은 '보통사람의 시대'를
천명했으며 김영삼과 김대중 정부에서는 '개혁'이 우선목표가 되
었기에 서민에 대한 배려는 국정지표에 포함되지 않았으나 꾸준히
서민 보호 정책을 폈다. 노무현 정부에서는 '더불어 사는 균형발전
사회'가 주요 정책이었다.

이명박 정부는 일부에서 '친기업 정부'라고 비난했지만 친서민
정책도 당연히 표방했다. 당시 청와대 정책실장으로 있던 내게 많
은 기자들과 기업인들이 했던 질문이 지금도 생생하다. 친서민 정
책이 시장을 강조하는 정부와 어울리지 않는다는 지적이었다. 그
러나 그 같은 비판에 대해서는 수긍할 수 없었다. 서민생활이 안정
되지 않는 한 시장이 안정될 수 없기 때문이다. 극단적 빈곤과 빈
부격차는 자칫 시장경제 체제의 위협이 될 수 있다. 영화 〈레 미제
라블〉에서 프랑스 시민 혁명의 의미를, 러시아 작가 막심 고리키의
소설 《어머니》에서 러시아 혁명의 당위성을 느끼는 것도 이 때문
이다.

빈민, 서민, 중산층, 상류층을 명확히 구분하기란 쉽지 않다. 중
산층의 개념도 시대에 따라 바뀐다. 1990년대에는 '고졸로 제조업
에 근무하는 30대 외벌이'였으나 2010년대에는 '대졸로 서비스업
에 근무하는 40대 맞벌이'로 바뀌었다. 선진국에서는 중산층 개념

에 문화적 요인도 포함시키지만, 우리나라의 경우 주로 경제적 관점에서 파악한다. 대체로 2013년 현재 월 소득 300~450만 원 내외인 가정을 중산층으로 여기는 것이다.

우리나라 중산층 비율은 1990년에 75.4퍼센트, 1995년에 75.3퍼센트였다가 IMF를 겪은 이후 급속하게 하락했다. 2000년에는 71.7퍼센트로 줄어들었고 2005년에는 69.2퍼센트까지 하락했으며 2012년에는 67.2퍼센트로 떨어졌다. 물론 이 비율은 어떤 관점에서 보느냐에 따라, 학자와 연구기관별로 조금씩 달라진다. 그렇다 해도 이렇게 중산층이 줄었다는 통계는 양극화 문제가 심해졌다는 의미이다.

서민생활 안정이 모든 것의 안정으로 이어져

이명박 정부는 '서민을 따뜻하게, 중산층을 두텁게'라는 슬로건을 내세워 다양한 정책을 폈다. 그러나 여러 가지 대내외 여건으로 인해 무너지는 중산층을 확대하고 서민들을 따뜻하게 품어 삶의 질을 향상하는 데는 아쉬움이 컸다고 할 수밖에 없다.

2008년에는 유례없는 경제위기가 양극화를 심화시켰다. 경제위기 극복 노력으로 대기업 실적은 큰 폭으로 향상되었다. 하지만 빌딩이 높이 올라갈수록 그에 따라 음지도 넓어졌다. 경제정책의 효과가 서민들에게까지 미치지 않아 상대적 박탈감이 깊어져만 간 것이다.

대통령도 양극화 문제를 참으로 안타까워했다. 2009년 8월 광복절 경축사에서 이명박 대통령은 이념 · 계층 · 지역 · 세대 간 갈등을 완화하기 위해 소득, 고용, 교육, 주거, 안전 등을 계량화한 '민생 5대 지표'를 바탕으로 국민의 삶의 질과 행복도를 진단하고, 다양한 친서민정책을 펼칠 것을 천명했다. 그러나 국민들이 느끼는 온도차는 컸다.

나 역시 서민정책에 많은 관심을 가졌었다. 정책실장으로 있을 때 미소美少금융제도의 정착, 보육료 지원 확대, '맞춤형 국가장학금제도' 도입, 5세아 무료보육 등을 적극적으로 추진했다. 그러나 어려워지는 서민들의 삶을 볼 때마다 자괴감을 느껴야 했다.

영화배우 메릴 스트립Meryl Streep은 "정치에는 가정주부의 정신이 부족하다. 즉 돈을 모으고, 식사를 마련하고, 가족을 돌보는 정신이 없다"고 비판했다. 우리는 정치를 권력, 통치, 통제, 질서 유지, 혁명, 지배 등의 개념으로만 생각한다. 그러나 이제는 그녀의 말에 귀를 기울여도 좋을 것이다. 정치의 목적, 정책의 궁극적 목적은 결국 식사를 마련하고, 가족을 돌보는 것이기 때문이다. 국민들의 삶을 풍요롭고 편안하게 하는 것보다 더 가치 있는 게 있겠는가?

제이 굴드를 사로잡은
싸구려 슬리퍼

|

스티븐 제이 굴드Stephen Jay Gould는 미국의 고생물학자이자 진화생물학자이다. 그는 지질학, 철학, 고생물학 분야의 세계적 석학으로 하버드대학에서 거의 평생을 교수로 지냈다.

인류의 삶의 형태에 관심이 많았던 굴드는 세계 여러 나라를 여행하며 사람들이 사는 방식을 관찰하고 각 나라에 존재하는 특이한 도구들과 살림살이에도 주의를 기울였다. 특히 개발도상국에 많은 애정을 기울였는데 아시아와 아프리카의 가난한 나라들을 여행하고 돌아올 때면 상징적인 물건을 사 가지고 오곤 했다. 그중 하나가 나이로비에서 구입한 슬리퍼였다(어쩌면 인도에서 구입했는지도 모른다).

여하튼 굴드는 그 슬리퍼를 평생 소중히 간직했으며 그에 대한 글을 쓰기도 했다. 도대체 어떤 슬리퍼이기에 세계적 석학의 마음을 사로잡았을까? 그것은 이브 생 로랑이 디자인한 멋진 슬리퍼도 아니고 다이아몬드가 박힌 값비싼 슬리퍼도 아니며 1,000년 전 중

세 왕족들이 신었던 고귀한 슬리퍼도 아니다.

길거리의 가게에서 굴드가 산 슬리퍼는 폐타이어를 잘라 만든 싸구려 슬리퍼였다. 도대체 어떤 점이 굴드의 마음을 사로잡았을까? 그것은 바로 '인간의 독창성'이다. 혹은 '삶의 지혜'라고 말할 수도 있을 것이다. 부유한 선진국에서 살았던 굴드는 그 슬리퍼를 보기 전까지 폐타이어를 잘라서 발에 신는 도구로 재탄생시킨다는 '어마어마한 생각'을 눈곱만큼도 하지 못했을 것이다.

하지만 되돌아보면 타이어 슬리퍼는 내 또래 세대에게는 전혀 낯선 신발이 아니다. 내가 중·고등학교를 다니던 1970년대에는 대부분 타이어 슬리퍼('타이어 쓰레빠'라고 불렀다)를 신었다. 물론 선생님들과 몇몇 '있는 집 아이'들은 굽이 약간 높은 스펀지 슬리퍼를 신기도 했다. 굴드가 뛰어난 독창성이라 평가한 폐타이어 슬리퍼를 우리도 이미 40년 전에 창작해내 삶의 도구로 사용했던 것이다.

굴드는 타이어 슬리퍼를 예측불허의 창작품이라 극찬했지만 나에게는 가난의 흔적이다. 과거 우리가 버려진 타이어를 이용해 슬리퍼를 만든 이유는 뛰어난 독창성이라는 측면도 있지만 가난이 준 현실 때문이라고 해야 더 맞을 것이다.

굳이 굴드의 신발 이야기를 꺼낸 이유는 신발에 관한 추억이 많기 때문이다. 어린 시절 추석빔으로 검정고무신을 할머니가 시장에서 사주셨지만 신기 아까워 들고 다녔던 기억이 아직도 생생하다. 그 후 색깔이 바뀌어 흰 고무신을 신은 기억이 난다. 고무신이 사라지고 운동화를 신었을 때 그렇게 편할 수 없었다. 대학에 들어와서 처음으로 구두를 신었을 때 진정한 어른이 된 느낌이었다. 지금은 각종 기능성 신발을 신고 있다. 검정고무신, 타이어 슬리퍼에서 첨단기능성 신발까지 어쩌면 내가 신었던 신발들의 변화가 가난을 극복하는 과정을 말해주는지도 모른다.

여기서 이야기의 방향을 살짝 틀어 도대체 가난이란 무엇인지 생각해보자. 가난하다는 기준은 무엇일까? 가난을 숫자로 구체화한다면, 예컨대 통계적으로나 행정적으로 한 가정의 연수입이 1,156만 원 이하인 경우를 빈곤층으로 규정한다면, 1,157만 원 이상을 버는 사람은 가난한 사람이 아닐까? 2014년 현재 대한민국의 4인 가족이 그럭저럭 살기 위해서는 최소 28평의 아파트와 소형 승용차, 1,000만 원 이상이 예금된 통장이 있어야 한다고 한다. 그럼 이 사람은 부자일까? 중산층일까? 아니면 가난할까? 승용차는 오늘날 필수품이 되었으나 내가 사회생활을 막 시작한 1970년대 후반에는 대단한 부의 상징이었다.

조개껍데기 일곱 개가 의미하는 것

언젠가 본 TV 다큐멘터리는 '도대체 가난은 무엇인가?'라는 질문에 쉽사리 대답하지 못하게 만들었다. 라틴아메리카의 아마존 강 유역에서 살아가는 원시부족에 대한 이야기였다(혹은 아프리카 오지에 사는 부족일 수도 있다). 그들은 짐승의 가죽 한 장으로 하체를 가리고 창으로 사냥을 하며 낚시로 물고기를 잡았다. 문명의 도구라고는 단 하나도 없었다. 돼지를 잡아 마을 잔치를 열 때는 대나무로 칼을 만들어 사용했다.

그 마을의 처녀 한 명이 옆 마을로 시집을 갔다. 그런데 불행히도 그 처녀가 두어 달 후에 죽고 말았다. 정확한 사인은 밝혀지지 않았으나 처녀의 마을에서는 시댁 마을에 보상을 요구했다. 멀쩡한 처녀를 데려다가 1년도 안 돼 죽게 만들었으니 보상을 하라는 것이었다.

시댁 마을에서는 그 요구를 받아들였으나 보상 기준이 문제가 되어 두 부족 사이에 일촉즉발의 위기가 감돌았다. 나는 TV를 보며 과연 처녀의 마을에서 원한 보상이 무엇인지 무척이나 궁금했다. 그런데 그들이 원한 것은 조개껍데기 일곱 개였다!

시댁 마을에서는 일곱 개는 너무 많으니 네 개밖에 줄 수 없다고 했다. 나는 너무 어이가 없었다. 사실 그래서 그 프로그램을 기억하고 있다. 조개껍데기 일곱 개라니? 그것이 그들에게는 부의 상징이란 말인가? 그러나 곧 나 자신의 어리석음을 깨달았다. 부의 기준은 시대마다, 나라마다, 사람마다 다르다는 사실을 떠올린 것이다.

가난은 각자의 기준에 따라 달라진다. 가난을 보는 시각이 좀 유연해질 필요는 있다. 중요한 것은 가난이 인간의 생활, 삶, 꿈을 방해하는 걸림돌이 될 때 그것을 극복하고자 하는 자세이다.

우리는 근면성과 남다른 교육열로 가난을 극복했다. 몇 가지 통계를 살펴봐도 쉽게 알 수 있다. 2010년 1인당 국민소득 2만 달러에 재진입하고, 2012년 6월 23일 인구 5,000만 명을 돌파함으로써 세계에서 일곱 번째로 '2050클럽'에 가입했다. 2011년 세계에서 아홉 번째로 무역 1조 달러를 달성하기도 했다. 참고로 1조 달러 달성국은 미국, 독일, 중국, 일본, 프랑스, 네덜란드, 영국, 이탈리아이다.

전쟁의 폐허에서 "기브 미 초콜릿"을 외치던 아이들이 무럭무럭 자라나 오늘날 눈부신 대한민국을 만드는 초석을 닦았다. 근검과 절약 그리고 개척정신으로 세계 10대 경제대국으로 우뚝 선 것이다.

어쩌면 우리가 가진 최대의 자산은 가난을 극복한 국민들의 지혜와 저력일 것이다. 이 같은 정신만 잃지 않는다면 어떠한 어려움도 헤쳐 나갈 수 있을 것이다. 우리 국민들은 참으로 위대하다.

어머니!
그 이름만으로도 위대한

|

'펠라게야 닐로브나'라는 이름은 우리에게 많이 생소하다. 늘 술에 취해 사는 남편, 그가 휘두르는 이유 없는 폭력과 난봉기, 숙명처럼 주어진 가난, 언제까지나 이어지는 고통, 희망 없는 삶… 그럼에도 그녀는 자식을 키워내야 하고 가정을 지켜나가야 한다. 왜 그래야 하는가? 어머니이기 때문이다.

닐로브나는 러시아 문호 막심 고리키가 1907년 발표한 장편소설 《어머니》의 주인공으로 자식을 기르는 어머니로서의 숭고한 사명을 여실히 보여준다. 노동문학의 교본으로, 민주화운동 시기에 반드시 읽어야 하는 책으로 꼽혀 한때 젊은이들의 가슴을 울렸지만 나는 이 소설을 다른 관점에서 기억한다. 일찍이 어머니를 여읜 나는 아들에 대한 어머니의 무한한 사랑과 믿음을 이 책에서 보았던 것이다.

가부장적 시대에 고통스러운 가난과 세파는 그 옛날 우리 어머니들이 짊어져야 했던 숙명이었다. 거기에 덧붙여 소설에서처럼 가장이 무능력하고 술에 절어 사는 호색한이었다면 그 고통은 훨씬 심했을 것이다. 약간의 차이는 있었으나 1960~1970년대의 우리네 살림살이는 대체로 너나할 것 없이 궁핍했다. 그 빈한함 속에서 어떻게든 살림을 꾸려나가고 자식들을 가르쳐 모두 제 몫을 하는 어른으로 키워낸 공로를 생각하면 대한민국의 어머니들에게는 훈장 몇 개를 헌사해도 부족하다.

그래서일까? 이 땅의 모든 자식은 어머니라는 단어만 들어도 가슴이 뭉클해지고 자신도 모르게 눈가에 이슬이 맺힌다. 또 시인들은 누구랄 것도 없이 어머니를 애처롭게 노래했다.

"어머니는 날마다 땡볕에 쇠비름 김매주고 돌아왔다"(고은), "맨 처음으로 어머니께 받은 것은 사랑이었지요마는 그것은 눈물이더이다"(홍사용), "놀이 잔물지는 나뭇가지에 어린 새가 엄마 찾아 날아들면 어머니는 매무시를 단정히 하고 산 위 조그만 성당 안에 촛불을 켠다"(모윤숙), 이 많은 시 중에 가장 나를 슬프게 하는 것은 감태준 시인의 〈사모곡〉이다.

> 어머니는 죽어서 달이 되었다.
>
> 바람에게도 가지 않고
>
> 길 밖에도 가지 않고,
>
> 어머니는 달이 되어

나와 함께 긴 밤을 같이 걸었다.

꼭 내 상황을 읽어낸 것 같은 시였다. 내 어머니는 내가 중학교를 졸업한 직후 돌아가셨다. 열다섯 살에 나는 엄마 없는 자식이 된 것이다. 그 15년마저 어머니와 함께 살았다면 행복했겠지만 우리 집은 가난했고 어머니는 늘 병이 깊어 초등학교 때부터 이모 집에서 사는 바람에 실제 어머니와 함께 산 기간은 얼마 되지 않는다. 참으로 안타까운 시절이었다.

내 어린 시절은 가난으로 인한 외로움으로 점철되었고, 사춘기 때는 외로움이 나를 지배하는 운명처럼 여겨지기도 했는데 그 밑바탕에는 어머니와의 너무 이른 헤어짐이 고스란히 자리 잡고 있었던 것 같다. 내가 미국 유학을 마치고 돌아와 교수가 되는 모습만이라도 보셨다면 이처럼 가슴이 아프지는 않았을 것이다.

훈장의 주인공은 그들이 아니라 그녀들

이런 슬픈 이야기는 내게만 국한되지 않는다. 모두가 어머니에 대한 그리움과 서글픔, 한없는 존경심을 안고 살아간다. 어머니는 한결같이 위대하기 때문이다. 불과 수십 년 전만 해도 세계의 중심은 남자였다. 그러나 가만히 살펴보면 세상을 움직이는 실제 주인공은 바로 여성, 특히 어머니였다. 율곡 이이의 어머니 신사임당은 물론 학교 부적응 아이였던 에디슨을 위대한 발명가로 길러낸 사람은 다름 아닌 그의 어머니였다. 훗날 에디슨은 어머니에 대해 이렇게 술회했다. "어머니께서 나를 만드셨다. 어머니께서는 진실하셨고 나를 믿어주셨다. 덕분에 나는 내가 뭔가를 해낼 수 있다는 자신을 가졌다."

어찌 두 사람뿐이겠는가. 세상의 모든 훌륭한 인물은 모두 어머니의 아들과 딸이다. 비록 어머니가 자식을 위해 아무것도 하지 않았다 해도 자식을 낳았다는 사실만으로도 위대하다. 특히 우리나라 어머니들은 세계에서 가장 강한 어머니인 듯하다. 내가 중·고등학교를 다녔던 1970년대에만 해도 한 반의 60명 아이들 중 어머니가 고등학교 졸업 이상의 학력을 가진 아이는 서너 명에 불과했다. 대부분 '국민학교' 졸업이 전부였고 심지어 문맹인 어머니도 있었다. 그러나 그 어머니들은 한 가지 사실만은 분명히 알고 있었다. 자식을 잘 키우기 위해서는 어떻게 해서든지 가르쳐야 한다는 것을.

당시의 어머니들은 우리나라가 지하자원이 부족하고, 원천기술이 없고, 오직 인적 자원만이 나라를 부강하게 할 수 있다는 것 따위는 알지 못했다. 그럼에도 그녀들은 배움만이 가난을 극복할 수 있게 해준다는 것을 알았기에 아침부터 저녁까지 쉬지 않고 일했다.

내 새어머니도 그러했다. 내 어머니가 돌아가신 후 오신 새어머니는 결혼예물인 반지를 팔아 내가 공부를 계속할 수 있게 해주셨다. 돈이 없어 고등학교에 진학하지 못하고 있던 내게 새어머니는 "어떻게든 학교는 가야 한다"고 잡아끌어 주셨다.

박정희 대통령이 표방한 무역입국, 산업보국은 우리나라를 부강하게 만든 밑거름이 되었지만 속내를 들여다보면 그 주인공은 사실 여성이라 할 수 있다. 대한민국의 산업이 태동하던 시기에 섬유, 가발, 신발, 의류 등은 주요 수출 품목이었고 그 상품들의 원초적 생산자는 전부 여성이었다. 초등학교 혹은 중학교를 졸업한 젊은 여성들이 대거 공장으로 들어가 밤낮으로 생산 현장에서 억척스레 일한 것이다. 그 덕분에 대한민국이 성장했으니 '대한민국 무역훈장'은 기업주가 아니라 그녀들에게 주어야 할지도 모르겠다.

이제 그녀들은 모두 어른이 되어 어머니가 되었다. 자신들의 고됐던 나날들을 잘 알기에 그녀들은 교육에 힘을 쏟았고 그 아이들은 현재 대한민국의 주인공이 되었다. 여성들과 어머니들의 선구자적 희생과 열성, 깨우침이 없었다면 우리나라가 이만큼 발전할 수 있었을까?

《어머니》의 주인공 펠라게야 닐로브나는 고통을 딛고 혁명의 대열에 뛰어든다. 하지만 혁명은 그렇게 거창한 것이 아니라 아무것도 없는 빈 벌판에서 곡식을 키우는 것, 지긋지긋한 가난에서 벗어나기 위해 땡볕 아래에서 쉬지 않고 일하는 것, 자신은 낫 놓고 기역 자도 모르지만 자식을 교육시켜 어엿한 사회의 구성원으로 만드는 것, 구멍 난 양말을 기워 신는 것 등이 모두 진정한 혁명일 수 있다. 그런 의미에서 이 땅의 모든 어머니는 강하고 아름다운 삶을 살았다.

실패는
또 다른 시작

현대에 만들어진 사자성어 중 하나가 '4당5락四當五落'이다. 고3 수험생이 4시간 자고 공부하면 대학에 합격하고, 5시간 자면 떨어진다는 뜻이다. 이를 바꾸어 '5당4락五當四落'이라는 말도 유행한 적이 있다. 국회의원에 출마한 후보자가 50억을 쓰면 당선되고, 40억을 쓰면 떨어진다는 뜻이다. 무엇이 그리 좋기에 50억 원씩을 써가며 국회의원에 당선되려 했을까?

이유야 제각각이겠지만 한때 국회의원은 실력이나 경력, 능력, 청렴도보다는 돈, 줄서기, 권력에 의해 당락이 결정되기도 했다. 그래서 요행으로 당선되면 쓴 돈 이상 거둬들였고, 낙선하면 패가망신하는 일도 적지 않았다. 하지만 이제는 다 옛날이야기이다. 선거법으로 100만 원 이상의 벌금형을 받으면 당선되었다 해도 즉각 무효가 된다. 다행히 내가 국회의원에 출마한 1996년 4월 15대 총선은 부정선거, 타락선거가 현격히 줄어든 선거였다. 또 나에게는 커다란 실패의 아픔을 주기도 했다.

평생이 보장되는 대학 교수직을 박차고 국회의원 선거에 뛰어든 계기를 말하자면 길다. 1986년 나는 미국 뉴욕주립대State University of New York Albany에서 경제학 박사학위를 마치고 이화여대에서 교수 생활을 시작했다.

경제학의 사회적 역할, 서민과 약자에 대한 보호, 올바른 경제 정책, 개혁 등에 관심이 많던 나는 강단에서 경제학을 가르치는 것과 더불어 당시 우리 사회에 큰 영향력을 가지고 있던 경제정의 실천시민연합(경실련)에 초기부터 참여해 활동했다. 그 기간에 금융실명제를 비롯해 각종 개혁정책을 주장했다. 또 1995년에는 정부 비판적 성향이 강했던 CBS 라디오방송 시사 프로그램을 진행하며 쓴소리도 마다하지 않았다. 교수로서 사회적 참여를 나름 활발하게 하던 때였다. 그렇다고 정부 고위관료나 국회의원 등의 정치인과 교류가 빈번했던 것도 아니었다.

그러던 1996년 초 어느 날 전화 한 통이 걸려왔다. 15대 국회에 신한국당 지역구 후보로 출마하라는 권유였다. 나는 일언지하에 거절했다. 한 번도 현실 정치 참여를 생각해본 적이 없었기 때문이다. 지인들과 아내도 결사반대였다. 그러나 불현듯 찾아온 나의 출마 결심은 커다란 시련과 함께 또 다른 도전의 계기가 되었다.

출마를 결정하기 전에 친구와 함께 파주 감악산紺岳山으로 겨울 등반을 떠났다. 그는 고등학교 동창으로 유이唯二한 평생의 친구이

다. 눈 쌓인 감악산 꼭대기에 올라 '과연 백용호가 국회의원에 출
마하는 것이 옳은가?'를 놓고 난상토론을 벌인 기억이 지금도 새롭
다. 그만큼 새로운 길을 가는 것이 두려웠다.

왜 나는 국회의원 선거에 뛰어들었을까? 정치인이 되려 한 이유
는 무엇이었을까? 그 이유를 명확히 밝히기는 지금도 어렵다. 다
만 내가 생각한 원칙을 정치에서도 실천하고 싶었던 것은 분명하
다. 또 민주화가 이제 막 시작된 한국 사회에서 새로운 경제 시스
템을 만들고 싶었고, 약자에 대한 배려를 통해 좀 더 정의로운 나
라로 발돋움하는 데 미약한 힘이나마 보태고 싶었다. 그러한 열망
과 희망으로 선거전에 뛰어들었으나 실패했다.

당시 한국 정치는 이른바 '3김 시대'였다. 집권 신한국당을 이끄
는 김영삼 대통령, 제1야당인 새정치국민회의를 이끄는 김대중 총
재, 일부 보수파를 끌어안은 자유민주연합의 김종필 총재가 한국
정치를 확고하게 지배하고 있었다. 여기에 비YS, 비DJ를 표방하는
통합민주당이 일정 지분을 가지고 있었다. 그만큼 현실 정치의 벽
도 높았다.

폴리페서보다는 배수진의 마음으로

나는 출마를 결심한 뒤 이제까지의 고정관념과 관례를 깨고 과
감하게 학교에 사표를 제출했다. 지금까지 국회의원에 출마한 교

수가 대학에 사표를 내는 '어리석은' 경우는 별로 없었다. 낙선에 대비해 휴직계를 내는 것이 당연한 절차였다. 또 당선된다 해도 마찬가지였다. 4년 혹은 8년 후 돌아올 경우를 대비해 휴직을 하는 것이었다. 그러나 나는 학교를 떠났다. 어쩌면 폴리페서polifessor라는 말을 듣고 싶지 않아서였을지도 모른다.

서대문 을乙 지역구 위원장을 맡아 1996년 3월 5일 공천장을 받고 본격적으로 선거운동에 뛰어들었다. 사무실을 얻고, 전화를 놓고, 사진을 찍고, 전단을 만들고, 홍보 전략을 짜고, 연설문을 만들고, 공약을 만들고, 사람들을 만나고, 연설을 하러 돌아다녔다. 새벽 4시부터 밤 12시까지 쉬지 않는 강행군이었기에 몸은 늘 피곤했다. 그러나 낙선에 대한 두려움이나 근심은 없었다. '떨어지면 어떻게 먹고 살지?'라는 걱정도 하지 않았다.

아마 만 39세 나이로 그만큼 젊었기 때문인 것 같다. 선거에서 패했지만 여한이나 아쉬움은 없었다. 잠깐이나마 정치를 접해 새로운 경험이 되었고, 유권자의 힘을 깨닫는 계기도 되었다. 한번은 어느 모임에서 선거 기간 동안 가장 기억에 남은 경험이 무엇이었느냐는 질문을 받았다. 나는 주저 없이 인사하는 법을 배웠다고 대답했다. 모든 사람이 의아해하는 눈치였지만 사실이었다. 당시 나는 유권자 한 사람 한 사람이 무척 소중했고 그러다 보니 겸손한 마음에서 공손히 인사할 수밖에 없었다. 마음에서 우러난 진심어린 인사였고 나에게는 그것이 가장 소중한 경험이었다.

같은 당 소속으로 종로에서 출마해 당선된 이명박 후보를 처음 만난 것도 바로 이때였다. 이래저래 15대 국회의원 선거는 내 인생에서 커다란 전환점이 되었다. 비록 실패했으나 미래를 향한 새로운 계기가 되었고 아울러 나 자신을 겸허하게 돌아볼 수 있는 시간이었다. 다시 교수로 돌아온 지금 선거 출마 권유를 받으면 어떤 결정을 내릴까? 모르겠다. 다시 한번 친구와 함께 산에 올라 두려운 마음으로 난상토론을 벌일 수밖에!

조드 일가는
어디에 정착했을까?

|

KBS에서 방송하는 〈동행〉이라는 프로그램을 종종 보곤 한다. 추운 날 폐지를 주워야만 생계를 꾸릴 수 있는 노인 이야기에서부터 부모를 잃고 동생들을 키우는 소년·소녀 가장 이야기 등 참으로 안타까운 사연들이 많이 소개된다. 나는 종종 눈시울을 적시며 적은 후원금이나마 보내지만, 가난이 인간을 얼마나 고통스럽게 만드는지 절감하곤 한다.

1970년대 중반까지만 해도 '단체 영화관람' 이라는 것이 있었다. 중·고등학교에서 한 달에 한 편 정도 좋은 영화를 선정해 학생들이 보도록 하기 위한 배려였다. 딱히 문화적 향유가 없던 시절에 그나마 단체 영화관람은 청소년들에게 작은 위안이었다. 금액은 정확히 기억나지 않지만 매우 저렴했던 것 같다. 가난하기만 했던 학창 시절, 단체관람을 통해 본 〈닥터 지바고〉나 〈벤허〉 등의 영화는 내 영혼을 맑게 해주는 일종의 옹달샘이었다.

당시 내가 본 영화 가운데 특히 존 스타인벡John Steinbeck의 소설

을 영화화한 〈분노의 포도〉가 기억에 남는다. 처음 '포도'라는 제
목을 보고는 '아스팔트가 깔린 길'을 떠올렸다. 그 시절만 해도 한
문을 많이 썼기 때문에 포장된 도로를 줄여 포도鋪道라고 불렀다.
그러다가 과일 포도라는 사실을 알게 되었다. 나름대로 추측한 '분
노의 길'이 아니라 '분노의 과일'이었던 것이다.

　포도에 담긴 분노의 의미는 무엇일까? 많고 많은 과일 중에 왜 하
필 포도일까? 나처럼 포장된 길이라 생각한 아이는 또 없었을까?
그런 궁금증을 안고 본 영화는 내게 커다란 충격을 주었다. 2시간가
량 상영된 이 흑백영화는 내 가슴에 파도처럼 밀려왔다가 엄청난
의문을 남기고 간 명작이었다. 실제 〈분노의 포도〉는 13회 아카데
미 감독상(존 포드)을 받았고, 원작자인 존 스타인벡은 1940년 퓰
리처상을 수상했다.

　조드 일가가 낡은 트럭에 온갖 허드레 살림살이를 싣고 떠날 때
차에 올라탄 사람은 전부 12명이었다. 그러나 도중에 할아버지가
노상에서 죽고, 동행한 목사는 구속되고, 사위는 도망쳐 9명으로
줄었다가 딸이 아들을 낳아 10명으로 늘어난다. 조드 일가는 고향
오클라호마에서 출발하여 미국 대륙을 반이나 횡단해 서부 캘리
포니아까지 가는 험난한 노정에서마저 인구 변화를 겪었다. 그 고
난의 노정, 대단위 포도 산출지인 캘리포니아에 도착한 조드 일가
가 겪은 비참함과 고통, 죽음과 이별, 기아와 절망이 지금도 생생

하게 기억난다.

검은 화면에 'The End' 자막이 나오고 한참 후에도 나는 일어서지 못했다. 과연 인간은 무엇을 위해 사는가? 인간답게 산다는 것은 무엇을 의미하는가? 인간의 품위와 존엄성은 무엇으로 인해 지켜질 수 있는가? 돈은 우리 삶의 전부인가?

처음에는 이러한 의문에서 출발했으나 그 답을 찾아가는 과정에서 〈분노의 포도〉는 내 인생의 진로에까지 영향을 주었다. 어려웠던 학창 시절, 그 영화가 준 강렬한 메시지는 나로 하여금 어렴풋이 경제학자의 꿈을 키우게 만들었다. 가난을 극복해 이 땅에 분노의 열매가 맺히지 않게 하고 조드 일가와 같은 비참한 가족, 돈의 노예가 되는 절망의 삶이 생기지 않게 하겠다는 포부를 갖도록 했던 것이다.

인간의 삶을 나락으로 떨어뜨리는 것

인간의 삶을 인간답게 하는 요소는 아주 많다. 음악이 있어야 하고, 문학이 있어야 하고, 여행도 있어야 한다. 꼭 돈이 전부는 아니다. 그러나 철학이나 예술은 기본적인 배고픔이 해결된 후에 탄생된다. 기아로 죽어가는 난민에게 소크라테스를 이야기하는 것은 순서에 맞지 않는다. 하루 종일 일해도 한 그릇의 밥을 마음 편히 먹기 어려운 사람들에게 모차르트에 대해 이야기하는 것은 지나친 사치일 수 있다.

혹자는 "모든 위대한 업적은 굶주림 속에서 탄생했다"고 반박하겠지만 이는 교훈을 주기 위한 것일 뿐이라는 생각이 든다. 배고픔, 질병, 빈곤, 출구 없는 절망은 인간의 삶을 나락으로 떨어뜨린다.

결국 나는 경제학자의 길을 택했다. 경제가 경세제민經世濟民의 줄임말임을 늘 머릿속에 간직하면서 그것을 실천하기 위해 최선을 다하고자 노력했다. 학교에 있을 때, 시민단체 활동을 할 때 그리고 공직에 있을 때, 〈분노의 포도〉가 준 빈곤의 비참함과 경세제민의 참된 뜻을 잊지 않으려 했다. 정착할 곳이 없어 끝없이 유랑하던 조드 일가가 더 이상 있어서는 안 된다는 심정으로 노력했다.

조드 할아버지는 고향을 떠나는 것에 완강히 저항한다.

"오렌지와 포도가 아무리 많아도 그게 무슨 소용이야. 난 내 땅에서 살 거야."

그는 자신의 말처럼 고향을 떠난 지 얼마 되지 않아 길에서 죽고 만다. 목사는 그를 땅에 묻으며 시를 읊는다.

"살아 있는 모든 것은 신성하다. (…) 살아 있지만 갈 곳이 없는 사람들을 위해 기도한다."

극도로 궁핍하고 절망적인 상황에서는 죽음이 차라리 행복일 수 있다는 뜻이다. 그렇기에 죽은 자가 아니라 살아 있는 가여운 사람들을 위해 기도하는 것이다. 먼지가 날리는 캘리포니아의 거친 길을 달리며 조드 어머니는 강인한 신념으로 말한다.

"부자들은 나타나고 사라지고 그 후손들도 사라져가지만 우린 영원해. 진짜 사람이니까. 삶은 바로 우리 거야."

영화는 조드 일가의 희망적인 새 출발로 끝난다. 조드 어머니의 말처럼 삶은 바로 우리 것이고 우리는 그 삶을 아름답게 가꿀 의무가 있다. 폐허 위에서 배고픔을 이겨내며 오늘의 부를 일군 사람에게 그 옛날의 배고픔은 교훈이다.

지금 이 시각에도 우리나라의 어두운 곳에서, 세계 곳곳의 음지에서 빈곤으로 신음하는 사람들은 여전히 많다. 모든 사람이 다 풍요롭게 살 수는 없지만, 그 빈곤을 조금이라도 줄여 인간다운 삶을 살 수 있도록 하는 것이 바로 정책 책임자들의 의무이다.

가장 빨리 가는 방법

|

1485년 프랑스로 망명했던 리치먼드 백작 헨리Henry VII가 영국으로 돌아오자 귀족들이 단결해 리처드 3세Richard III에 대항하여 전쟁을 일으켰다. 분기탱천한 리처드 3세는 직접 병사들을 이끌고 보즈워스로 달려가려 했다. 출전을 앞두고 사령관이 마구간으로 가왕이 탈 말을 끌어오려 했다. 그때 마구간지기가 "아직 말발굽에 편자를 박지 못했습니다" 하며 편자를 박기 시작했다. 그런데 못두 개가 불량이었다. 그가 새 못을 찾으려 허둥대자 기다리다 못한 사령관은 "그깟 못 두 개가 무에 그리 중요하단 말이냐" 하고 호통치며 말을 끌고 갔다. 리처드 3세는 그 말을 타고 용감하게 적진으로 내달았으나 편자가 빠지는 바람에 말은 하늘로 껑충 뛰어올랐고 말에서 떨어진 왕은 반란군에게 목숨을 잃었다. 영국 요크 왕조의 마지막 왕이었던 리처드 3세는 이렇듯 허무하게 3년에 걸친 짧은 재위를 마감하고 말았다.

1986년 1월 28일, 미국 플로리다의 케네디우주센터에서 우주왕

복선 챌린저호가 발사되었다. 전 인류의 희망을 안고 힘차게 발사된 챌린저호는 73초 만에 공중에서 폭발해 전 세계를 충격으로 몰아넣었다. 탑승한 우주인 일곱 명은 모두 사망했다. 곧 꾸려진 조사위원회는 1년이 넘는 시간 동안 사고 원인을 정밀 추적 분석했다. 그들이 발표한 보고서에는 몇 가지 폭발 원인이 나열되어 있었다. 가장 중요한 원인은 오른쪽 로켓 부스터에 장착된 O링이라는 부품의 결함이었다. 아주 작은 O링 하나가 부식되어 거대한 챌린저호를 폭발시킨 것이다.

불량한 못 두 개 때문에 리처드 왕은 목숨을 잃었고, 요크 왕조는 역사 속으로 사라졌다. 그리고 불량품 O링 하나 때문에 수천억 달러에 이르는 우주탐사 계획이 물거품이 되었고 소중한 일곱 명의 생명이 희생되었다.

갑甲과 을乙이라는 현대의 관점에서 보면 왕과 나사NASA는 엄청난 존재감을 지닌 갑이다. 못을 만든 수공업자와 O링이라는 부품을 만든 제조사는 을이라고 할 수 있다. 을의 실수로 인해 갑이 입은 피해는 이루 말할 수 없을 정도이다. 이런 사례는 우리 주변에 너무나도 많다. 자동차 부품 하나의 불량으로 자동차회사는 리콜을 하는 등 엄청난 곤욕을 치르고, 원자력 발전에 쓰이는 불량 부품으로 인해 정부는 전력 대란을 우려하는 상황이 되었다. '갑을 관계', 과연 누구의 힘이 셀까?

갑과 을은 '관계'를 나타내는 단어에 불과하다. 어떤 일을 할 때 통상적으로 일을 발주하고 대금을 지급하는 쪽이 갑이고, 그 일을 받아 수행한 뒤 대금을 받는 사람이 을이다. 계약서를 작성할 때 편의상 갑, 을로 표기한 것이 시나브로 변해 강자와 약자를 나타내는 뜻으로 변질되지 않았나 싶다. 계약서를 살펴보거나 법 조항을 보더라도 갑이 권력을 가진다거나 을이 일방적으로 따라야 한다는 조항은 없다.

상거래 용어였던 갑과 을이 일상에서 폭넓게 사용되고 있다. "이건 갑의 횡포야", "돈 많은 사람이 갑이지" 등의 말을 한번쯤은 들어봤을 것이다. 갑과 을의 강압적이고 부정적 관계를 비꼬는 표현이다. 이러한 을의 위치에 처한 곳이 중소기업이다. 따라서 을의 위치에 처한 중소기업의 구조적 어려움을 해소해야 하는 것이 정책 담당자들에게 주어진 과제일 것이다. 왜 그럴까?

사실 우리나라는 중소기업의 나라이기 때문이다. 우리나라 기업의 99퍼센트가 중소기업이며, 전체 근로자의 87퍼센트가 중소기업에서 일한다. 을의 위치에 처한 기업이 99퍼센트이고, 을의 어려움을 겪는 근로자가 87퍼센트나 된다는 이야기이다. 중소기업에 대한 배려가 절실한 대목이다.

이를 위해서는 투명하고 공정한 거래질서 확립이 중요하다. 특히 중소기업의 약 60퍼센트가 독자적으로 생존하지 못하고 대기업에서 하청을 받아 회사를 유지해가는 상황에서 공정한 하도급거래 질서 확립은 중소기업 생존의 전제 조건이다.

동반성장은 이제 시작 단계

공정거래위원장 시절 내가 만난 중소기업인들도 이를 잘 인식하고 있었다. 경쟁기반 조성을 위한 바람직한 정책 방향에 대한 설문 조사결과 '신뢰기반 구축을 위한 공정거래 강화'가 40퍼센트로 가장 많았고, 재정을 활용한 적극적 지원이 33.2퍼센트, 상생협력 모델의 발굴 및 확산이 15.3퍼센트였다. 공정한 시장구조를 만들어 주는 것이 우선 과제인 셈이다.

그렇다 해서 과거처럼 중소기업의 사업영역을 지정하고 자금·인력·기술 지원 및 세제혜택을 확대하며 법을 강화한다 해서 힘의 불균형에 따른 구조적 문제를 근본적으로 해결할 수는 없다. 갑을 관계에 대한 인식의 변화가 무엇보다 중요하기 때문이다.

이 같은 인식의 변화를 위해 대·중소기업 간에 자발적으로 상생협약을 맺을 수 있도록 노력했다. 삼성, 현대 등 대기업과 중소기업중앙회가 여기에 참여했다. 이 상생협약은 중소기업인들에게도 좋은 평가를 받았는지, 중소기업중앙회로부터 감사패를 받기도 했다. 상생거래협약은, 대기업은 원자재 가격의 상승에 따른 납품단가의 합리적 조정 등을, 중소기업은 기술 개발을 비롯한 역량 강

화 등을 각각 약속하고 공정위가 그 이행 사항을 점검·평가해 인
센티브를 부여하는 제도이다.

'가장 빨리 가는 방법'에 대한 이야기가 있다. 영국의 한 신문사
가 영국 끝에서 런던까지 가장 빨리 가는 방법을 현상 공모했다.
수없이 많이 쏟아진 답 중에 1등은 '좋은 동반자와 함께 가는 것'
이었다. 비행기, 슈퍼카, 오토바이 등을 제치고 지혜로운 답이 1등
을 차지한 것이다. 좋은 동반자와 함께 가면 가장 빨리 갈 뿐만 아
니라 행복하고 즐거운 여행이 된다.

경제활동도 여행과 다를 바 없다고 본다. 좋은 동반자가 있느냐
없느냐에 따라 여행의 성격이 달라지듯 이익을 혼자 독점하느냐,
상생으로 동반성장하느냐에 따라 열매의 크기와 가치도 달라진다.
기업의 목적은 이익을 올리는 것이지만 반사회적 행태나 과도한
독점은 필연적으로 저항과 쇠퇴를 불러온다. 특히 대기업과 중소
기업의 관계에서 대기업의 지나친 행위는 하청을 받아 유지하는
중소기업뿐 아니라 국민들에게도 반기업 정서의 원인이 되고 궁극
적으로 대기업 스스로를 어렵게 만들 수 있다. 갑과 을이 함께 가
야만 상생할 수 있다는 인식을 확산하는 게 필요한 이유이다.

정책실장으로 있을 무렵인 2010년 12월 동반성장위원회를 출범
시켰다. 자율적 상생협력이 어느 정도 확산되어 민간이 주도하여
동반성장 문화를 더욱 굳건히 하자는 취지였다.

그 당시 일부 대기업들의 계열사 일감 몰아주기 등 부정적 경영 행태와 골목상권 침해 문제가 커다란 사회 문제로 대두되었다. 특히 성장의 열매가 대기업에서 중소기업으로 퍼져 나가는 이른바 낙수효과trickle-down effect가 점차 약해짐에 따라 양극화도 확산되고 있었다. 1997년부터 2007년까지의 기간 동안 중소기업에서 독립적 대기업으로 성장한 기업이 세 곳에 불과할 정도로 중소기업의 창업과 성장을 통한 생태계의 역동성도 부족했다.

이처럼 우리 경제의 선진화와 사회통합을 위해서는 대·중소기업이 함께 성장하는 기업 생태계 구축이 필수적이었다. 여기에는 '민간 주도, 시장 친화, 사회적 합의'가 반드시 필요했다. 시장 원리를 거스르는 규제 일변도의 정책은 지속 가능하지도 않고, 효과적이지도 않기 때문이다. 그래서 법과 제도 개선에 의존하기보다 기업 전반의 인식 전환을 통해 동반성장을 하나의 문화로 가꾸는 데 주력했다.

동반성장의 뜻이 아무리 좋고, 기업 스스로에게 결정을 맡긴다 해서 모든 기업이 두 손 들고 환영한 것은 아니었다. 특히 대기업은 이를 자율을 앞세운 또 다른 정부의 규제로 봤고, 혹여 자기들이 거둔 이익을 중소기업에 강제로 분배하는 것은 아닌지 하는 의심과 망설임도 있었다. 그러나 동반성장의 참된 의미가 점차 이해되었고, 중소기업이 활력을 찾아야 대기업도 성장할 수 있다는 인식이 확산되었다.

실제 2012년 30대 그룹의 협력사 지원 실적은 1조 8,000억 원으로 2010년(8,900억 원)에 비해 2배가 증가했다. 중소기업의 동반성장 체감도도 2010년에 비해 24퍼센트(25퍼센트→49퍼센트) 높아졌으며 거래 공정성이 개선되었다는 응답도 12퍼센트(44퍼센트→56퍼센트)나 상승했다.

동반성장의 궁극적 목적은 대기업과 중소기업이 갑과 을의 수직적 관계에서 벗어나 수평적으로 협력하고 성장의 결실을 함께 거두어 우리 사회와 국가가 발전할 수 있도록 하는 것이다. 민간 주도로 공식 출범한 동반성장위는 정부의 간섭을 받지 않고 자율적으로 일하면서 많은 성과를 거두었다. 2년여에 걸쳐 김치, 두부, 막걸리 등 82개 품목의 중소기업 적합 업종을 선정했고, 56개 대기업의 동반성장지수를 공표하는 등 동반성장 문화 확산을 충실히 수행했다. 중소기업 적합 업종은 과거 고유 업종과는 달리 민간 스스로의 합의를 통해 선정하고 이행을 약속했다는 데 의의가 있다.

물론 무조건 중소기업만 지원하고, 대기업에게 이익을 공유하라고 압박하기 위해 동반성장을 태동시킨 것은 아니다. 멀리 가는 여행일수록 빨리 가는 것보다 좋은 사람과 함께 가야 한다는 인식을 뿌리내리기 위함이었다. 동반성장의 근본은 성과의 분배가 아니라 동반함으로써 아름다운 열매를 맺을 수 있다는 것이었다. 이러한 목표로 추진한 결과 동반성장은 우리 경제의 새로운 패러다임으로 자리 잡았다.

동반성장은 이제 시작 단계이다. 어느 정부에서든 대기업과 중소기업의 상생, 공존, 협력 관계는 반드시 필요하다. 이는 기업만의 문제가 아니라 국민의 문제이자 국가의 과제이기 때문이다. 앞으로도 해야 할 일이 많고 풀어야 할 과제가 많다. 2차 · 3차 · 4차 협력사 등 공급사슬의 최하부에까지 동반성장의 온기가 제대로 전달되어야 한다.

가난을 극복하는
디딤돌

|

시인 서정주는 "가난이야 한낱 남루에 지나지 않는다"고 했다. 과연 그럴까? 솔직히 가난은 인간의 마음을 피폐하게 만든다. '가난 예찬'이 없는 것은 아니지만 가난처럼 인간을 비참하게 만드는 것도 없다. 가난은 자칫 희망마저도 꺾어버릴 수 있어 더욱 슬프다.

가난 하면 머릿속에 그려지는 영화가 있다. 하나는 로베르토 로셀리니Roberto Rossellini 감독의 〈독일 영년Germany, year zero〉이다. 제2차 세계대전 직후 베를린을 무대로 극심한 가난으로 세상에 내던져진 한 소년의 정신적 방황과 자살을 그린 작품이다. 이탈리안 네오리얼리즘을 대표하는 또 하나의 영화는 비토리오 데 시카Vittorio De Sica 감독의 〈자전거 도둑The Bicycle Thief〉이다. 역시 제2차 세계대전 직후 고난의 삶을 살아가는 아버지의 고군분투를 그린 작품이다. 가까스로 얻은 새 일자리를 지키기 위해 자전거가 꼭 필요했지만 자신의 자전거를 잃어버리고 그것을 찾고자 거리를 헤매는 부자의 모습이 애처롭게 그려진다. 끝내 자전거를 찾지 못하고 절박한 심정에 다른 사람의 자전거를 훔치다가 아들이 보는 앞에서 사람들에게 뺨을 맞는 아버지의 모습은 지금도 기억에 남아 있다.

사실 이 같은 이야기가 꼭 영화에만 있는 것은 아니다. 자살을 하고 도둑이 될 수밖에 없는 현실은 우리 주변에도 얼마든지 있다. 국세청장으로 있을 때 근로장려금EITC 혜택을 받은 사람들의 이야기를 공모한 적이 있었는데 대부분의 사연이 가난에 얽힌 가슴 아픈 내용이었다.

근로장려금제도, 일은 열심히 하지만 소득이 낮아 생활이 어려운 근로자 가구를 위해 국세청이 집행하는 '근로연계형 소득지원제도'이다. 지원금을 통해 일하고자 하는 의욕을 높이고 실질소득 지원을 통해 가난을 극복하는 디딤돌이 되도록 만들어졌다. 물론 저소득층 누구에게나 다 지급되는 것은 아니다. 2009년 9월에는 부부 합산 연간 총소득이 1,700만 원 미만이어야 하고, 18세 미만 자녀가 1인 이상 있어야 하고, 무주택이거나 6,000만 원 이하의 주택을 1채 이하로 보유해야 하는 등의 엄격한 기준이 있었다.

이 기준에 따라 60여만 가구에 평균 77만 원 정도를 지급했다. 그 결과 총 4,400억 원이 장려금으로 지급되었다. 1가구당 77만 원은 어찌 보면 그리 많은 돈이 아니라고 생각할 수 있다. 나 역시 처음에는 그랬다. 그러나 공모 작품들을 보고 나서 그 돈의 가치를 깨달았다. 예컨대 폐지를 모아 파는 노인이 하루에 얼마를 버는지

계산해보자. 2013년 평균 폐지 값은 1킬로그램에 70원 내외이다. 아침부터 저녁까지 하루 종일 골목을 누비며 어른 세 사람 무게인 210킬로그램을 모은다면 대략 14,700원을 번다. 이렇게 53일을 일해야 77만 원을 버는 셈이다. 그러므로 폐지 수거 외에 별다른 일을 할 수 없는 사람에게 근로장려금은 커다란 격려와 위안이 되는 것이다.

근로장려금 지급은 해를 거듭할수록 대상 인원이 증가했고, 지급액수도 늘었다. 2011년에는 75만 명이 지원금을 받았고 2012년에는 그 대상이 100만 5,000명까지 확대되었다. 여기에는 60세 이상 1인 노인가구와 저소득 보험설계사 그리고 방문판매원까지 포함되었다. 지원금도 늘어 평균 80만 원이 넘고 총액은 6,100억 원에 달했다.

"가난 구제는 나라도 못한다"는 속담이 있다. 개인의 삶을 지배하는 부와 가난은 국가 차원이 아니라 개인의 노력 여하에 따라, 또 운명에 따라, 나아가 보이지 않는 복잡한 여러 요소에 따라 움직인다는 의미일 것이다. 그렇다 해도 "가난은 순전히 개인의 탓이다"라고 방치한다면 국가의 책무를 다한다고 할 수 없다. 특히 열심히 일하려는 의욕이 있고, 또 자신의 능력과 기술을 발휘해 끊임없이 일하는 사람에게 국가는 그만큼의 관심과 혜택을 제공해야 한다.

기본적 사회안전망 구축은 정부의 의무

프랑스 작가 빅토르 위고Victor-Marie Hugo의 소설 《레 미제라블》에서 주인공 장 발장은 한 조각 빵을 훔쳐 19년 동안 감옥에서 지낸다. 그가 빵을 훔친 이유는 아버지가 없어 추위에 떨며 굶주림에 고통스러워하는 일곱 명의 조카들을 먹이기 위해서였다. 장 발장을 새로운 인간으로 탄생시킨 사람은 미리엘 신부였다. 신부는 오갈 데 없는 전과자를 따뜻하게 대접하지만 장 발장은 새벽에 은그릇을 가지고 도망친다. 경찰이 그를 붙잡아 성당으로 데려오자 미리엘 신부는 자신이 그릇을 선물했다고 말한다. 당황한 경찰들이 돌아가자 신부는 장 발장에게 은촛대마저 쥐어주며 말한다.

"잊어버려서는 안 되오. 은을 판 돈은, 당신이 정직한 인간이 되기 위한 일에 쓰겠다고 한 약속을."

장 발장이 은그릇을 훔친 행위를 미화하거나 더욱이 가난한 사람들이 죄를 저지를 확률이 높다는 것을 말하고자 하는 것은 결코 아니다. 다만 장 발장에게 배를 채울 수 있는 최소한의 돈이 있었다면, 또 당시 사회에 근로장려금 같은 사회안전망social safety net 장치라도 구축되어 있었다면 그는 19년 동안이나 억울하게 감옥에 갇혀 있지는 않았을 것이다. 그렇기 때문에 "가난 구제는 나라가 한다"는 말까지는 아니더라도 "가난 구제는 나라도 못한다"라는 말만 정부가 앞세워서는 안 되는 것이다.

기본적 사회안전망 구축은 정부의 의무이다. 사회안전망은 모든 국민을 실업, 가난, 재해, 질병 등의 사회적 위험으로부터 보호하기 위한 제도적 장치이다. 국민연금, 건강보험, 고용보험, 산재보험 등 사회보험에 공공부조와 공공근로 사업 및 취업훈련까지도 포괄한다. 아직 우리나라의 사회안전망 수준은 여러 가지 재정적 이유로 OECD 회원국 평균치보다 떨어진다. 참고로 우리나라의 경우 실업급여를 통해 과거 일자리를 가지고 있었을 때 받았던 소득을 보전 받는 비율은 6퍼센트 정도로 OECD 평균 30퍼센트에 훨씬 못 미친다.

또한 우리나라 국민이 받는 연금은 은퇴 전 소득의 47퍼센트 수준으로 OECD 평균 61퍼센트보다 적다. 그만큼 사회안전망 구축을 위해 정부가 해야 할 과제가 많이 남아 있음을 의미하는 것이다. 물론 재정적 여건을 고려하면 하루아침에 사회안전망을 선진국 수준으로 끌어올릴 수는 없다. 그러나 먹고사는 데 큰 지장이 없는 사람들에게까지 돌아가는 복지혜택은 가급적 줄이고 극빈층에 대한 사회적 보호망을 제대로 구축하여 가난한 사람들의 수를 더욱 줄여나가야 한다.

자연은
내 것이 아니다

나는 시간 나는 대로 고향을 찾는다. 충남 보령의 조그만 마을이다. 그곳에 어머니 산소가 있을 뿐만 아니라 어린 시절의 추억도 많기 때문이다. 대부분의 시골 마을이 그렇듯 저수지도 있고 마을 앞을 흐르는 개울도 있는 무척 아름다운 곳이다. 얼마 전 다녀왔을 때는 비가 내려 나름 운치 있는 전경이 펼쳐졌다. 학창 시절 배운 이수복 시인의 〈봄비〉라는 시가 떠올랐다.

이 비 그치면
내 마음 강나루 긴 언덕에
서러운 풀빛이 짙어 오것다.

푸르른 보리밭길
맑은 하늘에
종달새만 무어라고 지껄이것다.

참으로 정감 어린 글이다. 대한민국의 아름다움이 배어 나온다. 그런데 언제부턴가 내 고향도 많이 변했다. 산을 깎아 길을 내고, 논을 밀어 공장 단지를 지었으며, 건물도 제법 들어섰다.

1980년대까지만 해도 우리는 급격한 사회 변화와 함께 경제 발전에 매진하느라 사실상 자연을 돌볼 여력이 없었다. 몇몇 국립공원 입구에 세워져 있는 '자연 보호 헌장'을 제정한 시기가 1978년인 것을 감안하면 우리나라의 자연 보호에 대한 인식은 선진국에 비해 떨어진다고 할 수 있다. 또 그 이후로 국가적 차원에서 자연 보호를 실시했으나 전 국민의 인식에 강하게 뿌리내려 확산된 것은 아마 1990년대 들어서가 아닌가 싶다.

그러나 여전히 자연 보호와 경제 논리가 충돌하는 게 현실이다. 그중 하나가 케이블카 설치와 관련된 이슈이다. 현재 우리나라의 적지 않은 산에 케이블카가 설치되어 있다. 노약자들이 힘들지 않게 산 정상에 올라갈 수 있도록 도와주며, 해당 지역에 상당한 경제적 이익도 가져다줄 수 있다. 그러나 자연을 훼손한다는 것이 설치를 반대하는 이유이다.

지금도 설악산, 지리산, 한라산의 케이블카 설치 문제를 놓고 지자체와 지역 주민, 환경 보호 단체 그리고 관련 정부기관이 끊임없이 줄다리기를 하고 있다. 심지어 지역 주민 사이에도 찬반이 엇갈려 동네 곳곳에 '케이블카 설치만이 살길이다'와 '케이블카 설치를 결사반대한다'라는 플래카드가 나란히 걸리기도 한다.

환경과 경제 사이에서 고민했던 또 하나의 이슈는 2012년 국회를 통과해 2015년부터 시행될 '배출권거래제도'이다. 배출권거래제, 설명하기가 조금은 복잡하지만 '기업들끼리 오염물질 배출 권한을 사고파는 제도'라고 생각하면 된다. 예컨대 오염물질을 많이 배출하는 기업이 그렇지 않은 기업에 돈을 주고 배출권을 사는 것이다. 돈을 절약하기 위해 기업은 오염물질 배출을 최대한으로 줄이려 하기 때문에 장기적 관점에서 환경이 보호되고 부수효과로 녹색 관련 기술도 발전한다.

그런데 이 과정에서 기업의 생산 비용이 증가하고 자칫 기업경쟁력도 떨어질 수 있다는 게 문제이다. 그러나 오염물질 배출에 대한 규제는 이미 세계적 추세가 되었다. 온실가스 감축을 위한 노력이 1992년 기후변화협약과 1997년 교토의정서로 구체화되었다. 이에 따라 온실가스 의무 감축 국가들은 2008년부터 2012년까지 5년에 걸쳐 온실가스 배출량을 1990년 대비 평균 5.2퍼센트 감축해야 했다.

자연 자체가 귀중한 자원

우리나라는 의무 감축 국가가 아니지만 향후 어떤 형태로든 온실가스 감축 의무가 부과될 것으로 전망된다. 특히 석유화학, 철강, 자동차 등 에너지를 많이 소비하는 업종의 비중이 높아 우리나라는 다른 국가들에 비해 더 많은 어려움이 예상된다. 그래서 오염물질의 배출량을 직접 관리할 수 있도록 하는 배출권거래제도의 도입을 서둘렀던 것이다.

물론 이 제도가 자칫 시장경쟁을 왜곡할 수는 있다. 예컨대, 현행 EU 배출권제도에 따르면 기존 사업자에게는 배출권을 무상 배분하고 신규 사업자에게는 소량의 배출권만 배정하여 신규 진입을 제한할 수 있다. 또 환경 규제에 편승해 필요 이상의 CO_2 배출권을 확보하여 신규 진입을 방해하거나, 최소품질 규제에 대해 기술혁신 자제로 대응하는 행위 등도 발생할 가능성이 있다.

앞으로도 환경 문제와 경제 논리가 어쩔 수 없이 충돌하는 상황이 자주 발생할 것이다. 이때 정책의 선택은 자연 보호와 환경에 우선할 수밖에 없고 또 그래야만 한다. 환경과 자연은 삶의 질을 높여줄 뿐만 아니라 그 자체가 자원이기 때문이다.

내가 정말
궁금했던 것

전환점, 다른 방향이나 상태로 바뀌는 계기를 의미한다. 누구나 살다 보면 한번쯤은 삶의 전환점을 맞게 된다. 나에게도 1996년은 분명 인생의 커다란 전환점이었다. 1996년 2월에 10년 동안 재직해왔던 이화여대 교수직을 사임하고 15대 국회에 출마한 것이 변화의 순간이었다. 정치에는 문외한이었으나 개혁에 일조하고자 하는 마음으로 서대문 지역에 출마했지만 유권자의 마음을 움직이는 데는 실패했다.

15대 총선 낙선 후에 지구당 위원장을 계속 맡고 당의 싱크탱크인 여의도연구소의 부소장직을 겸직했으나 정치권에서의 원외라는 위치는 마냥 초라하기만 했다. 이런저런 이유로 결국 1998년 지구당 위원장 자리를 내놓은 뒤 이후 몇몇 회사의 고문과 사외이사 등을 맡기도 하고 일부 대학에서 강의도 했다. 그러나 붙박이 자리가 아니었기에 편치 않은 시간이었다. 때로는 나의 선택에 대해 후회도 했고 미래에 대한 불안으로 고민도 했다.

그런데 그 시절 우연히 읽은 책 한 권이 이후 내 삶을 바꾸어놓는 계기가 되었다. 그 책은 바로 이명박 대통령의 《신화는 없다》였다. 1995년에 간행된 이 책은 출판되자마자 베스트셀러 반열에 올랐다. 흔히 말하는 '샐러리맨의 우상'으로서의 MB라는 사람을 알고 싶어 많은 사람들이 선택을 하지 않았을까. 하지만 나에게는 그의 성공 스토리보다 어머니에 대한 애틋한 사랑이 더 기억에 남았다. 그의 어머니는 그가 대학생이던 시절 지독히 가난한 생활 끝에 질병으로 세상을 하직했다. 중학교를 막 졸업했을 때 어려운 가정 형편으로 제대로 된 치료 한번 받지 못하고 내 어머니가 돌아가신 터라 나는 그 아픔이 얼마나 큰지 잘 알 수 있었다.

1998년 지구당위원장을 그만두고 얼마 후 나는 그의 사무실을 찾았다. 《신화는 없다》의 내용을 떠올리면서. 물론 MB를 처음 만난 것은 15대 국회의원 선거운동이 한창이던 1996년 3월이었다. 같은 당 후보였기에 공적인 자리에서 얼굴을 보기는 했으나 긴밀한 대화를 나눌 여건도 아니었고 특별한 인연은 더더욱 없었다. 고향도, 출신 학교도, 살아온 과정도, 심지어 종교까지도 달랐다. 또 열다섯 살이나 나이 차이가 났기에 형과 아우 할 계제도 아니었다.

선거가 끝난 후 나는 원외로서 반백수였고 그는 국회의원이 되었기에 만날 기회도 거의 없었다. 그러던 중 2년이 지난 후에 그를 찾은 것이다. 가장 큰 이유는 책에 나온 내용보다 더 깊이 이명박이라는 사람을 알고 싶었기 때문이다. 사실 그 무렵이 MB에게도 인생의 전환점이었다. 15대 국회의원 선거 때 MB는 대한민국 정치 1번지라 불리는 종로에서 당선되었으나 1998년 불미스러운 사건으로 금배지를 떼야 했다. 세간에는 "이명박의 신화는 끝났다"는 말이 나돌았다. 6·3사태 주역, 샐러리맨의 우상, 현대건설 회장, 앞길이 촉망되는 국회의원이 하루아침에 주저앉은 것이다. 상실의 시기였을 게 분명하다. 나는 어려운 시기에 처한 그의 꿈이 궁금했다.

그 외에도 나는 그에게 궁금한 점이 또 있었다. 그의 책을 읽기 전까지만 해도 그가 현대그룹을 창업한 정주영 회장의 일가친척 중 한 명이라고 생각했다. 한국의 기업 풍토에서 친척이 아니고서는 40대의 나이에 자식들을 제치고 대기업 회장을 맡는다는 것은 거의 불가능하다고 생각했기 때문이다. 성은 다르지만 먼 친척 정도는 될 거라 생각했다. 그러나 내 지레짐작은 틀렸다. 그는 지긋지긋하게 가난한 집에서 태어나 맨손으로 성공을 이룩한 사람이었다. 나는 무엇이 그를 그렇게 만들었는지 정말 알고 싶었다.

새로운 인연의 시작

이후 MB와의 만남은 계속되었고 나의 궁금증도 점차 풀려나갔다. 의미 있는 시간이었다. 무엇보다 그의 소탈하고 서민적인 모습이 나를 놀라게 했다. 그는 점심을 먹을 때면 대부분 건물 지하에 있는 작은 식당에 가서 4,000~5,000원짜리 된장찌개나 김치찌개를 즐겨 먹었다. 태생적으로 그러한 곳, 그러한 음식을 좋아하는 것처럼 느껴졌다.

지금도 잊을 수 없는 기억이 있다. 점심식사를 같이 하곤 했는데 한번은 내가 밥을 약간 남긴 적이 있다. 그는 물끄러미 나를 바라보더니 "다 먹었나?"라고 물었다. "네"라고 대답하자 내 밥그릇을 자기 앞으로 가져가 싹싹 비우는 것이었다. 내가 남긴 밥에는 김칫국물도 묻어 있었다. 그러나 그는 전혀 개의치 않았다. 훗날 그가 서울시장으로서, 대통령으로서 전통시장을 방문해 누구와도 격의 없이 식사를 할 때면 혹자는 정치 쇼라고 비난했지만 나는 그의 진심을 믿었다. 그의 소탈하고 서민적인 모습을 기억하기에.

MB가 대통령이 되고 내가 공직을 맡았을 때 사람들이 가장 궁금해한 것 중 하나는 "그 시절에 MB가 대통령이 되리라고 예상했는가?"였다. 내 대답은 단연코 "노"였다. 내가 MB를 찾은 것은 1998년이었고 MB가 대통령이 된 것은 2008년이었다. 무려 10년 후에 대통령이 된 것이다. 내가 예언자가 아니고서야 어찌 10년 후의 일을 예측할 수 있겠는가? 단지 '이러한 사람이 지도자가 되면 나라가 훨씬 더 발전하겠구나' 하는 생각은 가지고 있었다.

MB와의 만남은 분명 내 인생의 전환점이었다. MB와의 인연은

이제 16년에 접어든다. 역사는 훗날 그의 시대를 어떻게 평가할지
알 수 없으나 나는 그의 열정 그리고 소탈하고 따뜻한 마음을 잊지
못할 것이다.

리틀 싸이의 고향은
어디일까?

가수 싸이의 춤을 기가 막히게 추는 '리틀 싸이'를 TV에서 본 적이
있다. 열심히 춤을 추는 그 아이를 보니 저절로 입가에 미소가 지
어졌다. 그러나 그 미소는 오래가지 못했다. 열 살이 채 안 되는 그
아이가 리틀 싸이로 인기를 얻자 악성댓글에 시달린다는 뉴스를
접했기 때문이다. 그런데 더 충격적인 사실은 리틀 싸이가 다문화
가정 출신임을 문제 삼았다는 점이었다.

'너희 나라로 가라'라니! 그 어린아이의 나라가 도대체 어디란
말인가. 분명 그 아이의 나라는 대한민국이다. 당연히 맑고 예쁘게
자라나는 모습에 박수를 치며 격려를 해줘야 했다.

외국인과의 결혼, 이제는 주위에서 쉽게 볼 수 있는 현상이다.
특히 농촌에서 외국인과의 결혼은 다반사이다. 내 고향에서도 그렇
다. 사실 농촌에서 다문화가정 확산은 어려운 농촌 현실을 반영한
다고도 할 수 있다. 여성들이 농촌으로 시집가기를 꺼려해 농촌 총
각들이 급속히 늘어나고 고령화되는 등 사회 문제로까지 번졌으며

그 대안으로 외국 여성들과의 결혼이 크게 늘어난 것이다.

이러한 국제결혼은 리틀 싸이의 댓글 사건뿐만 아니라 가끔은 예상치 못한 사회 문제를 유발했다. 몇몇 한국의 남편들이 이주여성 아내에게 폭행을 행하는 일이 가끔 기사화되었으며 심지어 결혼한 지 얼마 안 돼 아내가 살해당하는 참사도 일어났다. 대한민국의 이미지를 실추시키는 것은 물론 자칫 외교 문제로까지 번질 수 있는 일들이었다.

물론 이러한 사례는 극히 일부일 수 있다. 이주여성들은 어렵고 힘든 여건 속에서도 한국 생활에 잘 적응하고 있으며, 앞으로도 한국의 이미지와 친밀감을 높이는 데 큰 역할을 할 것이다. 참으로 고맙고 감사할 따름이다. 그런데도 댓글 사건에서 보듯이 다문화가정에 대한 민족적 편견이 이토록 심하다니. 더욱이 우리보다 못사는 나라에서 왔다고 비하한다면 우리가 앞으로 국제 사회에서 무엇을 할 수 있겠는가. 경제가 아무리 발전한다 해도 그에 걸맞은 인격과 품성이 없다면 진정한 선진국이라 할 수 있을까.

나는 오래전부터 이주여성과 다문화가정에 관심을 가지고 있었다. 내가 농촌 출신이다 보니 그럴 수도 있겠지만 다문화가정에서 태어난 아이들이 제일 먼저 염려되었다. 그들이 어떠한 차별도 느끼지 않고 건강하게 자라나야만 대한민국의 미래도 그만큼 밝기 때문이다. 그렇지만 실제로 큰 역할을 할 계기가 없었으나 2008년

공정거래위원회 위원장을 맡은 후에 다문화가정을 위해 조그만 일을 시작했다. 한국소비자원과 협조하여 소비생활에 대한 전반적 내용을 그들에게 가르쳐준 것이다.

이주여성들이 한국에 와서 생활하다 보면 얼마나 난감한 일이 많겠는가? 자신이 산 물건 값은 적당한지, 속아서 사는 것은 아닌지, 통장은 어떻게 만드는지, 피해를 입으면 어디에서 어떻게 보상받아야 하는지 등 우리에게는 문제랄 것도 없는 일상적 행위가 그들에게는 큰 어려움일 수 있다. 그 같은 문제를 조금이라도 해결해주기 위해 소비자 교육을 실시하고 매뉴얼을 만들어 전국 각지에 배포토록 했다. 정책실장으로 있을 때도 여성가족부로 하여금 이주여성에 대한 특별한 배려와 정책을 세울 수 있도록 독려했다.

민족이라는 편견을 버리자

이명박 정부 시절 '다문화가족지원법'을 제정하고, 다문화가족 정책위원회를 설치했다. 지원법이 제정되기 이전에는 다문화가족에 대한 용어조차 공식화되지 않았으나 법 제정으로 정식 명칭을 얻은 것이다. 다문화가족지원센터를 각 지역에 세웠는데 2006년 21개소에 불과했으나 2012년 200개로 증가했으며 이용자 수가 162만 명이나 될 정도로 큰 호응을 얻었다. 또 2세 교육에도 심혈을 기울였다. 다문화가정 자녀의 기초 학력을 높이고 학교생활 적응을 지원하기 위해 45개에 불과하던 다문화 교육 거점학교를 2012년에 195개교로 늘렸다.

또한 이주여성들과 2세들에게 우리나라의 생활문화를 교육하는 것도 중요하지만 반대로 남편들도 상대방의 문화와 환경을 이해해야 한다. 나아가 국민 전체가 다문화가정을 평범한 하나의 가정으로 인식해야 한다. 그래야 말 그대로 '다문화'가 아니겠는가. 다문화가정에 대한 편견이 사라지지 않는다면, 또 그들이 계속해서 이방인으로 살아간다면 우리에게는 커다란 불행이 될 것이다. 우리 스스로를 위해서도 민족적 편견을 버리고 다문화가정과 함께 가야한다.

5부

청춘의 힘

결코
길들여질 수
없는 것들에
대하여

"젊을 때 배움을 소홀히 하는 자는 과거를 상실하고 미래도 없다"는 말이 있다. 그러나 그 배움은 반드시 실제적이고 자신을 위한 것이어야 한다. 박식해 보이기 위해, 졸업장을 따기 위해, 자랑하기 위해 배우는 것은 아무런 의미가 없다.

더 큰 내가 되기 위한
경쟁력

|

헤르초게나우라흐Herzogenaurach라는 복잡한 이름의 작은 도시는 독일 바이에른에 있다. 1920년, 제1차 세계대전이 끝난 지 2년도 지나지 않았기에 패전국 독일 국민의 삶은 여러 모로 고통스러웠다. 그때 스무 살 청년 아돌프 다슬러Adolf Dassler가 구두 직공 두 명과 함께 집에 붙어 있던 좁은 세탁실에서 어머니의 재봉틀 한 대를 빌려 가죽으로 신발과 운동화를 만들어 팔기 시작했다. 그들은 신발 한 켤레, 한 켤레에 정성을 담아 일일이 디자인하고 손수 제작했다. 수작업이었기 때문에 수량에 한계가 있었지만 워낙 잘 만들었기에 곧 불티나게 팔려나갔다.

4년 후에는 형 루돌프 다슬러Rudolf Dassler와 함께 '다슬러 형제 신발공장Dassler Brothers Shoe Factory'이라는 회사를 차려 본격적으로 사업을 시작했다. 독일의 운동선수들이 다슬러 형제의 운동화를 신고 올림픽에 출전해 우수한 성적을 거두자 이 회사는 일순간에 유명기업이 되었다. 이후 두 형제는 각각 독립해 형 루돌프는 1948년에 푸마Puma를 세웠고, 동생 아돌프는 1949년에 자신의 애칭 아디 Adi와 성姓 다슬러Dassler를 결합해 아디다스Adidas를 세웠다. 오늘날 전 세계의 스포츠제품 시장을 석권하고 있는 회사가 형제에 의해 탄생된 것이다.

명장, 장인匠人의 뜻을 지닌 마이스터Meister라는 단어가 독일에서 탄생한 저변에는 이처럼 좋은 제품을 만들겠다는 노력과 신념이 있다. 여기에는 학벌이 전혀 개입할 여지가 없다. 세계의 유명 제품을 만든 기업가 중의 상당수는 대학 교육을 받지 않았다. 리바이스 청바지를 만든 리바이 스트라우스Levi Strauss는 광산에서 일용품을 팔던 청년이었고, 샤넬향수를 만든 코코 샤넬Gabrielle Chanel은 고아원에서 자랐으며 카바레에서 노래를 불렀다. 초졸, 중졸, 고졸의 학력으로 세계적 기업인, 정치인, 위인이 된 사례를 들자면 끝이 없다.

그렇지만 우리 청소년들은 대학 진학을 당연시한다. 실제 대한민국의 대학 진학률은 80퍼센트가 넘어 세계 최고 수준이다. 높은 교육열이 빈곤 탈출의 원동력이었고 인적 자원이 여전히 중요한 상황에서 대학 진학률이 높다는 게 나쁘다고 할 수는 없다. 그러나 마냥 자랑스러운 수치만은 아니다. 그리고 '우수한 인적 자원=대졸'이라는 공식은 더더욱 성립하지 않는다.

왜 우리나라 국민들은 대학 진학에 올인하는 걸까? 여러 가지 이유가 있을 것이다. 그 가운데 하나는 학벌 사회, 이른바 간판을 중시하기 때문이다. 학문에 대한 열망이 있거나 뚜렷한 목적이 있으면 대학에 진학해 그 꿈을 이루어야 하지만 부모의 일방적 바람에 의해, 사회적 압력에 의해 어쩔 수 없이 대학에 진학하는 것은 본인은 물론 가족, 사회 모두에 마이너스이다. 더욱이 대학 졸업장만으로 꿈을 이룰 수 있는 시기는 끝났다.

그럼에도 대학 진학을 고집하는 이유는 고졸 학력으로는 취업도 어렵고, 설사 취업한다 해도 대졸자보다 못한 처우를 받기 때문일 것이다. 이 같은 상황에서 전문기술 명장을 양성하는 마이스터고가 2008년에 출범했다. '고교 다양화 300 프로젝트'의 일환이었다. 이름도 생소한 마이스터고는 기존 전문계고가 지닌 부정적 이미지 그리고 산업계와 학부모의 불신 및 졸업 후 불투명한 진로, 무분별한 대학 진학 등의 문제를 해결하기 위한 대안으로 만들어졌다. 산업계의 수요를 반영해 소질과 적성, 능력을 고려하여 기술 전문가로 성장할 수 있는 길을 만들기 위해 추진된 것이다. 우리나라 교육과 학부모들의 의식, 청소년들의 진로선택 방식에 일대 전환을 가져온 계기였다.

물론 우려의 목소리도 높았다. 혁신적인 학교 체제의 지속 가능성, 선先취업 후後진학의 실효성 및 좋은 일자리 창출 가능성 등에 대한 비판이 이어졌다. 하지만 산업 사회를 이끌어온 베이비붐 세

대 은퇴 이후의 우수한 기술 인력을 양성해야 한다는 데는 이견이
없었다. 이러한 공감대를 바탕으로 마이스터고가 탄생한 것이다.

선진국에서도 주목하는 교육 혁신 사례

독일에서 시작된 마이스터는 전통 사업과 관련된 수공업 마이스
터와 제조업 생산 방식과 관련된 산업 마이스터로 구분된다. 우리
나라는 공업기술 교육과 관련된 산업 마이스터를 한국적 현실에
맞게 변용하여 도입했다. 즉 한국형 마이스터고를 만든 것이다. 마
이스터고 졸업생의 성장 경로는 먼저 취업한 후 계속 교육을 받아
학위를 취득하는 것이며, 최종적으로는 최고 기술자, 기술 전수자,
나아가 창업·경영자로 성장하는 것을 목표로 삼았다.

출발도 순조로웠다. 입학 경쟁률도 높았고 학생들 수준도 높았
다. 성적이 낮은 학생들이 진학하는 학교라는 인식이 사라지고, 학
교 교육이 충실해져 기업의 반응도 긍정적으로 바뀌었다. 2012년
부터 10년간 마이스터고 학생 1,000명을 채용하기로 한 H자동차
는 "마이스터고 출신 학생들은 업무를 처리하는 능력이나 자세가
확실히 다르다"며 "전문 자격증과 지식을 두루 갖춘 고졸자는 현
장 적응력이 빨라 기업의 만족도가 높다"고 평가했다.

구미전자공고에 진학한 한 학생의 사례는 마이스터고의 성공과
미래를 여실히 보여준다. 그는 중학교 내신 성적이 상위 3퍼센트

이내의 우수한 학생이었다. 그러나 대학에 진학하지 않고 기술을 쌓아 유능한 엔지니어가 되고 싶었다. 그 학생은 부모가 강하게 반대했음에도 마이스터고에 진학해 실력을 닦아나갔다. 그 결과 2학년 재학 중에 대기업 연구소 취업이 결정되었다. 특히 우수한 역량을 인정받아 중앙연구소에서 엔지니어로 근무하기로 확정된 것이다. 그 학생은 선취업 후진학의 경로를 활용해 유능한 연구원으로 성장할 목표를 가지고 열심히 근무하고 있다. 이는 단지 그 학생만의 사례는 아닐 것이다.

정책실장 시절 대통령과 함께 몇몇 마이스터고를 방문한 적이 있다. 이명박 대통령의 마이스터고에 대한 관심은 참으로 대단했다. 그곳에서 만난 학생들은 기술을 익히고자 하는 열의가 뜨거웠고 미래에 대한 자신감이 넘쳐 있었다. 지금도 그때 만난 학생들의 의지에 찬 눈동자를 잊을 수 없다.

한국의 마이스터고는 선진국에서도 주목하는 교육 혁신 사례로 꼽힌다. 2013년 영국의 〈이코노미스트〉는 '젊은 세대의 실업'이라는 기사에서 청년실업 문제를 해결하기 위한 방법으로 한국의 마이스터고와 싱가포르의 기술대 육성을 손꼽았다. 청년 실업이 갈수록 세계적 문제로 등장하는 오늘날 한국의 마이스터고가 훌륭한 해결책 중의 하나라고 소개한 것이다. 〈이코노미스트〉는 "얼마나 오래 교육을 받았느냐가 아니라 어떤 교육을 받았느냐가 중요하다"고 강조하면서 청년 실업 문제를 해결하기 위해서는 한국의 마이스터고처럼 현장에서 요구하는 기술을 가르치는 교육 개혁이 이뤄져야 한다고 지적했다.

배움에는 끝이 없다. 그러므로 우리는 늘 배움의 자세로 인생을 살아가야 한다. 특히 청년 시절에는 세상을 사는 지식과 지혜를 더 열심히 배워야 한다. 그러기에 어느 철학자는 "젊을 때 배움을 소홀히 하는 자는 과거를 상실하고 미래도 없다"고 말했다. 그러나 정작 중요한 것은 그 배움이 실제적이고 자신을 위한 것이어야 한다는 점이다. 박식해 보이기 위해, 졸업장을 따기 위해, 자랑하기 위해 배우는 것은 아무런 의미가 없다. 마이스터고는 어쩌면 그러한 이념을 실천하는 하나의 대안이다. 마이스터고는 위풍당당한 신新고졸 시대를 열었다.

자유롭게 끼의 날개를
펼칠 수 있도록

누구나 한번쯤은 세상이 참 많이 바뀌었구나라고 느끼는 순간이 있을 게다. 나에게는 인터넷 포털사이트의 '검색어 순위'를 체크할 때이다. 특별한 정치, 사회적 이슈가 없는 날이면 상위 10개 대부분이 연예인에 대한 토픽들이다. 불과 십수 년 전만 해도 우리 사회를 지배하는 이슈는 정치가 압도적으로 많았고 사회 문제, 경제 문제가 그 뒤를 이었으며 연예인에 대한 이야기는 재미있는 화젯거리에 불과했던 것 같다. 그러나 이제는 연예계 이슈가 우리의 관심을 끄는 토픽으로 자리를 잡았다.

왜일까? 경제 발전과 생활 수준 향상에 따른 문화 갈망일까? 그럴 수 있다. 어느 나라, 어느 시대이든 정치가 안정되고 경제가 발전하면 그다음에는 필연적으로 문화를 추구한다. 고급 문화이든 대중문화이든 사람들은 문화와 예술에 관심을 돌려 인간으로서의 다양하고 품격 있는 삶을 원하는 것이다. 이 흐름에 맞추어 예술가, 연예인, 방송인 들이 시대의 아이콘이 되고 일부 청소년들에게는 영웅시되는 현상마저 일어나는 것 같다.

그 주인공들도 많이 바뀌었다. 1970~1980년대에는 소설가, 시인, 평론가, 철학가, 사회비평가 등이 문화계의 오피니언 리더였다면, 1990년대 중반부터는 영화감독, 가수, 영화배우, 탤런트, 아나운서, 개그맨, 스포츠 선수가 이슈를 주도하는 우상이 되었다.

이제는 정치인들마저 유명한 연예인 한두 명과의 친분을 과시하는 게 큰 자랑거리인 세상이 된 것이다. 그러나 그들의 삶이 대중이 생각하는 것처럼 마냥 좋지만은 않을 거라는 생각도 든다. 대중의 우상으로 등장한 그들이 이해하기 힘들 정도의 불합리한 여건 속에서 고통 받고 있는 현실이 떠올라서이다.

공정거래위원장 시절에 알게 된 불공정한 전속계약, 이른바 '노예계약'의 실상은 충격적이었다. 실제 그로 인해 소속사 탈퇴니 손해배상 청구니 법정다툼 등이 심심치 않게 일어났다. 과거에는 대부분의 연예인이 독립적으로 활동했으나 대형 연예기획사가 등장하고 나서부터 많은 연예인들이 회사에 소속되어 활동하고 있다. 당연히 소속사와 계약을 맺게 되는데 이때 공정성 문제가 발생하는 것이다.

계약 기간과 일상적 활동에 대한 제약은 공정성과는 거리가 멀었다. 신인의 경우 무려 15년 혹은 20년 가까이 전속되는 경우도 있었고, 일상의 모든 생활에서 철저한 간섭과 제지를 받았다. 심지어 사소한 개인 일로 나갈 때마다 일일이 회사의 허락을 받아야 한다는 규정도 있었다. 규정을 어기거나 계약을 파기했을 때의 배상도 일반 상식을 벗어났다. 물론 모든 연예기획사가 이처럼 불합리하고 불공정한 계약을 강요하는 것은 아니다. 하지만 당시 공정위 조사결과에 따르면 대부분의 기획사가 불공정한 규정을 두고 있었다.

2008년 11월 10개 연예기획사에 소속된 연예인 총 354명의 계약서를 처음으로 전수 조사했다. 그 결과 일부 스타급 연예인을 제외한 대다수의 연예인이 일방적으로 불리한 계약을 맺고 있었다. 10개 유형, 총 46개 조항이 불공정 거래였던 것이다. 다음과 같은 이해하기 힘든 조항도 있었다.

갑이 제작하는 인터넷방송에 갑의 요구가 있을 경우 언제든지 출연하며, 인터넷방송은 을의 홍보로 해석하며, 이에 대한 출연료를 지급하지 않는다.

을은 을의 신상 문제, 사생활(신변, 학업, 국적, 병역, 교제, 경제활동, 사회활동, 교통수단 등)과 관련해 사전에 갑에게 상의하여 갑의 지휘 감독을 따라야 한다.

을은 자신의 위치에 대해 항상 갑에게 통보해야 한다.

꽃을 피울 수 있는 공정한 토양이 중요

기획사 입장에서는 '노예'라는 단어가 억울하겠지만 일반적 상식으로는 거의 노예 수준에 가까웠다. 아무리 회사에서 많은 돈을 투자해 키운 연예인이라 해도 사생활 하나하나를 일일이 간섭하고 통제할 권한은 없는 것이다. 이에 공정위는 홍보활동을 강제로 시키거나 무상 출연 그리고 과도한 사생활 침해, 일방적으로 불리한 수익배분 등 불공정 계약에 대해 수정 또는 삭제하도록 조치했다. 또한 자신의 위치를 항상 기획사에 통보하고 학업, 이성교제 등 사생활 문제까지 사전에 협의하게 한 조항도 삭제토록 했다. 2009년 6월 또 한 번의 조사 후에는 연예 관련 단체들과 협의해 '표준약관'을 만들어 보급하기도 했다.

지금까지 해온 연예기획사의 역할과 공헌은 인정해야 한다. 오늘날 우리나라가 문화 강국이 되고, 한류가 전 세계로 퍼져나가 대한민국의 이미지를 새롭게 한 이면에는 연예기획사들의 부단한 노고가 있었기 때문이다. 이른바 K-POP이라 불리는 한국의 대중가요는 한국인만을 위한 노래가 아니라 세계인이 공감하는 노래가 되었다. 2011년 유튜브 K-POP 조회 수는 무려 23억 회에 달했다. 2010년 8억 회였던 것과 비교할 때 191퍼센트라는 엄청난 증가세를 보인 것이다.

더구나 개발도상국이나 중진국이 아닌 선진국에서 각광 받고 있다는 점이 대견스럽다. 미국 155퍼센트, 프랑스 168퍼센트, 독일 258퍼센트의 높은 증가율을 보였다. 더 놀라운 사실은 전 세계에서 K-POP에 대한 조회가 없었던 지역은 단 두 곳에 불과하다는 점이다. 그만큼 한국 노래가 세계적으로 확산됐음을 알 수 있다.

이렇게 아시아 등지에 한정되었던 기존 한류의 범위가 유럽으로까지 퍼져 독일, 프랑스 등의 언론도 관심을 기울이고 있다. 특히 프랑스 신문 〈르몽드Le Monde〉는 '팝 한류가 유럽에 도달하다'라는 제목의 기사를 실어 한류에 대해 상세히 보도했다. 한국 문화가 문화 강국 프랑스에서까지 찬사를 받은 것이다.

한류 확산이 가져온 경제적 효과를 생각하면 더욱 자랑스럽다. TV나 영화에 등장한 한국 제품들에 대한 구매 욕구는 우리 상품의 수출로 이어지고 있다. 또한 한국 문화에 대한 관심을 유발하고, 드라마나 영화 촬영지는 매력적인 관광 상품이 되고 있다. 이 같은 한류의 효과가 지속되기 위해서는 튼튼한 문화 산업의 기반이 전제되어야 한다. 또 정부의 지속적 관심과 지원도 필요하다.

그러나 무엇보다 건전한 문화 생태계가 형성되어야 이제 막 피어난 문화 산업이 더 발전할 수 있다. 그러기 위해서는 관계가 공정해야 한다. 문화 산업에도 갑과 을의 공정한 계약 문화가 정착되어야 한다.

오늘은 학교에서
무엇을 배웠니?

아버지는 어린 아들이 학교에서 돌아오면 늘 "오늘은 학교에서 무엇을 배웠니?"라고 물었다. 어린 아들이 "덧셈을 배웠어요"라고 대답하면 "매우 중요한 것을 배웠구나"라고 다정하게 말하곤 했다. 하루는 아들이 "친구들과 떠들어서 벌을 서느라 아무것도 배우지 못했어요"라고 시무룩하게 대답했다. 그러자 아버지는 아들의 머리를 쓰다듬으며 "넌 오늘 중요한 것을 배웠단다. 수업 시간에 떠들면 벌을 선다는 것을 배웠잖니"라고 일러주었다.

그 아들은 스물다섯 살 때인 1998년에 대학원 과정을 중퇴하고 친구와 함께 차고에서 회사를 세운다. 오늘날 세계에서 가장 큰 기업인 구글을 창업한 세르게이 브린Sergey Brin의 이야기이다. 친구는 래리 페이지Larry Page이다. 브린의 이야기는 교육의 중요성을 일깨워주는 일화이다. 꼭 브린의 경우가 아니더라도 교육은 그 누구에게나 가장 중요한 인격 형성과 성공의 밑거름일 것이다.

해방 이후 우리나라가 풀어나가야 할 문제는 헤아릴 수 없이 많앉으며 그중 결코 소홀히 할 수 없는 것 중 하나가 교육이었다. 자원이 부족하고, 기술이 절대적으로 뒤처진 상황에서 어쩌면 교육을 통한 인적 자원 양성은 중요한 성장 요인이었을 것이다. 한강의 기적이라 불리는 눈부신 경제 발전과 민주화를 이룰 수 있었던 데에도 교육이 큰 역할을 했다. 배우고자 하는 의지와 자신은 굶을지언정 아들딸만은 가르치겠다는 헌신적 교육열은 대한민국 발전의 원동력이 되었고 지금도 발전의 견인차 역할을 하고 있다.

그럼에도 앞에서 언급한 세르게이 브린과 아버지의 대화 내용은 우리의 교육 현실과는 동떨어져 보인다. 비단 나만의 경우는 아닐 것이다. 1970~1980년대 중·고등학교를 다닌 사람들 대다수가 그럴 것이다. 학교에 가면 당연히 영어, 수학을 우선적으로 배워야 했고 시험성적도 좋아야 했다. 획일적인 교과 내용을 잘 이해하고 암기해서 높은 시험성적을 얻고 좋은 대학에 가느냐가 성공의 지름길이었다.

이 같은 획일적인 암기교육은 어쩌면 모방copycat을 통한 압축성장 시기에는 성공 전략이 될 수 있었다. 외국의 기술을 습득하고 따라하는 전략으로 성장을 구가했던 성장 초기에는 암기식 교육이 더욱 효과적이기 때문이다. 그러나 이제 카피캣 전략으로 성장을 이루는 데는 한계가 있다. 하버드대학의 하그로브R. Hargrove 교수가 한국에 와서 한 말이 지금도 새롭다.

"한국은 막다른 길에 다다랐다. 모방 전략으론 예측 가능한 결과와 점진적 발전만 가능할 뿐이다. 한국은 다른 나라보다 잘 해내는 분야들이 많다. 실제로 버스를 타 보니 한국의 버스가 미국이나 영국보다 훨씬 나았다. 하지만 한국에서 버스를 발명하지는 않았다. 다른 나라에서 누군가 만들었다. 지하철도 미국보다 낫다. 한국은 남의 것을 모방해서 더 낫게 그리고 더 싸게 만든다. 하지만 이러한 전략으로는 두 자리 숫자의 빠른 경제 성장을 견인했던 과거를 회복할 수 없다."

새로운 성장 전략과 함께 교육의 틀이 바뀌어야 한다면 그 대안은 무엇일까? 솔직히 교육전문가가 아닌 나로서는 대답하기 어려운 질문이다. 굳이 말하자면 개인의 능력과 창의성을 개발하는 쪽으로 틀이 바뀌어야 한다고 본다.

교육의 틀이 바뀌어야 한다

우리나라 교육이 성공할 수 있었던 데는 여러 가지 요인이 있지만 그중 중요한 것은 끊임없는 개혁과 공정성이다. 특히 교육의 공정성은 해방 이후 70년 동안 변함없이 지켜온 원칙으로 빈부와 신분, 지역, 남녀 차별 없이 공정하게 적용되어 왔다. 그러나 시대가 변해 교육의 개념과 방식에도 변화가 요구될 수밖에 없다. 지난 세월에는 암기식 획일화 교육이 커다란 성과를 가져왔으나 글로벌 시대에는 그러한 방식이 더 이상 효과를 거둘 수 없는 상황이 되었다.

이제 교육을 통해 빠르게 변하는 21세기에 핵심 역할을 할 수 있는 창의적 인재를 길러야 한다. 글로벌 경쟁 사회에서 대한민국의 생존 전략은 인재 육성이다. 그와 더불어 최근 들어 부쩍 두드러지는 교육 격차에 대한 문제도 해결해야 한다. 부모의 경제적 격차가 자녀의 교육 격차로 이어져 계층 간 격차로 고착화되어서는 안 된다. 그래야 창의적 인재, 도전정신으로 가득 찬 글로벌 인재를 양성할 수 있기 때문이다.

교육전문가들도 이러한 방향에 공감해서 다양한 제안을 하고 있는 것으로 안다. 학습경험의 '양'보다는 '질'을 강조하고, 집중 이수제니 학기당 이수 과목 수 축소 등으로 학생의 학습 부담과 평가 부담을 줄이고 있다. 또한 창의적 체험활동을 도입해 학생들이 실생활에서 학교 수업을 적용하고 재생산할 수 있는 학습활동의 장을 마련하고 있다. 교육 과정의 변화와 더불어 교과교실제도를 도입해 학교 수업의 변화를 이끌어내는 등 다양한 노력들도 시도되고 있다.

앞으로도 새로운 변화들이 나타날 것이다. 하지만 분명한 것은 교육의 틀이 획기적으로 변해야 할 시점이고, 그래야 우리는 미래를 위한 인재를 길러낼 수 있다는 점이다.

비틀어 보면
숨어 있는 가치가 보인다

|

1853년 즈음 형들의 꾐에 빠져 캘리포니아 광산으로 금을 캐러 떠난 리바이 스트라우스는 광부들을 상대로 일용품을 팔다 그들의 바지가 너무 빨리 해지는 모습을 발견했다. 좋은 방법이 없을까 궁리하던 그는 질긴 천막용 천으로 바지를 만들었다. 그 바지가 뜻밖에도 불티나게 팔리자 일용품 장사를 접고 바지 만드는 일에 매진한다. 훗날 전 세계를 석권한 청바지 회사 '리바이스'의 탄생 이야기이다. 분명 발상의 전환이다. 그 시절에 누가 천막용 천으로 바지를 만들 착상을 할 수 있었을까?

일본 아오모리靑森 현의 합격 사과도 이와 같은 사례이다. 1991년 일본 최고의 사과 산지인 아오모리에 태풍이 몰아쳐 수확을 앞둔 사과의 90퍼센트가 땅에 떨어졌다. 1년 농사를 망친 농부들이 낙담하고 있을 때 한 농부는 땅에 떨어지지 않은 10퍼센트의 사과에 '합격 사과'라는 이름을 붙여 높은 가격에 판매했다. 우리나라처럼 입시경쟁이 치열한 일본에서 이 사과는 학부모들의 구매 열풍에 힘입어 대히트를 기록했다. 대부분의 농부들이 사과가 10퍼센트밖에 남지 않았다고 낙담할 때 그 생각을 뒤집어 위기를 기회로 바꾼 것이다.

이른바 '역발상'으로 성공한 대표적 사례들이다. 국어사전에서는 역발상을 '일반적인 생각과 반대가 되는 생각'이라고 정의한다. 평범한 사람들이 갖는 고정관념을 깨고 새로운 인식으로 현상을 보는 것이다. 이 같은 역발상은 현대 사회를 살아가는 지혜로도 여겨진다. 그러나 문제는 고정관념을 깨는 것, 역발상을 하는 것 자체가 쉽지 않다는 점이다. 어쩌면 주입식·암기식 교육의 결과가 아닌가 싶다. 특별히 교육 탓을 하는 이유는 한 편의 영화가 생각나서이다. 바로 1990년 개봉된 피터 위어 감독의 〈죽은 시인의 사회〉이다.

이 영화에서는 경직되고 전형적인 교육과 자유롭고 인간적인 교육의 대결이 펼쳐진다. 권위와 압박에 떠밀려서 '오 마이 캡틴 Oh My Captain' 존 키팅 선생은 학교를 떠나지만 학생들에게 중요한 메시지를 남긴다. '참다운 인생은 교과서 안에 있지 않다'고.

그가 학생들을 가르치는 방식은 파격적이다. 단체로 길을 걸을 때 발을 맞추지 말라고 주문한다. 학생들은 처음엔 어리둥절하지만 이내 신이 나서 제각각으로 걷는다. 아마 이게 인생일지도 모른다. 모든 사람은 각자의 인생길을 걸어야 하기 때문에 옆 사람과

발을 맞출 수 없다. 자신의 길을 자신에 맞게 가야 하는 것이다. 키팅 선생이 그 작은 비틂만으로 삶의 방식을 일깨워줬다고 하면 지나친 해석일까?

책상에 올라가 보라는 요구 역시 엄청난 역발상이자 도전정신이다. 교실에서 책상은 책상 이상의 의미를 갖는다. 나무로 만든 하나의 물건에 불과하지만 신성한 것이다. 그럼에도 책상에 신발을 신고 올라가 우뚝 서라고 했다. 왜 그런 터무니없고 심지어 비도덕적인 요구를 했을까? 세상이 달라 보이기 때문이다. 다르게 보지 못하고 고정관념에 얽매이면 멋진 생각, 세상을 바꾸는 생각을 해내지 못한다고 봤을 것이다. 영화에서 그는 좋은 대학 혹은 좋은 직장이라는 미래 때문에 현재 학창 시절의 낭만과 꿈을 포기해야만 하는 학생들에게 '카르페디엠carpe diem'을 외치라 한다. 지금 이 순간을 잡으라는 것이다.

고정관념에서의 탈피가 첫 번째

국세청장으로 있을 때이다. 한 언론사 기자와의 만남에서 "(대통령의) 참모들은 유연해야 한다. 요즘 젊은이들은 기존에 있는 것을 자기 식으로 해체하고 다시 만든다. 유연하지 않으면 따라갈 수 없다"고 말했다. 대통령 주변 사람들의 자유로운 사고의 전환을 강조한 것이다. 그러면서 당시 상영 중이던 영화 〈방자전〉(김대우 감독)

을 언급했다. 이 영화의 영상미나 완성도, 주인공들의 연기력을 떠나 발상의 전환이 신선했기 때문이다.

평범한 사람이라면 '춘향전'의 내용을 제아무리 비튼다 해도 춘향과 이몽룡, 향단과 방자의 사랑 구도를 깨지는 못할 것이다. 최소한 내 생각은 그러했다. 그런데 이 영화는 방자가 춘향을 사랑한다는 설정으로 이야기를 꾸려갔다. 발상의 전환이다. 여담이지만, 영화에 대한 나의 언급이 기사화되자 관객 수가 많이 늘었다 한다. 이래저래 역발상의 덕을 톡톡히 본 경우일 게다.

물론 역발상은 때로 사람을 불편하게 만들 수 있다. 우리가 늘 접하는 세계 지도는 남극이 아래에 있고 북극이 위에 있다. 지구가 원래 '그렇게 생겼기' 때문에 '그렇게 지도를 만드는 것'이다. 그러나 정말 그럴까? 무한히 넓은 우주에서 보면 지구의 위아래라는 개념은 의미가 없다. 남극이 아래에 있어야 한다는 생각은 인간의 오래된 고정관념에 기인한 것이다. 만약 이 고정관념을 깨고 알래스카가 아래에 있고 희망봉이 위에 있는 지도를 만들면 어떨까? 참으로 불편할 것이다. 재미있고 신선하다는 느낌을 갖는 사람도 있겠지만.

앞으로는 창의성이 요구되는 시대이다. 많은 사람들이 그렇게 이야기한다. 분명 맞는 주장이다. 그렇다면 어떻게 해야 할까? 기존과 다른 시각에서 새로운 것을 봐야 창의성도 생긴다. 가끔은 사

물과 현상을 한번 비틀어서 바라볼 필요가 있다. 춘향이가 변 사또를 사랑하면 어떻게 될까? 세계 지도가 거꾸로 되면 얼마큼 재미있을까? 남들이 전부 오른발을 내딛을 때 나만 왼발을 내딛으면 어떻게 될거라는 발상이 창의성의 출발일 수 있다. 〈죽은 시인의 사회〉에서 존 키팅 선생은 학생들이 제각각으로 걸을 때 이렇게 말한다.

"그 누구도 아닌 자기 걸음을 걸어라. 나는 독특하다는 것을 믿어라."

그렇다. 역발상은 자신만의 걸음을 걸으며 자신의 독특함을 믿는 것이다. 그 독특함을 믿고 실천하면 새로운 세상이 보인다.

열정과 도전정신은
청춘의 특권

중·고등학교 시절 배운 문장과 시 중에는 유독 잊히지 않는 것들이 있다. 민태원의 〈청춘예찬〉도 그중 하나이다. "청춘! 이는 듣기만 하여도 가슴이 설레는 말이다. 청춘! 너의 두 손을 대고 물방아같은 심장의 고동을 들어보라. 청춘의 피는 끓는다. 끓는 피에 뛰노는 심장은 거선巨船의 기관같이 힘 있다. 이것이다. 인류의 역사를 꾸며 내려온 동력은 꼭 이것이다. (…) 이상! 빛나는 귀중한 이상, 그것은 청춘이 누리는 바 특권이다……." 참으로 가슴을 뛰게하는 문장이다.

이 글은 80여 년 전인 일제강점기에 발표된 글이지만 오늘날의 청춘들에게도 꿈과 용기, 희망을 안겨준다. 맞는 말이다. 청춘은 가장 빛나는 시기이며 역동적인 시기이고 낭만과 자유가 넘치는 시기이다. 손에 쥔 것 없어도 두려움이 없으며 낡은 옷을 입고 다녀도 전혀 부끄럽지 않다. 지금 당장은 빈손이어도 열정과 도전정신으로 미래를 개척해 꿈을 이룰 가능성이 있기 때문이리라.

청춘들의 위대한 도전 이야기는 끝이 없다. 오늘날 세계적 기업이 된 델컴퓨터를 만든 마이클 델Michael Saul Dell은 텍사스주립대학을 1학년만 마친 뒤 컴퓨터 사업에 뛰어들었다. 그의 나이 열아홉 살 때였다. 래리 페이지와 세르게이 브린이 구글이라는 전혀 색다른 검색엔진을 만든 것은 스물일곱 살 무렵이었다. 영국의 버진그룹 회장 리처드 브랜슨Richard Branson이 메일 오더 레코드Mail Order Record라는 회사를 세운 때는 1970년으로 만 20살 때였다. 모두 서른이 안 된 나이에 아이디어와 도전만으로 미래를 개척한 경우이다.

우리나라에도 청년 기업가는 많다. 또 스포츠나 예술 방면에서 청춘의 이름으로 도전하여 세계에 우뚝 선 젊은이들도 많다. 하지만 왠지 이 시대의 청년상을 돌아보면 '청춘은 아름답다'보다 '아프니까 청춘이다'가 대세인 것 같다. 도전보다는 안주, 개척보다는 모방, 꿈보다는 현실이 먼저가 되었다. 공직에 근무하는 것이 삶을 그나마 편안하게 해준다는 인식이 퍼져 공무원 시험에 전념하는 청춘들이 급속히 증가하고 있다. 참으로 안타깝다. 사회 선배로서, 국정을 책임졌던 한 사람으로서 나아가 젊은이들을 교육하는 사람으로서.

능력이 출중한 청춘들이 졸업 후 자신의 능력을 펴 보지도 못하고 좌절하는 모습을 볼 때면 가슴이 아프다. 더욱이 2008년 글로벌 경제위기와 2010년 유럽의 재정위기는 청춘들을 더욱 힘들게 했다. 유럽의 경우는 심각했다. 스페인의 마드리드와 그리스의 아테네 그리고 영국의 런던에서는 절망과 분노에 싸인 젊은이들이 거리로 뛰쳐나왔다. 실제 유럽 국가들의 평균 청년실업률은 20퍼센트를 넘어섰고 스페인의 경우는 50퍼센트에 육박하고 있다.

다행히 우리나라는 글로벌 경제위기를 신속하게 극복함으로써 다른 OECD 국가들보다 고용 상황이 비교적 빠르게 개선되었다. 그러나 청년층의 고용은 여전히 어려운 상황이다. 청춘들을 '88만 원 세대'라 지칭하는 말부터가 그 어려움을 대변한다. 취업난과 더불어 비정규직 공포에 시달리는 청춘들은 좌절할 수밖에 없다.

두려움 없이 접시를 깨라

청와대에 있을 때 나 역시 청년고용을 늘리기 위해 재정 지원, 일자리 제공, 직업능력 개발 기회 확대 그리고 청년층에 특화된 취업지원 프로그램 등에 특별한 관심을 가졌다. 어려운 재정 여건 속에서도 청년고용을 높이기 위해 예산도 증액했다. 2008년 4,732억 원에서 2011년 1조 6,444억 원으로 증가시켰다. 또 2012년에는 2조 1,402억 원을 책정해 전년 대비 30퍼센트나 늘렸다. 그러나 체감 효과는 크지 않았다. 경제의 고용 창출력이 떨어지고, 고학력화에 따른 일자리 미스매치가 심화되는 등 구조적 어려움이 상존했기 때문이다. 청년고용 문제를 근본적으로 개선하는 데는 한계가 있었다.

실업의 반대말은 '취업' 혹은 '창업'이다. 그러나 '준비', '도전'도 실업의 반대말이 될 수 있다. 청춘들의 아픔을 위로하는 차원이 아닌 실제적 삶의 방식을 지원하는 이러한 모든 정책과 제도는 청춘 스스로의 준비와 도전이 없으면 무용지물이 되기 때문이다. 실업을 줄이기 위해, 창업을 활성화하기 위해 정부는 당연히 최대한의 노력을 해야 한다. 그러나 그 지원을 활용해 스스로 도전하는 것은 청춘의 몫이다.

실패가 두려워 도전하지 않으면 아무것도 이룰 수 없다. 너무도 자명한 이야기이다. 접시를 깨는 것을 두려워하는 것보다 더 나쁜 것은 아예 접시 근처에 얼씬조차 하지 않는 것이다. 그러므로 접시를 수없이 깰 각오를 하고 도전해야 한다. 왜냐면 청춘이기에. 〈청춘예찬〉의 마지막 문장이다.

"청춘은 인생의 황금시대다. 우리는 이 황금시대의 가치를 충분히 발휘하기 위하여, 이 황금시대를 영원히 붙잡아 두기 위하여, 힘차게 노래하며 힘차게 약동하자!"

바다 건너에서
청춘의 꿈을 펼치자

한반도의 면적은 과연 얼마나 될까? 지구의 총면적은 약 5.1억 제곱킬로미터이고 바다를 제외하면 1.5억 제곱킬로미터이다. 물의 면적이 땅의 면적보다 3배 정도 큰 셈이다. 그래서 어떤 과학자는 지구地球가 아니라 수구水球라고 불러야 한다고 주장하기도 한다. 아무튼 이 1.5억 제곱킬로미터 중에서 남한의 면적은 100,032제곱킬로미터이니 전체 지구 면적의 0.6퍼센트를 차지한다. 분명 좁다.

그러다 보니 대한민국에서 바라본 세계는 더 넓을 수밖에 없다. 어느 기업 회장이 말한 대로 세계는 넓고 할 일도 당연히 많다. 실제 우리는 넓은 세계에서 많은 일을 했다. 무엇보다 세계를 향한 정책으로 경제 성장을 이루지 않았는가? 수출이 성장의 동력이었다는 것은 주지의 사실이다. 내수시장이 한계를 맞이한 상황에서 해외시장은 우리의 생존시장 그 자체였던 셈이다.

어디 물건만 팔았는가. 지금 이 순간에도 우리 국민들은 세계 곳곳에서 많은 일을 하고 있다. 나는 가끔 세계를 누비는 성공한 한국인을 소개하는 TV 프로그램을 본다. 그럴 때마다 참으로 대한민국 국민이 대단하다는 생각을 하면서 더 많은 한국인들이 넓은 세계에서 활동했으면 하는 바람을 가진다. 지금도 세계 220여 국가에서 한국인의 패기와 손길을 기다리고 있다.

어쩌면 넓은 세계에서 활동한다는 그 자체가 참 매력적일 수 있다. 새로운 문화를 접할 수 있고, 새로운 사람들을 만날 수 있으며, 인생의 시각도 넓힐 수 있다. 물론 대한민국의 이미지를 높이는 데도 기여한다. 또 직업인으로서 돈도 벌 수 있다.

그럼에도 이 땅의 청춘들이 선뜻 넓은 세계로 나가지 못하는 이유는 무엇일까? 그 이유 역시 아주 많을 것이다. 혹자는 흰 와이셔츠에 멋진 넥타이를 매고 월스트리트에서 일하기를 꿈꾸지만 현실적으로 괜찮은 직업을 구하는 게 어려워서일 수도 있다. 또 언어 때문에 쉽게 도전하지 못할 수 있다. 마음속에 내재된 막연한 두려움도 그 이유일 것이다. 해외에서 제대로 생활을 할 수 있을까? 푸대접을 받거나 무시를 당하지는 않을까? 혹여 생명을 위협 받지는 않을까?

그러나 도전하지 않으면 기회는 없다. 특히 청춘에게는 더욱 그러하다. 나 역시 젊은 시절 꿈을 꾸면서 준비하고 도전할 때 기회가 왔다. 세상을 좀 살다 보니 설사 실패를 한다 해도 멈추지만 않는다면 그것은 절대 실패가 아니라 성공을 위한 또 하나의 과정이라는 것을 알게 되었다. 그러므로 두려움을 떨쳐버리고 넓은 세계를 향해 도전해야 한다.

물론 무작정 덤벼들어서는 안 될 것이다. 치밀한 준비와 계획이 있어야 한다. 그러한 준비에 대해서는 지금의 젊은 사람들이 너무 잘 알 것이기에 구태여 조목조목 언급할 필요는 없을 것이다. 단지 젊은 시절 해외 봉사활동 등을 통해 경험을 쌓는 것도 좋은 방법일 수 있다는 조언을 하고 싶다.

청춘 앞에 장애물은 없다

해외봉사단체는 국가에서 운영하는 곳도 있으며 비영리단체에서 주관하는 곳도 있다. 또 기업체에서 방학 동안 자원봉사를 하는 프로그램도 아주 많다. 특히 정부는 여러 기관을 통해 다양한 채널로 해외봉사활동을 지원하고 있다. 얼마 전만 해도 봉사활동을 받았던 대한민국이 이제는 봉사활동단을 파견하는 국가로 탈바꿈한 것이다. 또한 단순한 물질적 시혜가 아니라 개도국에 꿈과 희망을 주고 지구촌 한 가족이라는 이념을 실천하는 형태로 성격이 바뀌었다. 참고로 우리나라 봉사단 사업은 5개 기관별로 7개 봉사단 파견이 산발적으로 이루어지고 있었는데 2009년에 이를 통합해 'World Friends Korea'를 출범시켰다. 이후 매년 4,000명의 봉사단원을 동남아와 아프리카 등지의 개도국에 파견하고 있다. 미국에 이어 세계 제2위의 규모이다.

나는 더 많은 청춘들이 바다 건너 넓은 세계로 진출하기를 바란다. 물론 어려움도 많을 것이다. 그러나 그 같은 어려움이 삶의 도전 앞에서 장애가 될 수는 없다. 청춘들이여, 세계를 향해 도전하라!

어떻게 기회를
얻을 것인가?

'철의 장막', 제2차 세계대전 후 소련과 동유럽 국가가 채택한 정치적 비밀주의와 폐쇄성을 지칭하는 용어로 1946년 처칠이 미국에서 행한 연설에서 처음 사용하였다. 반면 1949년 이래 중국과 자유진영 국가들 사이에 가로 놓인 장벽을 중국의 명산물인 대나무에 비유하여 가리킨 말이 '죽의 장막'이다. '죽의 장막'이라는 용어를 언제, 누가 먼저 사용했는지는 알 수 없다. 다만 냉전 시대에 중국을 가리키는 비유였으나 오늘날에는 역사적 유물이 되었다. 중국이 죽의 장막을 걷어내고 세계 무대에 본격적으로 등장한 것은 1980년대 이후 실용주의자 덩샤오핑鄧小平이 집권한 이후부터였다.

그로부터 10년이 지나지 않아 'Made in China'는 전 세계를 휩쓸기 시작했다. 그야말로 중국은 세계의 공장인 셈이다. 한 TV 방송에서 '메이드 인 차이나 없이 살아보기'라는 프로젝트를 진행한 적이 있다. 결과는 과연 어땠을까? 미국의 가정은 7일, 일본의 가정은 15일, 한국의 가정은 한 달 만에 두 손을 들고 말았다. 평범한 가정에서조차 메이드 인 차이나가 없으면 한 달 이상 생활을 유지할 수 없다는 의미이다.

그러나 역사를 살펴보면 중국의 부상은 사실 그다지 놀랍지 않다. 유사 이래 중국은 전 세계 생산량의 30퍼센트를 항상 담당해왔다. 단지 근대 들어 청조 말에서 제2차 세계대전 후까지 잠시 무대 뒤편으로 물러났을 뿐이다. 그 100여 년을 '잠자는 사자'에 머물러 있다가 이제 잠에서 깨어나고 있는 셈이다. Made in Japan이나 Made in Germany가 기술력의 상징, Made in France나 Made in Italy가 디자인의 상징으로 각인된다면 'Made in China는 저가품 내지는 단순한 생활용품'이라는 인식에 아직 머물러 있으나 이 등식마저 언제 깨질지 아무도 예측할 수 없는 상황이다.

세계 무대에서 일본은 한때 앙팡테리블이었다. 앙팡테리블enfant terrible, 프랑스 문학가 장 콕토Jean Cocteau의 소설 제목에서 비롯된 말로 '무서운 아이'라는 뜻이다. 그들은 뛰어난 기술력과 창의력으로 가전제품과 자동차, 기계, 기초 소재 부문에서 독보적이었다. 그렇게 벌어들인 돈으로 미국의 상징인 엠파이어스테이트 빌딩을 사들였다. 그것은 미국의 자존심에 일대 상처를 준 대사건이었다. 이제는 중국이 미국의 자존심에 상처를 주고 있다. 20세기 개인 컴퓨터 시대를 연 거대 기업 IBM의 PC 부문을 사들인 회사가 중국의 레노버Lenovo, 联想集因有公司이다. 유사한 사례는 이 외에도 얼마든지 많다.

분명 중국은 떠오르는 국가이다. 어디 경제만 그러한가. 문화와 사상의 뿌리는 더욱 깊고 보편적이다. 공자를 필두로 한 사상가들과 그들이 집대성한 사서오경은 영원한 고전으로 지금도 세계 각국에서 읽힌다. 또 《삼국지》를 비롯한 5대 기서 역시 2,000년이 지났지만 독자들의 손에서 떠나지 않고 있다. 사상과 문학 측면에서도 중국은 세계에 영향을 끼치고 있는 것이다.

작금에는 중국 당국이 적극적으로 자국의 우월함을 문화매체로 만들어 세계에 전파하고 있다. 이른바 문화공정文化工程인 셈이다. 삼국지를 바탕으로 한 〈적벽대전〉(2009년), 2010년에 제작된 〈공자〉 등은 모두 중국의 우월함을 보여주는 의도된 영화들이다. 〈와호장룡〉, 〈패왕별희〉 등은 픽션임에도 세계인들에게 깊은 인상을 심어주었다. 영화 외에 문학에서도 중국은 두각을 나타내고 있다. 프랑스 국적이긴 하지만 2000년에 가오싱젠高行健이 노벨문학상을 받았고 2012년에는 《붉은 수수밭》으로 우리에게도 잘 알려진 모옌莫言이 두 번째로 노벨문학상을 수상했다.

위협과 기회가 상존하는 곳

중국이 어떤 요인으로 인해 이처럼 세계 무대에서 강자로 나서

게 되었는지에 대해서는 의견이 분분하다. 국민의 숫자와 민족의 다양함도 그 이유일 수 있다. 인구가 많으면 많을수록 시장도 넓어지고 인재도 많다. 유구한 역사도 한몫을 하고 있다. 5,000년이 넘는 세월 동안 중국에서는 숱한 왕조가 탄생하고 소멸했다. 그 과정에서 쌓아온 지혜는 세계 어느 나라보다 앞선다고 할 수 있다. 문화재 측면에서만 보아도 중국의 역사유물은 세계를 놀라게 하고 있다. 영토도 넓다. 역설적이지만 청나라가 멸망한 사유도 지대박물地大博物이라 큰소리치며 개국을 거부했기 때문 아닌가.

분명 중국은 이웃에 위치한 우리에게도 두렵고 위협적인 존재이다. 하지만 우리에게는 기회의 국가이기도 하다. 오랫동안 주중 대사를 지낸 중국 전문가에게 들었던 이야기가 아직도 새롭다. 중국 문화와 역사를 이해하고 언어 소통에도 다른 어떤 민족보다 우리가 유리하기 때문에 중국이 기회일 수 있다는 지적이었다. 중국과의 교역과 인적 교류가 크게 증가하는 점도 그 방증일 것이다.

실제 나 역시 공직에 있을 때 중국을 수차례 방문했다. 서로가 많은 것을 이해하고 신뢰를 쌓는 기회였다. 처음 중국을 방문한 것은 공정거래위원회 위원장을 맡고 있을 때인 2008년 11월로, 중국의 반독점법 집행과 관련해 경쟁 당국 간 실무협의회를 진행하기 위해서였다. 우리나라 기업이 세계시장에서 중국과 거래하고 경쟁하는 일이 많아짐에 따라 서로 협력해야 할 부분을 찾고, 특히 국내 기업들이 중국의 불리한 법집행으로 인해 피해를 보는 일이 없도록 사전에 정보를 교환하는 방안에 대해서 합의했다.

두 번째로 중국을 방문한 것은 2년이 지난 2010년 5월 한·중 국세청장 회의에 참석하기 위해서였다. 나는 그 자리에서 우리나라의 세정 동향을 소개했다. '현금영수증 발급의무화제도'와 '전자세금계산서제도' 등 새로운 제도에 대해 중국 세무 당국은 우리의 전산 시스템과 이를 활용한 세원관리 현황에 깊은 관심을 보였다.

조금은 벗어난 이야기이지만 중국을 방문했을 때 매번 부러운 게 하나 있었다. 바로 내가 머문 곳 댜오위타이釣魚臺, 조어대이다. 이곳은 베이징 하이뎬海淀 구에 있는데, 청나라 시대에 건설된 행궁의 하나이다. 1950년대 후반에 확장 공사를 하여 현재는 국빈관으로 사용한다. 외국에서 고위급 손님이 오면 이곳에서 머물게 하는 것이다. 많은 호텔을 놔두고 이곳을 사용하게 하는 이유는 아마 중국의 문화와 아름다움을 과시하려는 의도일 것이다. 청나라 최고 전성기에 지어진 만큼 그 위용은 가히 세계적이다. 우리나라에도 외국의 국빈들에게 대한민국의 역사와 문화를 자연스레 알릴 수 있는 영빈관 하나 있었으면 하는 부러운 마음이 들곤 했다.

문제는 우리 입장에서 어떻게 중국을 기회의 국가로 만들 수 있는가이다. 이 어려운 질문에 현명한 답을 내리기는 어려울 것이다. 해결 방법을 모색할라치면 모든 것이 원론적 결론에 도달한다. 신뢰 구축, 교류 확대, 제조업의 지속적 경쟁력 확보, 혁신 기술 및 제품의 개발 등등. 하나하나가 어려운 과제들이지만 분명한 것은 중국을 기회의 시장으로 만드는 것은 우리의 몫이라는 사실이다.

대학은 지금
무엇을 해야 하는가?

|

난 비교적 이른 나이에 대학교수가 되었다. 1986년 만 스물아홉에 강단에 섰다. 1996년 국회의원 선거 출마를 위해 사표를 쓴 이후 10년의 공백을 감안해도 20년 가까이를 대학에서 보낸 셈이다. 그러다 보니 대학 문제에 대해서는 자연스레 관심이 많았다. 실제 '대학'이라는 고등교육 기관에 대해서는 여러 평가가 있을 수 있다. 대한민국의 사회 발전과 경제 성장에 대학이 지대한 공헌을 한 사실에 대해서는 그 누구도 부인할 수 없다. 그럼에도 대학과 관련된 많은 문제들이 지적되어 왔다. 지금 이 순간에도 마찬가지이다.

공직을 마치고 학교에 복직한 지 얼마 안 되어서의 일이다. 한번은 택시를 타고 "이화여대로 가주세요"라고 하자 평소와는 달리 중년의 기사가 나를 바라보며 "교수님이에요?"라고 물었다. 학교로 가자는 사람이 꼭 교수만은 아닐 텐데 나에게서 강단에 서는 사람의 이미지가 풍겼던 모양이다. 아무튼 "네"라고 대답하자마자 갑자기 대학에 대한 평소의 생각을 거침없이 털어놓기 시작했다.

대학 등록금이 터무니없이 비싸다, 힘겹게 대학을 졸업해도 직장에 취직하기 어렵다, 설사 기업에 취직한다 해도 대학에서 4년 동안 배운 것은 별 쓸모가 없다 등 그날 차 안에서 대한민국 고등교육에 대한 비판을 끝도 없이 들었다.

그 순간 그의 말의 옳고 그름을 떠나 대학에 몸담고 있는 한 사람으로서 곤혹스러웠다. 그러면서도 그 같은 지적이 어찌 이 택시 기사의 생각뿐이겠는가, 어쩌면 대다수 국민들의 판단일 수 있겠다라는 느낌을 가졌다. 정책 현장에서 일했던 나로서는 더더욱 마음이 무거웠던 순간이었다.

대한민국의 대학이 다른 부문처럼 꾸준히 발전했는지에 대해서는 단언하기 어려운 것 같다. 어떤 사람들은 "현재의 대학이 옛날 소학교(초등학교)보다 못하다"라고까지 말하기도 한다. 오늘날 대학생의 기초 교육 수준이나 상식 수준이 예전에 비해 많이 뒤처져 있음을 지적한 말일 게다. 그러나 대학생 입장에서 보면 그 지적이 꼭 옳지만은 않을 것이다. "요즘 어른들은 페이스북, 앱, 저그, 지오지아도 모른다"고 말할 수 있지 않겠는가. 세대 간 인식의 차이일지도 모르겠다.

사실 대학을 바람직한 방향으로 바꾼다는 게 다른 어떤 조직을 변화시키는 것보다 어려울 거란 생각이 든다. 무엇보다 어떻게 바꾸는 것이 발전인지 그 방향부터가 분명하지 않기 때문이다. 역대 대통령

중 대학 교육을 비롯해 교육 개혁을 부르짖지 않은 대통령은 단 한 명도 없었다. 그러다 보니 우리나라는 정부 수립 이후 거의 한 해도 거르지 않고 개혁이라는 이름하에 교육정책이 바뀌어왔다.

그런 와중에 교육 개혁의 핵심이 결국 대학입시제도로 귀결된 게 아닌가 싶다. 모든 교육의 결과가 '어느 대학에 입학했느냐'로 결정되는 마당에 인성 교육이나 전인 교육은 사실 논의만 많았을 뿐 실제적으로 이루어지지 않았다. 극단적으로 고교 교육은 좋은 대학에 들어가기 위한 과정이며, 중학 교육 역시 4~5년 후 좋은 대학에 들어가기 위한 과정이고, 초등 교육도 마찬가지이다. 즉 여덟 살 때부터 12년 후의 대학입시 교육에 매진한다 해도 과언이 아니다. 이 같은 상황에서 교육 본질에 대한 진지한 고민이 부족했던 것은 아닌지 되돌아볼 필요가 있다.

대학에 충분한 재량권을 주어야 한다

물론 최근 들어 대학도 많이 변하고 있다. 새로운 제도들도 많이 도입되었다. 로스쿨, 의학전문대학원, 논술전형 입학사정관제 등등. 이 같은 변화들이 앞으로 대한민국의 대학들을 한 단계 발전시킬 것이다. 또 대학들 스스로도 발전을 위해 많은 노력과 투자를 하는 터라 분명 그 가시적 성과가 있을 것이다. 그러한 믿음을 가지면서도 대학교수로서, 대학정책에 관여했던 한 사람으로서 아쉬운 대목이 있다. 무엇보다 대학 운영에 학교의 재량이 더 많았으면 하는 바람이다. 실제 나 역시 청와대에 재직할 당시 이 같은 방향으로 노력했으나 짧은 시간에 관행과 제도를 바꾸는 게 쉽지 않았다.

물론 교육 당국은 교육이 올바른 길로 가고 있는지, 국가의 교육 목표를 충실히 이행하고 있는지 관리할 책임이 있기는 하다. 그러나 그게 규제가 되고 그 규제가 심해지면 대학은 발전할 수 없다. 학생 선발권을 포함 학사 운영과 교육 방식에 대해 간섭과 규제를 줄여나가야 한다. 부정부패와 관련된 형사 문제가 아니라면 정부는 가급적 대학 내에 발을 들이지 않는 것이 대학 발전을 위해서 바람직하다.

또 하나의 바람이 있다면 어느 경우에도 대학이 인문학을 포기해서는 안 된다는 점이다. 나는 경제학을 공부했다. 솔직히 역사나 철학에 대해서는 상대적으로 소홀했던 게 사실이다. 그러나 사회 생활을 하면서 많은 순간 후회했다. 인문학이 인간의 품성을 윤택하게 할 뿐만 아니라 모든 상상력의 출발이라고 생각하기 때문이다. 어쩌면 인문학이야말로 장기적 투자인 셈이다. 물론 대학에 들어가자마자 취업을 준비하고 고시공부에 매달리는 학생들에게는 인문학이 시간 낭비로 보일 수 있다. 또한 단기적 평가에 매달리는 대학의 입장에서도 인문학이 우선순위에서 밀릴 수 있다. 그러나 인문학 경시는 잘못된 판단이고 편견이다. 인문학이 발전할 때 대학이 대학다움을 유지할 수 있다는 사실을 잊지 말아야 한다.

우리나라 최초의 대학이 어디인지는 분명하지 않다. 성균관 (1398년)을 최초로 보는 사람도 있고 숭실대학교(1897년)를 꼽는 사람도 있다. 또 어떤 사람은 근대적 의미에서는 경성제국대학교 (1924년, 현재의 서울대)를 출발로 보기도 한다. 어디가 처음이든 대학은 세워진 그 순간부터 지금까지 100년이 흐르는 동안 대한민국 사회의 중심에 서 있었다. 민주 항쟁, 사회 개혁과 국가 개혁, 통일운동, 노동운동의 제일선에 있었다. 어쩌면 대학이 품은 청춘들의 특권이자 의무였으며, 대학이 맡은 소명이기도 했다.

반면 우골탑牛骨塔, 재단 비리, 교육 질의 저하, 취업 준비소 등의 비난도 있었다. 2000년대 들어 등록금의 엄청난 인상으로 전 국민적 지탄도 받았다. 좋든 싫든 공과 과를 모두 안고 있는 셈이다. 또 새로운 시대에 맞춰 구조조정이라는 엄청난 과제를 눈앞에 두고 있다. 이러한 비판과 과제들을 슬기롭게 헤쳐 나가지 못하면 대학은 우려의 대상으로 남을 것이다. 우리 대학의 미래는 곧 대한민국의 미래이기 때문이다

미래는
어떻게 작동
하는가

비전과
상상의
교차점

6부
미래는
어떻게
작동
하는가

지금 머뭇거리면 향후 10년이 달라질 수 있다. 그 10년은 우리 후손들에게 고난이 될 수 있고, 현재까지 쌓아온 한국의 업적을 하루아침에 허물어지게 할 수도 있다. 미래를 준비하는 과제는 분명 우리 모두의 책임이다.

천년 기업을
기다리며

세계에서 가장 유명한 간장은 일본의 기코만Kikkoman이다. 아시아는 물론 미국을 비롯해 유럽까지 진출해 있는 기코만 제품은 그 기원이 300년 전으로 거슬러 올라간다. 17세기 일본 노다野田에서 된장을 만들어 팔던 기코만은 작은 가내수공업 가게로 출발했으나 오늘날 세계 굴지의 기업이 되었다. 오랜 세월 전통을 유지하며 장류 제품을 생산해오다 1917년에 8개의 가족 기업이 합쳐 기코만노다쇼유Kikkoman Noda Shoyu Co., Ltd.로 재탄생했다. 300년이 넘는 세월을 견뎌내며 세계 시장을 제패한 것이다.

일본에는 '세계에서 가장 오래된 기업' 순위에서 1, 2위를 차지한 회사가 있다. 1위에 오른 곤고구미金剛組는 사찰을 짓는 회사로 서기 578년에 창립돼 1,435년 동안 존속되었으며 2위를 기록한 세계 최초의 여관 호시료칸法師旅館은 718년에 문을 연 후 1,290년에 걸쳐 47대째 내려오고 있다. 3위는 프랑스의 샤토 드 굴랭Chateau de Goulaine으로 포도 농장을 경영하는 회사로 역시 1,000년이 넘는 역사를 자랑한다. 더욱 놀라운 사실은 일본에는 100년 이상 된 기업이 무려 2만 7,000개가 넘는다는 것이다. 독일, 벨기에, 오스트리아, 네덜란드 등에도 오래된 기업이 많고 100년 이상 된 기업은 세계적으로 5만 5,000여 개에 달한다.

우리나라의 사정은 어떨까? 두산이 1896년에 창립돼 한국기네스협회로부터 '최고最古 기업 공식기록인정서'를 받았지만 아쉽게도 세계의 유서 깊은 기업과는 많은 차이가 있다. 물론 우리나라만의 특수성을 생각하면 117년의 역사를 가진 기업이 있다는 사실도 매우 자랑스러운 일이다. 하지만 한때 위용을 자랑하다가 사라진 수많은 기업들을 떠올리면 안타깝지 않을 수 없다.

기업 형태와 관계없이 탄생과 소멸에는 나름대로의 필연적 사연이 있겠으나, 한 기업이 오래 유지되기를 바라는 것은 경쟁력 있는 강한 기업이 많이 생겨야 하기 때문이다. 그래야 대한민국 경제 뿌리가 튼튼해진다. 동네 골목에 있던 중국집이 어느 날 갑자기 사라지면 무척 서운한 마음이 든다. 한편으로는 돈을 많이 벌어서 나갔을까, 망해서 나갔을까 하는 궁금증도 든다. 그 사유를 물으면 "이어받을 사람이 없어요"라고 대답하는 사람들이 의외로 많다.

우리나라에서는 화려한 일이든 아니든 자식이 물려받아 아버지의 가업을 잇는 경우가 극히 드물다. 물론 작은 중국집이나 슈퍼, 미장원을 아들이나 딸에게 물려주려는 부모는 많지 않을 것이다.

그렇다 해도 독창적 기술을 가지고 제품을 생산하는 작은 기업마저 물려주려 하지 않고 물려받으려 하지 않는다면 강한 중소기업의 탄생을 기대하기는 어렵다.

2012년 현재 우리나라 전체 기업은 대략 312만 5,000개에 달한다. 이 중 중소기업은 312만 2,000개이다. 즉 99퍼센트가 중소기업인 것이다. 또 종사자 수를 보면 전체 근로자는 1,413만 명에 달하고 이 중 중소기업 종사자는 1,226만 명으로 86.8퍼센트를 차지한다. 대한민국은 중소기업의 나라라 해도 과언이 아니다. 이 많은 중소기업들이 할아버지와 아버지 그리고 자식으로 면면히 이어진다면 경영이 안정되고 기술이 심화되어 고유의 브랜드를 유지해가며 세계적 기업으로 발돋움할 수 있지 않을까?

천년 기업의 초석은 바로 지금

이러한 바람으로 중소기업 안정화와 경쟁력 강화를 위해 그 첫 단추로 가업 승계에 따른 상속세를 절감시켜주는 제도를 추진한 바 있다. 국세청장으로 재직하던 2009년 11월 '10년 이상 된 중소기업, 최대 100억 원 상속공제 적용제도'를 마련했다. 중소기업의 안정적 가업 승계가 원활히 이루어질 수 있도록 적극 지원한 것이다. 10년 이상 된 중소기업을 승계하여 적법하게 운영하는 경우에는 가업 상속 공제액을 종전 가업 상속 재산가액의 20퍼센트에서 40퍼센트로 늘렸다. 가업 상속 공제 한도액도 종전 30억 원에서 피상속인의 가업 운영 기간에 따라 최대 60억 원에서 100억 원까지 확대했다. 피상속인의 가업 영위 기간이 10년 이상이면 60억 원, 15년 이상이면 80억 원, 20년 이상이면 100억 원까지 공제해준 것이다.

한편 거액의 상속세를 일시에 납부해야 한다면 사업용 자산을 매각해야 하거나 경영권 유지 등의 문제가 발생할 수 있다. 이를 막기 위해 가업 해당 상속세는 3년 거치 후 12년에 걸쳐 나누어낼 수 있도록 '장기 연부연납제도'를 운영했다. 청와대 정책실장으로 부임한 이후에도 중소기업 지원에 지속적 관심을 가졌다. 강한 중소기업이 많아야 대한민국도 부강해진다는 생각을 언제나 가슴속에 새기고 있었기 때문이다.

2011년 8월 중소기업회관에서 중소기업인들과 간담회를 갖고 "정부는 중소기업이 일정 기간 고용을 유지하는 조건으로 상속세를 대폭 경감해주는 독일과 유사한 방식의 상속제도를 도입하는 방안을 적극 추진하고 있다"고 밝혔다. 또한 "기업가 정신을 고양하고 안정적 경영 승계를 위해 관계 부처와 적극 협의해 획기적으로 상속세를 낮추는 방안을 추진할 것"이라고 말했다.

당시 우리나라에서는 '10년 이상 경영한 중소기업 또는 매출액 1,500억 원 이하인 중견기업'만 상속재산의 40퍼센트를 과세가액에서 공제해주었다. 여기에는 기업을 승계한 뒤 10년간 사업용 자산의 80퍼센트 이상, 지분 100퍼센트를 유지해야 한다는 단서가 붙는다. 하지만 독일은 기업 규모와 승계 전의 경영 기간을 따지지 않고 승계 이후의 경영 기간과 고용 유지에 따라 상속재산의 85~100퍼센트를 과세가액에서 공제해준다.

이후 다양한 검토와 전문가 의견 청취를 거쳐 상속세 공제율을 재산 총액의 40퍼센트에서 100퍼센트, 공제한도를 100억 원에서 최고 500억 원으로 확대하는 세법 개정안을 국회에 제출했다. 상속세를 500억 원 한도 내에서 100퍼센트 면제토록 한 것이다.

하지만 이 개정안은 국회의 반대에 부딪혀 통과되지 못하고 공제율 70퍼센트, 공제한도 300억 원으로 결정되었다. 자칫 부가 대물림될 수 있고 형평성에 어긋날 수 있다는 이유 때문이었다. 비록 처음 안에서 일보 후퇴했지만 중소기업의 가업 승계에 숨통을 터주었다. 물론 중소기업 관련 세법을 고친다 해서 오랜 역사를 지닌 강한 중소기업이 만들어지는 것은 아니다. 중소기업을 운영하는 경영자의 마인드가 중요하며 중소기업을 육성하려는 정부 의지도 강해야 하기 때문이다. 앞으로도 정부의 지속적 관심이 필요한 대목이다.

지금 이 시각, 우리나라에는 세계를 무대로 활동하는 기업들이 아주 많다. 세계 일류 상품을 만들어내는 기업도 갈수록 늘고 있으며, 독보적 기술로 유일한 제품을 만들어 수출하는 기업도 적지 않

다. 그들이 대기업이든 중소기업이든 국가 발전에 이바지하고, 고
용을 창출하고, 우리의 삶을 더 풍요롭게 하는 데 큰 역할을 한다.
대기업은 대기업만의 강점이 있고 중소기업 역시 그들만의 강점이
있다. 국가가 그 기업들이 더 열심히 일하고 좋은 성과를 거둘 수
있도록 지원해준다면 훌륭한 결실을 맺을 것이다. 우리도 백년 기
업을 넘어 천년 기업이 탄생할 수 있도록 지금 초석을 깔아야 한다.

작은 노력이 모여
세상을 바꾼다

인류는 과연 멸망할 것인가? 해묵은 이 논란은 호사가들의 주제이자 과학자들과 신학자들의 오랜 관심사이기도 하다. 멸망에 한 표를 던지는 사람들은 인류가 멸망할 이유는 아주 많다고 말한다. 핵전쟁, 고도로 발달한 로봇의 반란, 치유 불가능한 바이러스의 창궐, 좀비 습격, 우주인의 침략, 신의 심판…… 일견 맞는 주장 같기도 하고 과학적으로 신빙성이 떨어지는 주장 같기도 하다. 그중 가장 수긍할 만한 파멸의 위협은 행성 충돌일 것이다.

드넓은 우주 어느 곳에 자리 잡고 있던 소행성이 어느 날 갑자기 진로를 이탈해 지구와 정면으로 충돌한다는 주장이다. 과학적으로 입증이 되었건 아니건, 각국 정부가 그에 대한 대비를 하건 하지 않건, 소행성 충돌은 호기심 많은 사람들의 좋은 논란거리가 되어 왔고 예술가들의 영감을 자극했다.

1998년 제작된 영화 〈아마겟돈〉은 그러한 사람들의 호기심, 공포, 영웅 심리를 뒤섞어 세계적으로 대흥행을 기록했다. 아마겟돈

Armageddon이라는 용어 자체가 사람들의 마음속에 깊이 간직되어 있는 멸망의 두려움을 내포해 흥행에 큰 몫을 했는지도 모른다. 다른 영화도 마찬가지이지만 이 영화에도 명대사가 많이 나온다. "인류를 위해"(해리), "아빠를 닮은 게 싫었다고 했는데 그건 아빠의 장점을 다 물려받아서예요"(그레이스), "러시아 기계든 미국 기계든 부속은 다 대만제야"(레프 안드로프). 그 많은 대사 중에 가장 인상적이었던 말은 주인공 해리의 멘트이다. 나사에서 열린 소행성 파괴 임무에 대한 보상금 이야기가 끝난 후 해리는 이렇게 덧붙인다.

"그리고 나는 절대 이 돈에 대한 세금을 낼 수 없어요."

참으로 느닷없는 대사였다. 삶과 죽음의 갈림길, 인류 멸망이 시시각각으로 다가오는 상황에서 던진 말치고는 생뚱맞기 그지없다. 백만 달러를 받건, 천만 달러를 받건 임무에 실패하면 그 돈도, 생명도 모두 사라지는 절박한 상황에서 세금을 낼 수 없다고 저항하는 것은 무슨 심리일까? 더 어처구니없는 점은 나사의 책임자가 호쾌하게 "예스"라고 하지 않고, IRS 미국 국세청에 "잘 말해보겠다"고 대답한 것이었다. 절체절명의 순간에도 세금은 인류의 멸망과 관계없이 내야 한다는 것을 은연중에 비꼬는 것이 아닐까?

사람들은 이 영화를 '우주 공상과학 영화의 본보기', 심지어는 '극한 상황에서의 로맨스'라고 평하지만 나는 엉뚱하게도 '세금의 원칙과 조세 저항'을 그린 영화라고 생각했다. 그리고 어쩌면 감독인 마이클 베이Michael Bay가 세금에 대해 끔찍한 경험이 있거나 '세금은 가난한 사람들의 주머니를 강탈하는 제도'라고 여기는 비판주의자일지도 모르겠다는 생각까지 했다.

어찌 영화에서만 그러겠는가? 사실 세금은 동서고금, 남녀노소, 빈자와 부자를 막론하고 어느 시대, 어느 곳에서도 환영받지 못한다. 그러나 세금이 없는 세상을 상상해보라. 소행성 충돌 못지않게 인류를 혼란에 빠뜨릴 것이다. 초등학생도 다 아는 이러한 사실을 굳이 말하는 이유는 세금에 대한 부정적 인식과 오해, 거부감을 없애기 위해서이다.

국세청장 시절, 이는 내가 풀어야 할 과제 중 하나였다. 단지 헌법 제38조에 규정되어 있는 것처럼 "모든 국민은 법률이 정하는 바에 의하여 납세의 의무를 진다"는 조항만 강조해서는 될 일이 아니었다. 세금은 국민의 행복과 국가 발전에 이바지하며, 때로는 약자를 배려하는 제도라는 점을 주지시켜야 했다. 국민 모두가 기꺼운 마음으로 세금을 받아들일 때 오해와 저항, 거부감이 줄어들기 때문이다.

고심 끝에 탄생한 슬로건이 '세미래稅美來'였다. 글자 그대로 "국민의 소중한 세금으로 아름다운 미래를 만든다"는 뜻이 담겨 있다. 국세청은 역사가 40년이 넘는 기관이지만 브랜드나 아이콘이 없었다. 그래서 봉사기관으로서의 국세청의 이미지를 새롭게 정립하고 국민에게 더 다가가기 위해 만든 것이 세미래였다. 2010년 1월 11일에 열린 '전국 세무관서장 회의'에서 인사말을 통해 세미래의 의미와 역할에 대해 다음과 같이 강조했다.

"납세자는 세정의 가장 중요한 고객입니다. 납세자 권익을 최대한 보호하고 지속적으로 납세 편의를 개선해나가야만 국세 행정이 국민의 신뢰를 받을 수 있습니다. 납세자보호관제도와 권리보호요청제 등 납세자 보호 시스템을 실질적으로 운영해 억울한 납세자가 발생되지 않도록 노력해나가야 할 것입니다. 또한 오늘 개통식을 가진 '국세청 126 세미래 콜센터'를 계기로 국민에게 보다 쉽게 다가가는 다양한 서비스를 제공해나가도록 해야 하겠습니다."

그리고 각계각층의 의견을 수렴해 두 달 후인 2010년 3월 3일 '납세자의 날'을 맞아 이 캠페인을 본격적으로 시행했다. 성숙한 선진 납세 문화 조성과 올바른 세금관 확립을 위해 추진한 캠페인이었다. '세금을 성실히 내면 손해'라는 부정적 인식이 여전히 있기에 세금을 성실히 내는 것이 사회적 나눔의 손쉬운 실천이자 애국이라는 인식을 다양한 행사와 함께 확산시켰다.

전화가 14개라면 편할까, 불편할까

여기에는 두 가지 조건이 충족되어야 한다. '납세자의 성실 납세'와 '국세청의 공정 세정'이다. 국민들이 아무리 긍정적으로 세금을 받아들인다 해도 국세청이 부당하거나 불공정하게 세금을 부과하면 당연히 조세 저항이 따른다. 반대로 국세청이 아무리 공정하게 세금을 매겨도 납세자가 거부하면 역시 문제가 발생한다. 그런 의미에서 납세자와 국세청은 이인삼각 경기를 하는 동반자이다. 어느 한쪽이 발을 맞추지 못하면 곧 넘어지고 마는 것이다.

이러한 노력 가운데 지금도 기억에 남는 게 '126 콜센터'의 개통이다. 조그마한 변화였지만 많은 호평을 받았다. 그동안 국세청 전화는 업무별로(14개) 나누어져 있었다. 납세자가 세금 관련 문제로 전화를 할라치면 과연 어디로 걸어야 하는지 이만저만 고충이 아니었다. 전화를 한 번이라도 걸어본 사람은 그 답답함을 잘 알 것이다.

그러나 입장을 바꿔 생각하면 전화번호가 14개씩이나 있을 이유가 없었다. 그래서 모든 전화를 126번 하나로 통합하기로 했다. 세무 상담, 현금영수증, 탈세 제보 등 세금에 대한 모든 것을 질의하고 해결할 수 있도록 조치한 것이다.

그러나 이 과정은 그리 간단하지 않았다. 당장 전화번호 하나를 만들어달라고 방송통신위원회에 요청해도, 그 즉시 전화번호가 할당되는 것이 아니었다. 국민의 편의성, 전화번호 할당의 당위성 등이 있어야 했다. 이를 위해 2009년 8월부터 단일 대표전화 개통을 추진했다. 가상의 대표전화를 이용한 시뮬레이션과 이용자 대상

설문조사를 실시하고 방송통신위원회 등 관련 부서에 단일 대표전화의 필요성을 적극 설득해 2010년 3월 드디어 개통할 수 있었다.

전화번호 하나 만든 것이 뭐 그리 대단하냐고 반문할 수도 있다. 그러나 여기에는 중대한 의미가 있다. 지금까지의 국세청의 입장에서 탈피해 국민의 입장에서 행정을 집행해야 한다는 발상의 전환이 담겨 있는 것이다. 그 결과 전국 어디에서나 126번만 누르면 즉시 담당자와 업무별로 통화할 수 있다. 126번을 누른 후 현금영수증은 1번, 홈택스는 2번, 고객만족센터는 3번, 이렇게 번호를 누르면 담당자가 신속하고 정확하게 상담을 해준다. 일반 상담은 평일 오전 9시부터 오후 6시까지 운영하지만 탈세 신고는 24시간 이용이 가능하다. 탈세(부동산 투기 신고, 체납자 은닉 신고, 임대료 부당 인상, 자료상 고발, 명의 위장자 신고, 가짜 양주 신고 등)는 범죄의 일종이기 때문에 시간에 관계없이 언제라도 신고할 수 있게 했다.

또 시내요금을 적용해 통신비도 절감되도록 했다. 이용자 통화료는 연간 5억 원이 절감되고, 국세청은 연간 6억 원이 절감되는 효과를 가져온다. 아울러 한 사람이 여러 문제로 통화를 해야 할 때 과거에는 전화를 끊고 다시 걸어야 했지만 126번은 다른 업무의 상담원 연결이 가능해 불편함과 비용을 동시에 줄여준다. 예컨대 현금영수증, 홈택스, 전자세금계산서에 대해 알고 싶다 해도 한 번의 전화로 모든 것을 해결할 수 있게 되었다. 조그마한 변화가 커다란 편리함을 가져온 것이다. 물론 세미래 캠페인이나 126콜센터 운영만으로 부정적 인식을 바꾸었다고는 생각하지 않는다. 앞으로도 많은 노력이 있어야 한다.

안과 밖은 언제나 다르다. 안에서는 열심히 노력할지라도 밖의 사정을 전혀 알 수 없는 경우가 많다. 마찬가지로 공직자들이 아무리 열심히 일해도 국민의 고충과 불편함을 깨닫지 못하는 경우도 적지 않은 게 사실이다. 공직자들의 잘못이라기보다는 미처 구석구석 살피지 못한 제도의 불편함 때문이다. 14개의 전화가 있다는 것은 국세청 입장에서는 '전화가 14개씩이나 있는데 도대체 무엇이 불편하단 말인가?'라고 생각할 수 있으나, 국민은 '전화가 14개씩이나 있어 불편하다'고 생각할 수 있는 것이다. 생각의 차이를 좁히면 국민은 훨씬 편할 수 있다.

세미래 캠페인과 126콜센터는 국세청과 세금에 대한 부정적 인식을 줄이기 위한 작은 노력이었다. 거부감이 쉽게 사라지지는 않겠지만 그러한 노력이 국세청을 바라보는 시각의 변화를 가져왔다. 국민들의 불편을 해소하기 위한 작은 노력이 모여 정책에 대한 부정적 인식을 바꾸고 정부 신뢰를 높일 수 있는 것이다.

차장에서 IT까지

|

서울시정개발연구원장으로 재직할 때이다. 서울의 이모저모를 알기 위해 외국에서 온 학자들과 이야기를 나누던 중 서울 체류 기간 중 가장 인상적이었던 게 무엇이냐고 물었다. 그중 어느 한 분이 대답한 내용이 지금도 기억에 남는다.

그는 서울 도심에서 10분 정도 차를 몰고 나가니 계곡이 나오고 (아마도 북한산 계곡인 것 같다), 카드와 휴대폰을 가지고 버스와 지하철을 자유롭게 타는 모습이 인상적이었다고 했다.

서울 시내버스, 특히 중앙대 앞에서 출발하던 84번 버스는 대학 시절의 추억을 상기시켜준다. 차장들이 외쳤던 "오라잇" 소리는 지금도 들리는 듯 또렷하다. 1980년대 중반까지만 해도 '차장'이라는 직업이 있었다. 가녀린 소녀들이 유니폼을 입고 허리에는 작은 비닐 가방을 차고 버스 요금을 걷는 일을 했다. 버스가 정류장에 멈추거나 출발할 때 미리 큰 소리로 도착지를 알리고, 출퇴근 시에는 푸시맨 역할도 맡았다. 3D 직업의 대표랄 수 있는 차장은 당시 열악한 노동 환경과 인권 침해의 대명사로 수많은 논란에 휩싸이기도 했다. 당시 박정희 대통령이 국회에서 행한 국정연설에서 "버스 안내양의 근로 환경을 개선하겠다"고 약속할 정도였다.

시대의 발전에 따라 차장이라는 직업은 대부분 사라졌지만 서민의 발인 시내버스는 많은 변화를 거쳤음에도 여전히 중요한 대중교통 수단으로 자리 잡고 있다. 이제는 시내버스에 자동으로 안내방송을 하는 기기도 있고, 냉난방도 가동되고, 요금도 자동으로 처리되고, 심지어 버스정류장에는 버스 도착 예정 시간까지 나온다.

그러나 불과 10여 년 전만 해도 시내버스는 불편과 고통의 대명사였다. 또 노선의 복잡함은 이루 말할 것도 없었고, 교통 정체, 사고도 빈발했다. 출근길에 버스를 타면 언제 목적지에 도착할지 가늠이 되지 않았다. 역대 정부와 교통 당국, 서울시를 비롯한 각 지자체는 이러한 불편과 혼잡을 해결하기 위해 부단히 노력했다.

시정개발연구원장 시절 나에게도 버스 개혁은 핵심 과제였다. 중앙 버스 전용차로의 확대, 요금 체계 개선, 노선 조정, 시내버스 회사의 경영 지원, 환승제도 도입 등 다양한 정책들을 검토했다. 처음에는 어디에서부터 시작해야 할지 난감했으나 '어떻게 하면 서민들이 편리하고 편안하고 저렴하게 버스를 이용할 수 있는가'를 놓고 많은 사람들의 지혜를 모았다. 의견도 많고, 반대도 많았지만 많은 사람들의 이해와 도움으로 하나씩 풀어나갈 수 있었다.

버스 개혁에서 중점을 둔 부분은 버스 운영 체계를 바꾸는 것이었다. 지하철·시내버스·마을버스를 하나의 통합 교통수단으로 변경하고 노선, 요금, 운영 체계를 획기적으로 바꾸었다. 특히 요금을 지불하는 방식을 바꾼 게 핵심이었다. 현금 대신 스마트카드(교통카드)를 이용해 시민과 운전기사, 버스 회사 모두 편리하도록 바꾸었다. 지하철에서 내려 곧바로 버스로 갈아탈 경우에는 요금이 할인되도록 했다. 평범한 시민들과 학생들이 카드 하나만으로 버스와 전철을 모두 이용할 수 있게 하고 거리에 따라 요금이 정산되게 한 것은 피부로 느낄 수 있는 편리함의 극치였다. 외국학자가 나에게 말한 인상적인 부분이란 바로 이것을 가리킨다.

기술 개발과 삶의 상관관계를 보여주는 사례

물론 당황스러운 기억도 있다. 철저하게 준비해 2004년 7월 1일 시행에 들어간 버스 개혁이 단 하루 만에 엄청난 비판의 도마에 오른 것이다. 바뀐 노선은 일대 혼란을 일으켰으며, 카드단말기는 제대로 작동되지 않았다. 개선이 아닌 개악이라는 비난이 봇물처럼 쏟아졌다. '대중교통 아닌 대중고통'이라는 비난이 빗발치자 급기야 당시 이명박 시장이 "대중교통 체계 개편 과정에서 시민 여러분께 불편과 심려를 끼친 데 대해 진심으로 사과드립니다. 버스 노선과 운영 방식, 요금 체계 등이 전면적으로 변화되는 점을 고려한다

해도 현재 시민 여러분이 겪고 계신 불편을 생각하면 송구스러운 마음을 금할 수 없습니다"라고 공개 사과를 하는 지경에까지 이르렀다.

이 같은 우여곡절을 겪은 서울의 버스 체계는 그 후 해외시찰단의 단골 메뉴가 되었고 그 시스템은 다른 국가에 수출되기도 하였다. 그런데 이러한 선진 시스템의 기반을 형성하는 데 기여한 것은 바로 대한민국의 IT기술이다. IT 선진기술과 시내버스와의 융합이 결국 도시경쟁력까지 확보한 것이다. 서울의 버스 변천사는 기술 개발이 어떻게 우리의 삶을 개선하고 경쟁력을 높일 수 있는지 잘 보여준다. 과학기술의 선용은 분명 풍요로운 삶을 약속한다.

계속되어야 할
한강의 기적

|

지금도 생생하다. 초등학교 시절 괄호 안을 채우라는 다음과 같은
사회과목 시험 문제를 치렀던 기억이.

> 1980년 우리나라 수출 목표액은 (   )억 달러, 1인당 국민소득은
> (   )달러이다.

사실 이 문제의 정답은 교문 위의 아치탑에 붙은 간판에도 항상
씌어 있었다. 어쩌면 이 문제는 학생들의 학업능력을 테스트하기
위한 것이라기보다 정부의 정책 목표를 알려주려는 성격이 강했던
것 같다. 내가 중학교를 졸업할 무렵인 1970년대 초 박정희 대통
령이 수출 100억 달러, GNP 1,000달러라는 국가 목표를 제시했을
때 8~9년 후에 그 목표를 달성하리라 믿었던 사람은 그리 많지 않
았을 것이다. 그즈음 수출액은 15억 달러 내외에 불과했고, 정부에
서 목표치를 제시하고 얼마 안 돼 세계경제를 강타한 오일쇼크가

몰아쳤기 때문이다.

그럼에도 우리나라는 당초 계획보다 앞선 1977년에 수출 100억 달러를 달성했다. 정부와 기업, 국민의 합심으로 이른바 '한강의 기적'을 이룬 것이다. 당시 수출 10대 품목은 의류, 전기 기기, 수송용 기기, 신발, 활선어, 베니어합판, 강판 등이었다. 지금과 비교하면 품목의 수준이 많이 다르다는 것을 알 수 있다. 35년이 지난 오늘날 주요 수출품목은 석유제품, 반도체, 자동차, 평판 디스플레이센서, 합성수지 등이다. 변화는 품목뿐만 아니라 금액에서도 나타난다. 2011년 수출액은 무려 5,150억 달러에 이르러 1977년 100억 달러에 비해 50배 이상 증가했다. 수입도 대폭 증가해 4,850억 달러를 기록했다. 수출과 수입을 합해 무역 1조 달러 시대가 시작된 것이다.

우리에 앞서 무역 1조 달러를 달성한 나라는 미국, 독일, 중국, 일본, 프랑스, 영국, 네덜란드, 이탈리아이다. 세계 220여 국가 중에서 무역 규모만으로 9위를 기록한 것이다. 이 엄청난 성과는 우리나라 국민에게 커다란 자긍심을 안겨주었으며 전 세계적으로 높은 평가를 받았다. 유엔무역개발회의UNCTAD 사무총장 수파차이 파니치팍디Supachai Panitchpakdi는 "여러 위기를 겪고도 되살아난 한국의 교훈을 아시아가 배워야 한다"고 강조했다.

무역 1조 달러 달성은 그 기간이 짧다는 점에서도 의미가 있다.

우리보다 앞서 1조 달러를 달성한 나라는 1,000억 달러에서 1조 달러까지 가는 데 평균 26.4년이 걸렸지만 우리는 23년 만에 해냈다. 세계적으로도 유례를 찾아보기 어려운 무역과 경제 성장을 함께 이루어낸 최대 공로는 고난을 딛고 끊임없이 도전한 국민들과 기업의 몫이다. 여기에 수출이 경제 성장의 원동력이라는 확신을 가졌던 역대 모든 정부의 정책적 노력이 더해졌음은 두말할 나위가 없다.

수출 여건이 항상 좋았던 것만은 아니었다. 1973년과 1978년에 발생한 오일쇼크, 1997년 IMF 외환위기 등 많은 난관들이 있었다. 이명박 정부가 들어선 2008년에도 상황은 밝지 않았다. 글로벌 금융위기의 여파로 2009년 세계 교역은 22.7퍼센트 급감했고, 우리나라도 무역 규모가 19.9퍼센트나 떨어졌다. 전 세계적으로 관세 및 비관세 장벽이 높아지고, 수출보조금 지급 등 보호무역주의가 확산되어 WTO는 2008~2009년에 23개국에서 85건의 보호무역 조치가 취해졌다고 발표했을 정도였다. 경기침체에 따른 세계 수요 감소와 보호무역주의로 새로운 수출시장 개척은 물론 기존 시장 유지도 어려웠다.

수출 지향적 개방정책이 최선
그러나 위기를 기회로 활용하는 우리의 저력은 글로벌 금융위기

속에서도 지속되었다. 수출기업들은 새로운 해외시장 개척에 주력
했다. 경기침체를 겪고 있는 선진국 시장 위주에서 벗어나 새롭게
부상하는 중국 및 아세안, 중동, 중남미 등 신흥시장을 공략했다.
선박, 무선통신 기기 등 전통적 수출 효자품목은 부진했으나 자동
차, 자동차 부품, 석유제품 등의 수출이 늘어났다. 주목할 점은 중
소기업의 생산 비중이 80퍼센트에 달하는 자동차 부품의 수출 실
적이 크게 늘어나 중소기업의 약진이 두드러졌다는 사실이다.

이 같은 성과는 간단한 통계를 봐도 쉽게 알 수 있다. 금융위기
가 발생한 2008년과 2년 후인 2010년을 비교해보면 세계 교역은
5.9퍼센트 감소한 반면 우리나라는 4.0퍼센트 증가했다. 특히
2011년 세계 7대 수출국 중 중국에 이어 두 번째로 높은 수출 증가
율을 기록했다. 한국 제품의 세계시장 점유율도 지속적으로 높아졌
다. 2011년에 디스플레이는 세계시장 점유율 47.1퍼센트로 1위였
고, 조선과 휴대폰도 각각 48.2퍼센트와 28.9퍼센트로 1위 자리를
지켰다. 반도체는 13.8퍼센트로 3위, 자동차는 5.8퍼센트로 5위를
기록하는 등 우리의 주력 산업 및 제품들이 세계시장을 선도했다.
이렇게 무역의 변천사만 돌아보아도 우리나라가 얼마나 역동적인
성장을 해왔는지 알 수 있다.

이러한 성과의 배경은 과연 무엇일까? 여러 경제적 이유가 있을
테지만, 가장 중요한 이유 중 하나는 우리나라가 경제 발전 과정에

서 수세적 방어나 소극적 개방에 그치지 않고 진취적으로 세계시장을 개척하고 진출했기 때문이 아닌가 싶다. 시장 개방을 기술 혁신과 생산성 및 경쟁력 제고의 기회로 적극 활용했다. 개방화 전략을 적극적으로 활용함으로써 무역 확대와 국가 부강을 동시에 이뤄낸 것이다.

물론 무역 의존도가 지나치게 높아 대외 여건에 우리 경제가 너무 취약하다는 비판도 있는 게 사실이다. 실제 OECD에 따르면 우리나라의 무역 의존도, 즉 수출입이 국내 총생산에서 차지하는 비중이 2011년 110.30퍼센트로 G20 중 가장 높다. 또 수출 증가가 산업 전반에 확산되어 고용이 증가하고 내수시장이 확대되는 이른바 선순환 구조가 일어나고 있지 않다는 견해도 있다. 또 상대적으로 경쟁력이 취약한 농업 부문 등에서는 개방의 충격이 클 것이라는 우려도 있는 게 사실이다. 그러나 수출 지향적 개방정책은 이제까지 그랬듯이 대한민국의 미래를 담보할 성장 전략이다. 또한 내수시장의 한계를 극복하기 위한 현실적 전략이기도 하다.

1970년대 초 초등학교 사회과목에 출제되었던 '우리나라 무역 규모는 얼마일까요?'라는 질문이 지금도 있다면 초등학생들이 괄호 안에 써 넣을 정답이 '2조 달러'가 될 날도 멀지 않으리라 자신한다.

경제 영토는
무한히 넓힐 수 있다

|

세계 지도를 펼쳐놓고 들여다볼 때마다 어쩌면 우리나라는 이렇게 작을까 싶었다. 물론 우리나라보다 작은 나라도 많고, 러시아나 중국, 미국처럼 드넓은 영토를 가지고 있다면 좀 더 여유롭게 살 텐데, 이 작은 영토를 가지고 어떻게 먹고살 수 있을까라는 의문도 한때 있었다. 그러나 이 작은 영토만으로도 5,000년의 장구한 역사를 이루어오고, 근대 들어 고난과 혼란을 이겨내고 놀라운 경제 성장과 민주화를 이룬 사실을 생각해보면 자긍심마저 느껴진다. 이는 나만의 소회는 아닐 것이다.

그렇다면 넓지 않은 영토를 가진 대한민국의 생존 전략은 과연 무엇일까? 여러 전략이 필요하겠지만 그중 하나가 개방일 것이다. 조선 말기 일부 위정자들의 쇄국정책이 결국 나라를 빼앗긴 요인 중 하나로 작용했다는 생각에 이르면 개방의 필요성은 더욱 커진다. 1960년대 본격적인 경제 개발 이후 수출 지향적 정책으로 경제 성장을 이룬 경험을 되돌아봐도 그러하다. 그렇지만 개방이 중요하다고 공감하면서도 여전히 개방과 글로벌에 저항하는 마음이 우리 국민들에게 내재되어 있는 것도 부인할 수 없다.

개방을 두려워하는 이유는 무엇일까? 우리가 아직 선진화되지 못한 분야에 다른 나라 제품과 서비스가 들어오면 국내 산업이 큰 타격을 받을 것이라는 두려움이 도사리고 있는 것도 하나의 이유 이다. 과연 그럴까? 해방 이후 우리나라는 전 세계의 문화를 받아 들였으나 일본 문화에만은 빗장을 굳게 닫아걸었다. 1998년, 53년 만에 일본 대중문화를 개방하겠다는 조치가 있었을 때 엄청난 반 대에 부딪혔다. 일례로 일본 영화가 들어오면 한국 영화는 50년 동 안 침체를 면치 못할 것이라는 주장이 제기되었다. 그러나 그때도 그렇고 지금도 그렇듯이 일본 영화 나아가 일본 대중문화 전체가 한국의 영화 산업과 문화계에 끼친 영향은 극히 제한적인 것 같다. 오히려 한국 영화는 더욱 발전을 거듭해 세계적 수준에 이르렀다.

사례 하나로 전체를 정당화하는 것은 위험하지만 개방이 국내 산업에 미치는 효과가 부정적이라고는 보지 않는다. 영화의 예에 서 보듯이 오히려 경쟁력을 키워 더욱 강하게 만들어주는 계기가 될 수도 있다. 무엇보다 한국인의 우수한 자질과 인내심, 창의력을 믿기 때문이다.

개방이 현실적으로 필요한 또 다른 이유는 우리나라는 식량과 자원이 부족한 국가라는 점 때문이다. 단적인 예로, 국내에서 소비되는 에너지의 거의 전량을 수입으로 충당하고 있다. 2011년에만 해도 에너지 수입에 1,725억 달러를 지출했으며 이는 전체 수입의 32.9퍼센트에 해당하는 금액이다. 그만큼 수출을 통해 외화를 들여와야 한다. 자원 수급 구조 때문에라도 경쟁력을 바탕으로 해외시장에 적극적으로 진출해야만 하는 것이다.

개방을 통한 우리 경제의 영토 확장은 바로 그러한 필요에 의해 진행된 과제였다. 우리나라는 영토 측면에서는 남한 면적으로 볼 때 세계 109위로 매우 협소하지만, 경제적 개방의 완결판이라 할 수 있는 자유무역협정FTA을 통해 확보한 경제 영토 측면에서는 세계에서 세 번째로 넓은 국가이다. 전 세계가 경제적으로 긴밀하게 연결되어 있는 글로벌 시대에 국경선은 더 이상 비즈니스를 제약하지 못한다. 따라서 한반도라는 물리적 영토 공간뿐만 아니라 시장을 개척하고 자원을 확보할 수 있으면 그곳이 바로 우리의 경제 영토인 셈이다.

경제 영토를 확장하는 견인차

우리나라는 2008년까지만 해도 칠레, 싱가포르, EFTA(스위스, 노르웨이, 아이슬란드, 리히텐슈타인), ASEAN 등 비교적 소규모의 경제권과 4건의 FTA만 체한 상태였다. 전 세계적으로 FTA를 통한 교역 비중이 50퍼센트를 넘은 상황에서 우리는 10퍼센트에도 미치지 못하는 수준이었다.

그러나 한·미, 한·EU FTA 등을 체결하고 발효시킴으로써 상황은 크게 바뀌었다. 미국, 유럽, 아시아를 잇는 글로벌 네트워크를 구축하고 우리나라를 전 세계 교역과 투자의 허브로 육성할 기반을 만든 것이다. 한·EU FTA를 2011년 7월 잠정 발효시켰고, 한·미 FTA는 2012년 3월 15일 공식 발효시켰다. 이와 같은 거대 경제권과의 FTA뿐만 아니라 2010년 1월에는 한·인도 CEPA(포괄적 동반자 협정), 2010년 8월에는 페루와의 FTA를 발효시켰다. 이로써 총 8건의 FTA가 45개국과 성사되었다. 특히 우리나라는 ASEAN을 포함해 세계 3대 경제블록과 FTA를 체결한 유일한 국가가 되었다.

조선이 강화도조약(조일수호조규)을 맺고 강제로 외국에 문을 연 것은 1876년이었다. 불과 137년 전만 해도 우리나라는 여러 가지로 어려운 상황이었다. 그러나 끊임없는 도전과 개척정신으로 세계에서 유례를 찾아볼 수 없는 짧은 시간에 경제 강국으로 부상했다. 그때나 지금이나 영토는 변함이 없음에도 경제 영토는 100배가 훨씬 넘게 확장되었다. 적극적 개방정책이 바로 그 역할을 한 것이다. 개방을 통한 경제 영토가 날로 확대되어 무역 규모도 크게 늘어나 마침내 2011년에는 1조 달러를 기록했다.

발효 과정에서 우여곡절도 많았지만 FTA는 우리 경제가 세계를 향해 날개를 펼치는 데 견인차 역할을 톡톡히 하고 있다. 서비스 업종, 의료 분야, 금융 산업, 교육 등 앞으로 풀어야 할 과제도 산적해 있지만 두려움을 가질 필요는 없다. 파고가 높을수록 그에 대응하는 지혜도 높은 민족이 우리이기 때문이다. 더 많은 기업들이 더 좋은 혁신 제품으로 더 많은 나라를 상대로 경쟁해서 한국의 위상을 높일 것을 기대한다. 세계 109위의 작은 영토이지만 경제 영토만은 무한히 넓힐 수 있다.

제임스 딘의 흉상

|

LA를 처음 방문했을 때의 일이다. 안내를 맡은 사람이 어디를 가보고 싶냐고 묻기에 나는 서슴없이 그리피스 천문대라고 했다. 그리피스 천문대, 〈이유 없는 반항〉(니콜라스 레이 감독. 제임스 딘의 두 번째 영화)의 촬영지로 24세의 젊은 나이에 세상을 뜬 제임스 딘의 흉상이 있는 곳이다. 낭떠러지로 차를 몰고 가다 먼저 멈추는 사람이 패하는 이른바 '치킨런' 장면이 인상적이어서 꼭 한번 가보고 싶었던 장소였다.

그곳에는 역시나 많은 관광객들이 있었다. LA의 관광명소인 셈이다. 지금도 나는 대한민국의 드라마 촬영지를 보러 오는 외국 관광객들을 보면 그때의 기억이 떠오르곤 한다. 이것이 바로 드라마나 영화의 힘이다.

2006년 7월 미국을 방문한 고이즈미 준이치로 일본 총리는 조지 부시 미국 대통령과 함께 테네시 주 멤피스로 향했다. 두 사람이 간 곳은 엘비스 프레슬리의 고향 저택 그레이스랜드Graceland였다. 바쁜 일정에도 양국의 대통령이 그곳까지 간 이유는 고이즈미 총리가 엘비스의 팬이었기 때문이다. 고이즈미는 그곳에서 엘비스 흉내를 내며 춤까지 추었다. 만일 두 사람이 워싱턴에서 만나 정치, 경제 이야기만 나누고 헤어졌다면 외교적 성과가 훨씬 덜했을 것이다. 문화가 정치를 풍요롭게 한 사례이다.

역사상 가장 큰 흥행을 기록한 영화는 2009년 제작된 제임스 캐머런James Cameron 감독의 〈아바타〉이다. 제작사 20세기폭스에 의하면 대략 27억 달러, 즉 3조 원 가까운 돈을 벌었다고 한다. 판매액 2,000만 원짜리 자동차 15만 대를 수출한 금액과 맞먹는다. 문화산업의 경제적 위력을 실감하게 해주는 사례이다.

좀 다른 이야기이지만 나는 가끔 아쉬운 상상을 해본다. 푸치니의 오페라 〈나비부인〉이 일본을, 〈투란도트〉가 중국 역사를 배경으로 만들어졌는데, 만약 한국 역사를 배경으로 한 오페라가 만들어졌다면 얼마나 좋았을까 하고. 문화의 힘을 알기에 아쉬워서 하는 상상이다. 미국의 심리학자 매슬로Abraham H. Maslow가 주창한 욕구 5단계 이론의 정점은 '자아실현 욕구'이다. 생리적 욕구, 안전 욕구, 사회적 욕구, 존경의 욕구를 지나면 인간은 필연적으로 자아실현을 추구한다는 것이다. 의식주, 건강, 직업과 사랑, 성취와 존경을 이룬 뒤에 남는 욕구는 지적 성취 내지는 심미적 이해이다. 그러므로 사회가 발전하고 성숙해질수록 문화에 대한 열망도 그만큼 강해진다고 할 수 있다.

이렇듯 문화의 힘과 중요성은 대단하다. 당연히 국가정책에서도 문화가 중심에 있어야 한다. 세계인들에게 '문화 강국＝프랑스'라는 인식이 각인되어 있는 이유는 프랑스가 역사적으로 문화 전통이 강하기 때문이기도 하지만 일찌감치 국가 차원에서 문화정책을 추진했기 때문이다. 이러한 이해를 바탕으로 이명박 정부에서도 문화 국가를 지향하며 다양한 정책을 펼쳤다. 국립현대미술관 서울관을 건립했으며, 대한민국의 정체성을 확립하기 위한 방안의 하나로 대한민국역사박물관을 건립했다. 또한 경복궁 역사 유적을 보수하고 전통 문화의 창조적 기반을 넓혀 우리 문화를 세계에 알리는 일도 추진했다. 특히 2018년 평창 동계올림픽 유치는 커다란 성과였다.

오늘날 지구촌의 3대 축제는 올림픽, 월드컵, 엑스포로 꼽힌다. 이 세 행사를 모두 치른 나라는 전 세계 220여 국가 중에서 20여 개 나라도 안 된다. 중국과 러시아도 아직 세 행사를 다 치르지 못했다. 모든 나라와 도시가 이러한 행사를 유치하려는 이유는 경제적 이익도 있겠지만 문화 강국, 체육 강국으로서의 이미지를 단숨에 세계인에게 각인시키기 위함일 게다.

인간을 인간답게 하는 바탕

우리나라는 그런 의미에서 경제 선진국과 함께 문화 선진국의 위업도 짧은 시간에 달성했다고 할 수 있다. 1986년의 아시안게임을 시작으로 2년 후에 열린 서울 올림픽, 1993년의 대전 세계박람회, 1995년 시작된 광주 비엔날레, 2002년의 한·일 월드컵과 부산 아시안게임, 2010년 대구 세계육상대회, 2012년의 여수 세계박람회 등 많은 국제 행사를 성공적으로 치렀다. 이제는 하계올림픽에 이어 동계올림픽마저 치르게 된 것이다.

정책실장으로 있을 당시 여러 정책 중에서도 내가 가장 관심을 갖고 추진했던 정책 중 하나가 문화 복지를 확대한 것이다. 과거처럼 일부 계층만 누리는 문화가 아니라 전 국민이 생활 속에서 문화를 향유할 수 있도록 했다. 국립박물관과 미술관의 무료 관람제나 공공예술 프로젝트 그리고 찾아가는 문화나눔사업 등이 대표적이다. 또 사회 소외계층인 다문화가정과 장애인들을 위한 문화나눔에도 정성을 기울였다.

문화란 무엇일까? 국어사전에는 "한 사회의 개인이나 인간 집단이 자연을 변화시켜온 물질적·정신적 과정의 산물"이라고 정의되어 있다. 이 정의를 봐도 솔직히 문화에 대한 개념이 딱히 다가오지는 않는다. 문외한적 생각이겠지만 나에게 문화란 인간의 삶을 풍요롭게 하는 요소이며 인간을 인간답게 하는 바탕이다. 나아가 국가의 품격을 높이는 요소이다. 노래가 없는 인간, 그림이 없는 사회, 영화가 없는 생활을 상상이나 할 수 있는가? 당연히 문화가 국가정책의 중심이 되어야 한다.

올림픽대로와
월드컵대로

|

'클라크의 법칙', 경제 발전이 진행됨에 따라 제1차 산업에서 제2
차 산업으로, 제2차 산업에서 제3차 산업으로 그 비중이 전환된다
는 경제학 이론이다. 알다시피 제1차 산업에는 농림수산업 등이,
제2차 산업에는 제조업, 건설업 등이 그리고 제3차 산업에는 상업,
통신업, 금융업 등 전반적인 서비스 산업이 포함된다. 최근에는 상
업, 금융업 등 전통적 서비스업을 제3차 산업으로 분류하고 정보,
의료, 교육 등의 지식 집약형 서비스업을 제4차 산업, 오락, 패션
산업 등을 제5차 산업이라고 부른다. 서비스 산업의 재분류라 할
수 있다.

경제 발전에 따라 비중이 커지는 서비스 산업은 우리나라에서
국내 총생산의 60퍼센트, 교육의 70퍼센트를 차지하고 있다. 경제
에 있어 서비스 산업이 얼마만큼 중요한가를 단적으로 보여주는
수치이다. 특히 서비스업은 일반적으로 노동 집약적 특성을 갖기
때문에 일자리 창출 효과가 매우 크다. 실제 제조업의 취업 유발계

수가 10억 원당 9.3명인 반면 서비스업은 16.6명에 이른다. 제조업이 자동화와 함께 과거에 비해 인력이 덜 필요한 시스템으로 정착되어 서비스 산업이 그 인력을 수용해야 하는 과제를 떠맡은 것이다.

이처럼 서비스 산업의 중요성이 부각되고 있으나 우리나라 현실은 그다지 밝지 않다. 외형적으로는 크게 성장했음에도 경쟁력은 선진국보다 낮아 국제 교역에서도 서비스 지수의 만성적 적자가 지속되고 있다. GDP에서 차지하는 비중도 정체된 상태이다. 4차 산업의 발전을 나타내는 정보화 지수는 세계 10위 안에 드는 정보화 강국이지만, 전반적인 서비스 산업은 선진화라는 말이 무색할 정도의 기형적 모습을 보이고 있는 것이다.

왜일까? 제조업 중심의 수출 주도형 전략으로 경제 성장을 구가하는 과정에서 서비스 산업에 대한 중요성이 상대적으로 밀렸다고 볼 수 있다. 서비스 산업에 대한 과도한 규제도 원인이다. 그 이유가 어떻든 이제 '제조업 수출' 중심의 전략만으로는 우리가 직면한 여러 도전들을 헤쳐 나가기 어려운 게 현실이다. 주요 선진국들도 제조업으로 국가의 부를 키운 뒤 점차 서비스 산업으로 무게 중심을 옮겨 제조업과 서비스 산업을 동반성장시키고 있다.

이명박 정부에서도 '서비스 산업에서 좋은 일자리를 많이 창출하는 나라', '제조업과 서비스업이 함께 발전하는 나라'를 비전으로 삼고 서비스 산업의 선진화를 지속적으로 추진했다. 특히 업종별 특성에 맞게 규제를 합리화해 국제 수준의 경영 환경을 조성하는 데 역점을 두었다.

서비스 산업의 선진화 전략은 다양했다. 규제 합리화, 개방, 경쟁 도입, 경영 환경 개선, 전문화, 규모의 경제의 실현 등이 제시되었으며, 이와 같은 비전과 전략을 토대로 관광, 의료, 교육, 지식기반 서비스 등의 발전을 도모하였다. 또 비자 발급 기간을 단축하고 관광정보의 접근성을 확대했으며 템플스테이, 마리나·크루즈 여행 등 관광상품을 개발하여 외국인들에게 '가보고 싶은 나라'가 될 수 있도록 했다. 해외 환자의 유치·알선을 허용하고 경제자유구역 내 의료법인이 숙박업을 할 수 있도록 관련 규정도 정비했다. 초·중등학교의 내국인 입학비율을 재학생 수의 30퍼센트로 확대하고 내국인 입학 자격을 해외 거주 5년에서 3년으로 완화하는 등 외국 교육기관의 설립과 운영에 관련된 규제도 대폭 완화했다.

나아가 지식서비스 산업에 대한 수출 금융지원을 확대하는 등 수출 지원 체제를 구축해 고부가가치 지식기반 서비스 산업이 신성장 동력의 핵심이 될 수 있도록 했다. 이 외에도 시행했던 정책들을 열거하자면 끝이 없을 정도이다. 그만큼 정부에서도 서비스 산업의 발전을 위해 고민을 많이 했다는 방증일 것이다.

아무튼 이러한 정책과 노력에 힘입어 서비스 산업은 꾸준히 발전했으며 만성 적자를 기록하던 서비스 수지도 1998년 이후 14년 만에 흑자로 반전되는 등 어느 정도의 성과를 이루었다.

이제 6차 산업까지 생각해야 할 시점

그러나 아직도 갈 길이 먼 게 사실이다. 특히 서비스 산업에 대한 규제를 완화하는 일은 이해당사자들간의 갈등으로 해결의 실마리를 찾지 못하고 있다. 서비스 산업의 발전과는 좀 거리가 있는 이야기이지만, 서울시정개발연구원장으로 있을 때 서울의 경쟁력을 높이고자 도로명을 바꾸는 시도를 한 적이 있다. 강변북로를 '월드컵대로'로 바꾸자고 제안한 것이다.

사실 한 도시에서 올림픽과 월드컵을 함께 개최한 경우는 드물다. 따라서 한강의 남쪽 도로를 올림픽대로라 하여 동쪽에 올림픽 주경기장이 있고, 한강의 북쪽 도로를 월드컵대로라 하여 서쪽에 월드컵 주경기장이 있다는 사실을 세계에 자연스레 알리면 서울의 도시경쟁력이 그만큼 올라갈 것이라 생각했다.

그러나 그 같은 시도는 여러 가지 이유로 번번이 무산되었다. 주된 이유는 영어 이름이라는 것이었다. 인식을 바꾸는 게 얼마나 힘든지 또 한 번 깨닫게 된 계기였다. 서비스 산업에 대한 규제도 그렇다. 서비스 산업 자체가 이제는 제조업을 돕는 정도의 산업이 아니라 주된 먹을거리 산업이고 경제 발전의 핵심적 동력을 담당한다는 인식이 확산될 때 규제 완화도 그만큼 쉬워질 것이다. 그래야 대한민국의 금융업이, 의료산업이 또 관광업이 신성장 산업으로 도약할 수 있다.

　인간의 삶의 방식은 항상 변한다. 그리고 삶의 질도 점차 나아지고 있다. 이와 함께 지식 집약형 4차 산업에 이은 5차 산업, 6차 산업도 크게 부각될 것이다. 경제의 서비스화가 진전될 게 분명하다. 그만큼 정부정책의 중심도 서비스 산업의 발전에 그 초점이 맞춰져야 한다.

미래에 우리는
무엇으로 먹고살까?

|

1970년대 초 고등학교를 다니던 무렵 친구 집에 갔다 커다란 냉장
고를 보고 놀랐던 기억이 아직도 새롭다. 지방 소도시에서는 TV조
차 귀한 시절이었다. 더 놀라운 사실은 그 냉장고가 '미제'였다는
점이다. 그 친구 집이 참으로 잘사는구나라고 생각했었다.

통계자료를 보면 1965년 금성사(지금의 LG)에서 우리나라 최
초의 냉장고를 만든 당시만 해도 냉장고 보급률은 600가구에 1대
정도였다. 냉장고가 우리나라 전역의 가정에 보급되어 보통의 살
림살이로 정착한 것은 1980년대 들어서였다. 그런데 놀랍게도
1986년에는 보급률이 95퍼센트에 달해 냉장고 없는 집이 이상할
정도가 되었다 하니 불과 10여 년 만에 내 고등학교 시절의 기억이
우스운(?) 추억으로 변해 버렸다. 참으로 놀라운 변화이다.

우리나라의 수출품목과 수출액의 변화를 살펴보면 더 대단하다
는 생각이 든다. 1960년대에는 섬유류를 비롯해 합판 및 중소업체
들의 가발, 신발 등 1차 경공업제품이 수출을 주도했다. 1964년에

는 수출 1억 달러를 기록했고, 이를 기념하기 위해 12월 5일을 '수출의 날'로 지정했으며 1987년부터는 '무역의 날'로 변경됐다. 1970년대 들어서는 우리나라의 산업구조가 경공업에서 중화학공업 중심으로 바뀌어 기계, 선박, 철강 등의 중화학제품 수출이 크게 늘어났다. 또 이 기간에는 중동 건설 붐에 힘입어 해외 건설에서만 40억 달러 정도의 외화를 벌어들였다. 이 같은 성과를 바탕으로 1977년에는 수출 100억 달러를 기록했다.

1980년대에는 전자, 전기, 자동차, 조선 기계류 등이 수출을 주도했다. 특히 전기전자 분야의 수출이 급격히 증가해 전체 수출의 30퍼센트를 육박했다. 또한 자동차가 우리나라 주력 수출품목으로 등장한 것도 이 시기였다. 1990년대에는 우리나라 수출에 있어 중화학공업 주도 현상이 더욱 뚜렷해졌다. 반도체, 자동차, 선박, 화학제품, 전기전자, 기계류 등이 주요 수출품목이었고 특히 반도체는 1992년부터 수출품목 1위로 부상했다. 1995년에는 수출 규모가 1,000억 달러를 돌파했다.

2000년대 들어서도 선박, 석유제품, 자동차, 반도체, 무선통신기기, 평판 디스플레이, 자동차부품 등이 여전히 수출을 주도했다. 2012년에는 600억 달러 정도의 수출을 기록한 석유제품이 처음으로 수출 1위를 기록했고 전체 수출도 5,000억 달러를 넘어섰다.

수출만 살펴보더라도 지금까지는 놀라운 변화와 성장을 이룩하였는데, 그렇다면 앞으로도 과연 이 같은 성장세가 지속될 수 있을까? 또한 미래의 먹을거리는 무엇일까? 어떤 신성장 동력이 우리 경제를 이끌어갈 것인가? 물론 답하기는 쉽지 않지만 반드시 짚고 넘어가야 할 문제들이다. 지금도 우리는 조선, 반도체, 자동차 부문에서 세계 최고 수준을 유지하고 있다. 그러나 현재 잘한다고 해서 앞으로도 계속 잘한다는 보장은 없다. 다시 말하면 지금 대한민국의 주력 산업들이 과거에는 미국이나 일본의 주력 산업이었듯이 미래에도 여전히 우리나라의 성장 동력 산업으로 남을 거라는 보장이 없는 것이다.

2001년부터 전 세계 조선 수출 1위 자리를 지켜온 한국이 2012년에 중국에 의해 추월당했다. 우리나라 조선 산업 수출 증가율이 13년 만에 전년 대비 마이너스로 추락하며 '최악의 한 해'를 보냈기 때문이다. 2012년 1~10월 한국의 조선 수출은 335억 달러로 2011년보다 28.2퍼센트 감소했다. 1999년 이후 마이너스 성장을 기록한 것은 처음이다. 한국이 주춤한 사이 중국 조선업은 빠르게 발전했다. 같은 기간에 336억 달러를 기록해 한국을 제치고 세계 최대 조선 수출국으로 부상했다.

- 〈연합뉴스〉, 2013년 1월 3일

이 기사는 의미 있는 사실을 시사해준다. 조선 강국의 순위가 중국, 한국, 일본 순으로 바뀌고 있다는 점이다. 과거 일본은 조선이나 전자제품에서 세계를 압도했다. 그러나 이제는 몇몇 분야의 제품만 제외하고는 과거의 영광에서 멀어졌다. 기초 부품과 카메라 등은 여전히 강세이지만 그 외의 분야에서는 우리에게 추월당한 것이다. 마찬가지로 지금 우리가 1등 제품을 소유하고 있다 해도 언제 무너질지 모른다. 조선의 사례에서 보듯이 특히 중국이 급속하게 성장하고 있기 때문이다.

그래서 10년 후, 20년 후, 100년 후를 내다보고 준비하지 않으면 한국의 영광은 한순간에 '추억'으로 전락할 수 있다. 국민적 먹을거리, 이른바 대한민국호의 신성장 동력에 대한 과제는 분명 정책입안자들뿐만 아니라 기업인들에게도 다급한 화두인 셈이다. 특히 2008년 닥친 세계적 경기침체와 함께 에너지·환경 문제가 심화됨에 따라 새로운 경제 성장 비전을 제시해야 할 필요성이 크게 대두되었다. 우리나라는 앞에서 살펴본 것처럼 시대별로 주력 산업 육성을 통한 수출 증대와 경제 성장을 거듭해왔으나 2000년대 들어 중화학공업 중심의 주력 산업을 대체할 뚜렷한 성장 동력이 나타나지 않고 있는 실정이다.

또한 글로벌 시장에서 국가, 기업 간 경쟁이 격화됨에 따라 수익 창출 모델도 '따라잡기형Catch-up model'에서 '선도형Trend-setter model'

으로 바뀌지 않으면 경쟁력을 유지하기 어려운 상황이 되었다. 게다가 산업 간 융합에 의한 새로운 비즈니스 모델이 급부상했고, 초고령 사회에 대비한 새로운 전략도 필요했다.

미래는 다가오는 것이 아니라 만드는 것

다른 정부와 마찬가지로 이명박 정부에서도 에너지와 환경 문제, 이종산업 간 융합 시대에 대응해 우리 미래를 책임질 신성장 동력을 발굴하고 지원하는 정책을 적극적으로 추진했다. 시장의 변화를 정책에 반영하고자 많은 민간 전문가가 참여한 신성장동력 기획단을 구성했다.

이 기획단은 기업, 연구소, 대학 등으로부터의 다양한 의견을 바탕으로 6대 분야 21개 신성장 동력을 발굴했고 이어 여러 차례의 검토와 다양한 논의를 거쳐 3대 분야 17개 신성장 동력을 최종 선정했다. 3대 분야는 녹색기술 산업, 첨단융합 산업, 고부가 서비스 산업이며, 17개 신성장 동력은 신재생 에너지, 그린수송 시스템, 로봇 응용, 바이오 제약·의료 기기, 글로벌 헬스케어, 콘텐츠·소프트웨어 등이었다.

정부도 신성장 동력 분야의 시장 창출을 위해 규제를 개선하고, 관련 법령을 정비했다. 금융지원도 확대해 2009~2011년에 투자된 금액만 총 62조 원에 달했다. 결과적으로 방송통신 융합, 신재생 에너지, IT 융합의 성장세가 두드러졌으며 LED, 로봇, 태양광 분야에서도 시장이 확대되는 성과를 이루었다. 하지만 아직은 대부분이 산업화 초기 단계로 정부의 지속적 지원이 필요하고 글로벌 환경의 변화에 따라 신성장 동력에 대한 재조명도 요구되고 있다. 글로벌 트렌드를 반영한 미래 성장 동력을 지속적으로 발굴할 필요가 있는 것이다.

미래는 불확실하다. 식민지배와 전쟁을 겪은 분단국가 대한민국이 오늘날 세계 10대 경제대국으로 부상하리라고는 누구도 쉽게 예측하지 못했을 것이다. 특히 세계 전자제품을 휩쓸던 일본이 대한민국에게 그 바통을 물려줄 것이라고 예측한 사람은 더더욱 드물었을 것이다. 하물며 죽의 장막에 가려져 있던 중국이 전 세계 인류에게 메이드 인 차이나 없는 생활이 불가능하다는 것을 보여주리라고는 예측하기 힘들었을 것이다.

이렇듯 미래는 한없이 불확실하지만 미리 준비하고, 먼저 움직여야 한다. 아침 출근 시간에 10분만 늦게 출발해도 목적지에는 30분 늦게 도착한다. 미래에 대한 준비도 이와 마찬가지이다. 지금 1년을 머뭇거리면 향후 10년이 사라질 수 있다. 그 10년은 우리 후손들에게 고난이 될 수 있다. 또 지금까지 쌓아올린 한국의 업적을 하루아침에 허물어지게 만들 수도 있다. 미래를 준비하는 과제는 분명 우리 모두의 책임이다.

새로운
블루오션이 온다

|

의사, 여전히 많은 사람들이 선호하는 직업이다. 의사가 되기 위해서는 의과대학을 졸업한 뒤 국가시험에 합격해야 한다. 대한민국 의과대학은 현재 6년제 학부 체제와 4년제 전문대학원 체제로 나뉘어 있다. 학부 체제는 대학입시를 거쳐 예과 2년에 본과 4년을 이수하는 과정이며, 전문대학원 체제는 4년제 학사를 마치고 의학교육 입문검사MEET에 응시하여 의학전문대학원 4년을 이수하는 과정이다.

어떤 과정을 택하든 쉬운 길이 아닐 게다. 무엇보다 공부를 열심히 해야 하고 적성에도 맞아야 한다. 어떻게 보면 대한민국에서의 의사라는 직업은 우수하고 선택된 사람들만이 가질 수 있는 직업임이 분명하다. 워낙 우수한 인재들이 모여서 그런지 대한민국의 의료 수준 또한 대단하다. 특히 임상의 경우 더욱 그러하다. 우리의 의료기술을 찾아 입국하는 해외 환자들이 증가하는 추세만 봐도 알 수 있다. 보건복지부 자료에 의하면 2009년에 6만 명 수준이었으나 이후 꾸준히 늘어나 2012년에는 15만 명을 넘어섰다. 하루에 400명이 넘는 해외 환자가 우리나라 병원에서 진찰이나 수술을 받기 위해 방문하는 것이다. 이러한 흐름이 우리나라 의료기술의 수준을 가늠할 수 있는 바로미터인 셈이다.

미국 블룸버그통신에 따르면 2012년 전 세계적으로 의료관광으로 이동한 사람은 700만 명에 달한다. 의료관광이라는 단어는 최근에 만들어진 신조어이다. 사람들이 자신의 거주지를 벗어나 현지의 의료기관 등을 통해 질병을 치료하거나 건강 회복 등을 꾀하는 행위를 지칭한다. 그렇다면 지구촌 사람들이 의료관광으로 가장 많이 찾는 국가는 어디일까?

놀랍게도 태국이 1위이다. 트랜스젠더 수술을 가장 잘하고 비용도 저렴하기 때문에 매년 120만 명이 태국으로 의료관광을 떠난다. 2위는 멕시코, 3위는 미국, 4위는 싱가포르이다. 우리나라는 공식 집계에 포함되지 않았으나 18만 명으로 6위를 차지한 브라질에 이어 7위로 추정된다. 8위는 11만 명이 방문한 터키이다. 재미있는 사실은 블룸버그통신에 소개된 8개 나라 중에 미국과 브라질을 제외한 6개 국가가 아시아라는 점이다. 그만큼 아시아인의 손재주와 기술이 좋다는 방증일까?

2000년 초반만 해도 의료관광은 질병 치료가 주목적이었으나 이제는 그 양상이 많이 달라지고 있다. 성형 수술, 성전환 수술, 치과 치료, 다이어트 등으로 목적이 바뀌고 있다고 한다. 기기와 기술이 발전한 미국은 여전히 난치병 치료에서 독보적 국가이지만 태국은 성전환 수술의 메카로 불리며, 멕시코는 치과 진료에서 두각을 나타내고 있다.

의료관광을 떠나는 사람들의 숫자와 목적, 국가도 흥미롭지만 더욱 놀라운 점은 그 비용이다. 2012년에 의료관광으로 쓰인 비용은 자그마치 45조 원이었다. 더구나 이 금액은 매년 15~25퍼센트씩 늘어나고 있다. 만일 어느 국가든지 질병 치료와 건강 증진, 헬스에서 독보적 기술을 축적하여 이 많은 돈을 벌 수만 있다면 국가 이미지는 물론 경제까지도 살릴 수 있는 것이다. 이 같은 이유로 선진국에서는 이미 국가 차원에서 의료관광 정책을 세워 추진하고 있으며 대한민국도 2009년에 의료관광을 신성장 산업으로 선정하고 범정부 차원에서 지원을 하고 있다.

메디컬 콜센터, 분쟁사무국, 의료관광 원스톱 서비스센터 등을 지속적으로 추진해 우리나라 의료기술의 신뢰도를 높이는 정책을 실시했다. 또 우리나라 의료를 대표할 수 있는 'Medical Korea-Smart Care' 브랜드를 개발하고, '안전하고 높은 임상 수준, 합리적 진료비용'의 기치하에 차별화된 홍보 마케팅도 전개했다. 그 결과 2012년에 15만 명의 해외 환자를 유치할 수 있었다.

분야의 특성화가 필요하다

우리나라를 찾는 의료관광객은 미국(27퍼센트), 일본(22.1퍼센트), 중국(18.9퍼센트) 순이며, 국적은 갈수록 더 다양해져 2009년 28개국에서 2011년 43개국으로 증가했다. 특이한 점은 진료과목이 특정 분야에 편중되지 않는다는 점이다. 2011년 통계에 따르면 내과 15.3퍼센트, 피부 · 성형외과 12.7퍼센트, 가정의학과 8.7퍼센트, 검진센터 8.3퍼센트, 산부인과 7.7퍼센트, 한방과 5.9퍼센트 등 골고루 분포되어 있다. 이는 의료기술의 전반적 상향 평준화로도 볼 수 있지만 한편으로는 태국이나 멕시코처럼 뚜렷한 분야가 없다는 뜻이기도 하다.

외국인 환자 1인의 평균 진료비는 149만 원에 달한다. 우리 국민이 1년에 의료비용으로 지출하는 돈이 비급여를 제외하고 평균 101만 원인 점을 감안하면 높은 수치이다. 또 외국인이 치료만 하고 돌아가는 경우는 드물 뿐더러 거의 대부분 동행자가 있기 때문에 한 명의 외국인 환자가 입국하면 국내에서 쓰고 가는 돈은 훨씬 더 많아진다. 의료관광이 신성장 동력으로 선정되지 않을 수 없는 이유이다.

의료 산업 분야는 대한민국의 가장 우수한 인재들이 모여 있는 곳이라 할 수 있다. 그만큼 경쟁력도 뛰어나다. 당연히 대한민국 국민들의 건강을 책임져야 하겠지만 나아가 해외 환자들에게까지 선진 의료기술을 펼침으로써 국부 창출에도 더 큰 기여를 해야 할 것이다. 어쩌면 그것이 뛰어난 사람들이 해야 할 국민에 대한 도리가 아니겠는가.

삶을 행복하게 해주는
미래 성장 전략

|

어린 시절 나는 가끔 엉뚱한 상상을 하곤 했다. 만약 나뭇잎이 녹색이 아니라면 세상은 어떤 모습일까? 사람들의 심성은 과연 어떻게 변할까? 교실 앞에 걸려 있는 칠판의 색이 녹색이 아니고 노란색이라면 학생들은 어떤 기분일까? 학교 성적은 어떻게 될까? 엉뚱한 질문 끝에 나는 스스로 나뭇잎도 칠판색도 녹색이어서 얼마나 다행인지 모른다고 결론을 내리곤 했다. 심지어 녹색이 존재한다는 그 자체가 고맙게 느껴졌다.

인간이 만들어낸 그 어느 색깔도 10분 이상 바라보면 눈이 피로해지고 정신조차 어지러워진다고 한다. 사람을 고문하는 방법 중 하나가 온통 빨간색으로 칠해진 방에 가두어놓는 것이라는 말을 들은 적도 있다.

녹색, 그러나 이것은 다르다. 아무리 오래 보아도 눈이 피곤하지 않으며 오히려 머리가 맑아진다. 칠판이 녹색인 이유일 것이다. 녹색은 모든 색의 중간이어서 그럴까? 무지개의 일곱 색깔, 즉 빨주

노초파남보 중에서 녹색(초록)은 한가운데에 자리한다. 어느 쪽에도 치우치지 않음이다. 녹색은 인간의 마음을 차분하게 해주는 장점이 있지만 반대로 욕망과 활력, 열정을 불러일으키지는 않는다. 그런 이유로 상품에 녹색을 사용하는 경우가 드물었다.

하지만 20세기의 끝자락 무렵부터 녹색 제품들이 등장했고 '그린'이라는 단어를 제품명으로 사용하는 경우가 증가했다. 로고나 마크에 녹색을 사용하는 기업 수도 늘었다. 그만큼 녹색에 대한 인간의 욕구가 전 세계적으로 증가한 것이리라. 특히 녹색은 친환경이라는 이미지가 아주 강하기 때문에 녹색을 사용하면 그 기업 이미지도 저절로 친환경으로 비춰진다. 녹색이 지닌 일종의 '힘'인 셈이다.

그러다 보니 오늘날 녹색은 모든 분야에서 각광을 받고 있다. 심지어 녹색은 정치에도 등장해 대중의 호응을 받는다. 가장 먼저 녹색당을 창당한 곳은 독일로, 1979년에 만들어진 이 당은 지금도 활발하게 활동하고 있으며, 영국에도 녹색당이 있고 우리나라에도 녹색당이 있다. 비록 정치적 위상은 크지 않지만 대중에게 녹색의 가치를 일깨워준다는 사실만으로도 큰 역할을 한다 할 수 있다.

이제는 녹색이 정책에까지 등장했다. 이명박 정부에서 '저탄소 녹색성장'이라는 새로운 발전 패러다임이 국가정책으로 제시된 것이다. 녹색성장, 녹색정책의 범위는 광범위하지만 '온실가스와 환경오염을 줄이는 지속 가능한 성장'이자 '녹색기술과 청정에너지로 신성장 동력과 일자리를 확충하는 신국가 발전 패러다임'이다. 녹색성장은 기존의 성장 모델이 기후변화 시대에 적합하지 않다는 분석을 바탕으로 과학기술과 국가정책에 걸쳐 완전히 새로운 모델을 만들어나간다는 점에서 창조적 융합이라고도 할 수 있다. '녹색'과 '성장'을 단순히 결합한 것이 아니라 전혀 새로운 모델을 창조하는 것이다.

녹색성장은 경제 발전과 환경 보호가 서로를 보완해주는 관계로 맺어진다. 경제적 측면만 중요시해 환경 보호를 소홀히 하면 그 피해는 고스란히 우리와 우리 후손에게 돌아온다. 이를 막는 일차적 장치가 녹색성장인 것이다. 또한 기후변화와 에너지 위기에 적극 대응하기 위한 전략이기도 하다.

결코 중단되어서는 안 되는 그린정책

이명박 정부에서는 녹색성장을 이루기 위해 우선 목표를 정하고 법과 제도를 정비했다. 구체적으로 2020년까지 배출전망치BAU 대비 30퍼센트 수준의 온실가스 감축 목표를 세우고 2009~2013년에 매년 GDP 2퍼센트 수준의 예산을 녹색성장에 투입했다. 이 과정에서 정부와 국회, 산업계, 학계, 시민단체가 공감하고 전폭적으로 지원한 것은 그 자체로도 큰 성과이다. 이러한 제도적 인프라와

국민적 협조로 녹색기술과 녹색산업도 크게 발전하고 있다. 전기
자동차용 배터리는 세계 1위, LED 소자는 세계 2위를 기록했다.

이 같은 성과는 국내에 한정되지 않고 세계적 성공 사례로 확대
되었다. OECD, UNEP(국제연합환경계획), G20 정상회의 등에서
큰 호응을 얻어 대한민국의 이미지를 높이는 데 크게 기여했다. 국
제 사회에서 선진국과 개도국의 가교 역할을 수행하는 중진국 외
교의 전형으로서 '녹색외교'를 개척했으며 글로벌녹색성장기구
GGGI의 출범, 녹색기술센터GTCK 창설, 녹색기후기금GCF 본부 유치
를 통해 전략·기술·재원을 집합시킨 이른바 '그린 트라이앵글'
을 구축했다.

물론 녹색성장에 대한 투자와 실천은 정부만이 추진한 것은 아
니다. 기업들도 녹색의 중요성을 인식하고 녹색투자를 대폭 확대
했다. 2008~2010년 30대 그룹의 녹색투자 총액은 15조 1,000억
원 규모로 연평균 74.5퍼센트 증가했다. 신재생 에너지 기업 수는
2.1배로 증가했고 고용 인원은 3.7배, 매출액은 6.5배로 성장했다.

녹색이 화두로 등장하자 국민들의 인식과 참여의식도 바뀌었다.
환경을 보호하고 녹색을 삶 곁으로 끌어와야 삶의 질을 높일 수 있
다는 인식이 확산된 것이다. 대중교통 이용, 전기 사용 절감, 녹색
상품 구매, 음식물 쓰레기 줄이기 등 일상에서 실천할 수 있는 환
경 보호가 자리를 잡아갔다. 국민들이 스스로 참여해 녹색을 생활

화한 것이다.

그러나 녹색정책은 확고한 비전과 리더십이 없으면 실천하기 어렵다. 사람은 자칫 훗날의 행복보다는 당장의 이익에 몰두하는 경향이 있다. 10년 후, 100년 후 자연을 보호하기 위해 현재 산업이 제한을 받으면 즉시 반발하는 이유이기도 하다. 탄소 규제만 해도 공장의 증설과 가동에 막대한 영향을 끼친다. 그러므로 녹색성장은 반대와 저항을 불러올 수 있고 그만큼 모두가 공감하는 정책을 수행하기 어렵다.

녹색성장은 초기에 많은 비용이 든다. 또 그 개념이 학자마다, 정책 담당자마다 다르기 때문에 혼선이 빚어질 수도 있다. 그러나 그러한 이유로 녹색정책이 중단되어서는 안 된다. 녹색의 편안함이 어찌 세월과 사람에 따라 다르겠는가. 이제 막 닻을 올린 녹색정책이 어려움을 극복해내고 정치와 이념을 뛰어넘어 계속되기를 희망한다. 녹색정책은 분명 기후변화와 에너지 위기에 대비할 수 있는 미래 성장 전략일 뿐만 아니라 궁극적으로 인간의 삶을 행복하게 하기 때문이다.

국가의 품격을
결정하는 것들

2013년 봄 나의 마지막 공직이었던 대통령 정책특보를 마치고 미국을 방문한 적이 있다. 버클리대학에서 특강 요청이 있어서였다. 강의가 끝난 후 참석했던 현지 교수들 및 학생들과 이런저런 이야기를 나눌 기회를 가졌다. 그때 그들 대부분이 동의했던 사실 중 하나가 대한민국의 국제적 위상이 최근 들어 놀라울 정도로 높아졌다는 것이다. 물론 그 자리에는 이명박 정부를 부정적으로 생각하고 평가하는 사람도 있었다. 그럼에도 높아진 대한민국의 국제적 위상에 대해서는 별 이견이 없었다. 물론 그 원인에 대한 진단은 다양했다. 이유 중 하나로 G20 회담과 같은 대규모 국제회의의 한국 개최를 지적하는 교수들이 많았다.

G20 회담, 세계 주요국 20개 나라가 모여 세계의 정치, 경제, 문화, 환경, 교류와 화합을 논하는 자리이다. 처음 이 회의가 서울에서 열린다는 보도가 나왔을 때 국민 대부분이 환영했지만 그리 대단한 일이 아니라는 반응도 일부 있었다. 20개 나라가 돌아가면서

여는 회의이며 단지 차례가 되어 열릴 뿐이라는 지적이었다. 그러나 우리나라가 세계 주요국 20위 안에 들고 회의를 주재하는 의장국이 된다는 사실만으로도 충분히 자긍심을 가질 일이었다.

G20의 등장은 2008년 글로벌 금융위기와 관련이 깊다. G8 주도의 기존 국제경제 질서로는 경제위기에 효과적으로 대응할 수 없었던 것이다. 따라서 한국, 인도, 브라질 등 신흥국을 포함한 새로운 경제협력 체제가 필요해짐에 따라 G20이 탄생했다. 2009년 9월 미국 피츠버그에서 열린 제3차 G20 정상회의에서 2010년 제5차 회의 개최국으로 우리나라가 선정되었다. 아시아 국가 또 신흥국가 중에서는 최초로 G20을 유치함으로써 국제 경제질서 재편에 주도적 역할을 담당하게 되었다.

한국이 G20의 핵심 국가로 부상한 것은 한·미 간의 신뢰 회복과 2008년 워싱턴회의에서 경제위기 극복을 위해 무역장벽을 동결하는 이른바 '스탠드스틸standstil'을 관철시키는 등 의제 설정 역량을 보인 점이 큰 역할을 했다. 또 글로벌 경제위기를 효과적으로 극복해내 G20 의장국을 감당할 역량을 국제사회에서 인정받은 결과이기도 했다.

한편 피츠버그 G20 회의는 G20의 제도화에 대한 합의가 이루어졌다는 점에서 의미가 컸다. G20의 지위가 글로벌 경제 거버넌스의 최고 협의체로 규정되고, 2011년부터는 연례적으로 개최하기로 합의한 것이다. 그리하여 글로벌 금융위기 극복을 위한 임시 협의체였던 G20이 세계경제의 컨트롤타워로 부상했다.

아무튼 대한민국이 개최국으로 확정된 이후 치밀한 준비 과정을 거쳐 2010년 11월 11~12일 이틀 동안 서울에서 열렸다. 서울 회의는 피츠버그회의에서 G20의 지위를 글로벌 경제 거버넌스의 최고 협의체로 명시한 후 두 번째 열린 회의였다. 우리나라는 개최국과 의장국을 겸했다. 국제질서 재편의 주도적 역할을 담당하는 자리였다. 이는 남이 짜놓은 국제질서의 틀 속에서 수동적 역할에 만족했던 우리가 새로운 틀과 판을 짜는 나라가 된 것을 의미했다.

국가 위상을 높이는 것은 결국 국민의 몫

서울 회의는 코엑스와 국립중앙박물관에서 열렸는데 G20 국가 외에도 5개 초청국, 7개 국제기구가 참석한 가운데 각국 정부대표단 6,000여 명, 언론인 4,000여 명 및 비즈니스 서밋에 참석한 글로벌 기업의 CEO 120명 등이 방한해 역대 최대 규모로 치러졌다. 당시 의제 및 행사 운영 모두 큰 성공을 거두었다는 평가를 받았다. 기존 G20의 의제인 '지속 가능 균형성장 협력 체계 마련', 'IMF 쿼터 개혁과 이사국 수 조정 합의', 'Basel Ⅲ 및 SIFI 문제 합의', 'DDA 타결 의지 재확인' 등에서 가시적 성과를 이루었다.

특히 국제적 관심사였던 주요 국가 간 환율 조정 문제와 관련하여 환율이 기초 경제 여건을 반영할 수 있도록 좀 더 시장 결정적 환율제도로 이행함과 아울러 경쟁적 평가절하를 자제하고 나아가 예시적 가이드라인을 만들기로 합의하였다. G20 정상들은 또한 정상선언문을 통해 기후변화 협상에 대한 G20의 적극적 참여 의지를 재확인하였으며, 대한민국이 제안한 녹색성장을 위한 G20의 정책공조 방안에도 합의했다.

G20에 이어 또 하나의 주목할 만한 회의가 서울에서 열렸다. 바로 핵안보정상회의Nuclear Security Summit였다. 이 회의는 핵 없는 세상을 주창한 오바마 미국 대통령이 2009년 체코 프라하 연설에서 핵테러를 국제안보의 최대 위협으로 지목하고 핵안보 강화 필요성을 강조해 발족된 협의체이다. 2년마다 개최되는 이 회의의 1차 모임은 2010년 미국 워싱턴에서 있었으며 우리나라가 2012년 제2차 회의를 개최하였다. 이 회의 역시 50여 세계 정상 및 국제기구 수장이 참가하는 안보 분야 최대 규모의 모임이었다.

물론 대한민국의 국제적 위상이 올라간 것이 비단 G20이나 핵안보정상회의와 같은 국제적 모임 때문만이겠는가. 단지 그 위상을 상징적으로 보여주는 사례일 것이다. 경제력, 정치적 상황, 역사와 문화의 깊이, 국민의 의식 수준과 교육열 등등 많은 요인이 국제적 위상을 결정한다. 결국 대한민국의 국제적 위상은 국민의 몫이다.

어린이 교육이
미래를 결정한다

|

서머힐 스쿨, 1921년 영국의 교육학자 A. S. 니일Alexander Sutherland
Neill이 세운 세계에서 가장 오래된 대안학교이다. 현재도 전 세계에
서 온 90여 명의 학생이 재학 중이며 교육 과정이 독특해서 여전히
세계의 관심을 받고 있다. 나 역시 교육 관련 방송 프로그램에서
서머힐 아이들의 학교생활을 본 적이 있다. 학생들은 수업 참석 여
부도 스스로 결정했다. 그들에게 수업은 의무사항이 아니고 선택
일 뿐이었다. 숙제나 시험도 없었다.

아이들은 그저 학교에서 재미있게 논다. 단지 다른 학생에게 피
해만 주지 않으면 된다. '노는 것 속에서 배운다.' 분명 일반적으로
생각하는 교육과는 달라도 너무 다른 철학이다. 방송을 보는 내내
서머힐의 자유로운 교육 과정이 과연 우리나라 현실에는 맞을까
하고 저어되면서도 부러웠다. 우리나라에도 저런 학교가 몇 개쯤
은 있었으면 하고. 물론 서머힐과 유사한 대안학교가 어디엔가 세
워져 운영되고 있을지도 모르지만 말이다.

　교육전문가가 아니라서 확실하게 말하기는 어렵지만 다양한 교육 방식이 시도되는 것은 바람직한 현상이라 생각한다. 교육 또한 꼭 정규학교에서만 이루어지는 것은 아닐 듯하다. "에디슨이 한국에서 태어났다면?" 이 질문에 자신 있게 대한민국 교육이 더 낫다라고 말하기는 어렵다. 무엇보다 대한민국의 교육이 너무 획일화되어 있는 게 큰 문제인 듯싶다. 획일화는 자칫 천재를 바보로 만들 수 있기 때문이다. 물론 다 논란거리가 될 수 있는 주장들이다.

　비전문가이지만 좀 더 자신 있게 말할 수 있는 것은 무엇보다 교육 기회는 공정해야 한다는 사실이다. 특히 어린이 교육은 더욱 그러하다. 일찍이 존 F. 케네디 역시 "모든 어린이가 평등한 재능, 능력, 동기를 가지고 있는 것은 아니다. 그러나 그들은 재능, 능력, 동기를 발전시킬 수 있는 평등한 권리를 가져야 한다"고 하며 어린이 교육의 평등성을 강조했다. 물론 현실에서 이를 완벽하게 구현하기는 어렵다. 어느 나라이건 돈 많은 부모가 그렇지 않은 부모보다 교육에 더 많은 투자를 할 수 있기 때문이다.

　그래서일까? 내가 초등학교, 중학교를 다닐 때까지만 해도 가끔 유치원을 나왔느냐는 질문을 받곤 했다. 심지어 학교에서 실시한 각종 조사에서도 유치원을 나왔는지의 여부를 물었던 기억이 난다. 유치원을 나온 아이들을 부잣집 학생들로 간주했던 것 같다. 나 역시 유치원을 나온 몇 안 되는 학생들을 부러워했다.

아무튼 평소 어린이 교육에 대한 이 같은 생각들을 갖고 있던 터에 구체적인 정책으로 실현할 기회를 갖게 되었다. 정책실장으로 재직할 때 이른바 '누리 과정'을 도입한 것이다. 물론 이명박 대통령이 여러 가지 이유로 적극적 검토를 지시한 정책이다. 영유아기의 교육이 100년 후 대한민국 미래를 결정한다는 점에서 누리 과정의 도입은 필요했다. 나아가 급속한 출산율 하락도 절박한 상황이었다. 누리 과정을 통해 양육에 대한 부담을 줄일 수 있다면 출산율도 어느 정도 높일 수 있을 거라 판단했다. 나아가 자녀양육을 사회와 국가가 공동으로 책임진다면 여성의 경제활동도 그만큼 늘어날 것으로 기대했다.

15년 만에 실현한 유아 교육

이런 배경에서 도입한 누리 과정을 통해 그동안 별개로 운영되던 취학 전 유치원 교육 과정과 어린이집 교육 과정을 통합함으로써 유치원과 어린이집 구분 없이 공통 내용을 가르치게 되었다. 2012년 3월에는 누리 과정 대상이 만 5세에 국한되었으나 2013년 3월부터는 만 3세에서 만 5세까지 확대되었다.

2012년에 만 5세에게는 20만 원, 만 3세와 4세에게는 소득하위 70퍼센트에 한해 각각 19만 7,000원, 17만 7,000원을 지급하던 것을 2013년부터는 부모의 소득 수준과 관계없이 동일하게 22만 원을 보육료와 유아 학비로 지원하고 있다. 그러다 보니 관련 예산도 크게 늘어 2008년에는 유치원비 · 양육수당 · 지방비를 포함해 2조 7,000억 원이었으나 2012년에는 7조 6,000억 원으로 증가했다. 수혜 아동 역시 99만 6,000명에서 224만 8,000명으로 늘어났다.

교육의 중요성을 새삼 강조할 필요가 있겠는가? 교육은 어느 상황에서도 지속되어야 하며, 공정해야 하고, 미래 지향적이어야 한다.